PIQIMEILE HAOYUNYOULE

脾气没了 好运有了

不生气的智慧

凹凸◎编著

中国纺织出版社

内 容 提 要

当你沦陷在愤怒、抱怨、嫉妒、苦闷的情绪中，你就会陷入困境的怪圈，难以做自己的主人，而且，坏情绪会阻碍你的好运。当你从坏情绪中抽离，赶走阴霾，就会迎来晴空万里，愉悦的心情会带给你无尽的好运。

本书结合心理学的内容，分析脾气的产生和对工作生活的影响，教会读者摸清自己、朋友、家人、领导、同事的脾气，让你远离愤怒的世界。并结合富有趣味性的生动故事和实例，细致解析生活中人们会出现的不良情绪，教会读者巧妙地摆脱这些坏情绪，控制脾气，迎来好运，营造出自己快乐幸福的人生。

图书在版编目(CIP)数据

脾气没了好运有了：不生气的智慧/凹凸编著.—北京：中国纺织出版社，2013.2 (2024.4重印)

ISBN 978-7-5064-9325-3

Ⅰ.①脾… Ⅱ.①凹… Ⅲ.①情绪—自我控制—通俗读物

Ⅳ.①B842.6-49

中国版本图书馆 CIP 数据核字(2012)第 255762 号

策划编辑：闫 星 责任编辑：曲小月 责任印制：储志伟

中国纺织出版社出版发行

地址：北京东直门南大街 6 号 邮政编码：100027

邮购电话：010—64168110 传真：010—64168231

http://www.c-textilep.com

E-mail:faxing@c-textilep.com

北京兰星球彩色印刷有限公司印刷 各地新华书店经销

2013 年 2 月第 1 版 2024 年 4 月第 2 次印刷

开本：710×1000 1/16 印张：18

字数：206 千字 定价：79.00元

前言

人生漫漫，尘世中的我们都在努力寻找一个共同的目标——幸福，然而什么是幸福？幸福是坐拥亿万家财？幸福是名利双收？事实上，幸福是一个人内心的感受。美国一家把幸福作为研究对象的科研机构得出结论，幸福与年龄、性别和家庭背景无关，而是来自于轻松的心情和健康的生活态度，也就是我们中国人常说的“好脾气”。

在竞争激烈的现代生活中，一个人是否活得幸福，不在于他能否在事业上取得骄人的成绩，也不在于他给自己制定了多高的目标，而在于他内心是否能有一种淡定的理念，是否能把握自我。人怎么样可以变得无畏，可以变得淡定而从容，这需要每个人发现自己内心的真正渴求，开发出一个内心的根据地。

现代都市竞争激烈的人性丛林中，能够修炼成好脾气的人是一种福气。社会竞争压力大，生活繁重，需要我们做到从容淡定，唯此，才可能更好地工作，更好地生活，更好地提高与修炼自己。

然而，这里的“好脾气”并不单单指的是“遇事不发火”，它有更为广泛的含义，具体包括以下内容。

(1)不抱怨生活：幸福的人并不是因为他们比其他人拥有更多才幸福，而是因为他们拥有正确的生活态度。当问题发生时，他们不会抱怨生活，不会问“为什么”，而是问“怎么办”。

(2)不贪图安逸：幸福是在拥有丰富的生活经历之后才能体会，而贪图安逸的人从来不求改变，自然缺乏丰富的生活经验，也就难以感受到幸福。

(3)不骄不躁：冷静下来，遇到不公正、误解、委屈时，不伤心，不怨天尤人,更不会自怨自艾,而是咬紧牙关,修炼自己。

(4)不盲目追名逐利:人的基本需求一箪食、一瓢饮足矣。到人生终点,怎么来的,还得怎么去,所有的东西一样都带不走。有的东西,紧紧握了一辈子,自己也未必清楚到底握的是什么,只有摊开手来,才清楚明了。

(5)得失不计较:得之不喜,失之不忧。“宠辱不惊,看庭前花开花落;去留无意,望天空云卷云舒。”这样才可能心境平和、淡泊自然。

(6)懂得享受生活:人生的道路上,如果你不断地追求,可能会得到很多你想要的东西,但你可能没发现,无形中已失去了很多,而有些东西一旦失去,就不会再回来。那时,你甚至愿意用一切去换取那些已经逝去的东西,但时光不会倒流,既然如此,何必当初呢?做人要懂得享受生活,偶尔停下脚步,多欣赏路上的风景,多陪伴家人,你会发现,你所苦苦追求的东西就在你不经意的时候与你不期而遇。

(7)心怀感激:抱怨的人把精力全集中在对生活的不满上,而幸福的人则把注意力集中在能令他们开心的事情上。所以,他们更多地感受到生命中美好的一面,因为对生活的这份感激,所以他们才感到幸福。

总之,人生一世,贫与富、贵与贱、荣与辱、得与失在所难免,重要的是我们应当学会在生活中寻找一个平衡的坐标,让自己不因得意而张扬,也让自己不因失意而沉沦。在面对生命的大喜大悲或生死无常时,能以一种淡然的心态来对待一切,而那些人生中的名缰利锁和悲欢离合,也自会纷纷落地成尘。

编著者

2012 年 6 月

目录 CONTENTS

第1章

幸福是一种角度,少点脾气多些好运

人们常常会发出这样的疑问:什么才是我要的幸福呢?是拥有无尽的财富,是衣食无忧的生活,还是受人注目的地位,如果这些都不是,那么什么是幸福呢?幸福是属于你自己的,我们看待生活的态度与视角决定了我们幸福的指数。其实,幸福是简单的,越是简单的生活,越是幸福的;我们需求越少,得到的自由就越多。总之,我们若想得到幸福,就要选好自己关注的角度,善于发现生活中那些简单的幸福。然而要做到这点,需要我们懂得修炼自己的心性,少点坏脾气,就能多一份舒畅、多一份快乐,这就是简单生活所追求的终极目标!

修炼心性，别让坏脾气干扰了幸福

生活中，我们常常感叹什么是幸福。其实，幸福很简单，它就是父母端上桌的热腾腾的饭菜、是恋人手中的玫瑰、是重获新生的喜悦、是雨后的阳光、是一件漂亮的衣裳、是看电视剧情不自禁爆笑的瞬间……幸福往往就是那些我们容易忽视的感受，需要我们用心感知。然而，我们生活的周围，人们似乎总是因为一些事情而看不到幸福的存在：他们有的整日愁眉苦脸，小小的事情就能使他们不安、紧张，几乎每一件事情，都会在他们的心中盘踞很久，造成坏心情，影响生活和工作；有的脾气暴躁，一点小事就会触及他们的神经，甚至与人怒目相向；有的总是不断抱怨生活，抱怨工作太辛苦、薪水太低；有的心眼如针鼻儿，一旦发现他人犯错，便大加指责，咄咄逼人，引起别人的憎恶……这些人幸福吗？当然不！那么，他们为什么不幸福，因为坏脾气干扰了他们！因此，如果你渴望抓住幸福，就应该首先修炼心性，只有做到面对世间万事万物泰然处之，待人处事不温不火，才能以一颗平和的心态迎接幸福。

现实生活中，有一些人特别容易情绪化，遇喜则喜，遇悲则悲，如遇不满，甚至会破口大骂，很多不文明的举动相继爆发出来，形象全无。事实上，在日常工作和生活中，令我们生气的事实在太多，我们根本不必要去愤怒，大可以把关注的视角放在事物的另外一个方面，对这一方面的联想往往能使我们心平气和下来，长此以往，便能修炼良好的心性。而所谓的心性，其实就是一个人的善恶成分，好与坏，正确与错误，如何判断自我与外界关系的一种综合反映。

事实上，心性好坏与否，对于他人而言所产生的影响力是次要的，它最

严重的是对个人心态的影响。而个人心态直接影响的是个人的命运、成败得失、是否幸福等。

心性健康的人，他们的眼里都是美好的事物，比如阳光、欢乐、温暖、健康。当他们遇到危险的时候，他们会有回避的能力，因此，他们有意愿并且有能力把日子过得更顺心，就是遇到挫折，也能自我调整，能较自然地处在一种对事物的全面理解中。相反，那些心性不好的人，因为他们关注的视角不同，他们的生活是不会幸福的。

当然，每个人都有不良的情绪，这很正常，我们不要把这些情绪压抑在心中，因为一味地压抑，只能暂时解决问题，负面情绪并不会消失，久而久之，就可能填满我们的内心世界，使我们的身心越来越疲惫。因此，除了自我调节和消化外，我们还应该给不良情绪找个宣泄的出口，让它尽快释放出来，正所谓“堵不如疏”，将负面情绪减小到最低程度。

变换思考方式，一切就会不同

古今中外，关于幸福，人们有很多的理解：对一门心思敛财的葛朗台来说，拥有如山的金币大概就是他最大的幸福吧，但当他年老力衰、甚至生命垂危之时，他仍念念不忘他的金子，这样的幸福是多么的可悲；当中国的封建学子们以“洞房花烛夜，金榜题名时”为人生的最大幸福，并为之奋斗终生时，让我们看到了无数个吴敬梓笔下的范进中举之后喜极而疯的场面，幸福就是如此吗？

那么，现实生活中的人们，你眼里的幸福是什么呢？《飘》的作者玛格丽特·米契尔曾经说过：“直到你失去了名誉以后，你才会知道这玩意儿有多累赘，才会知道真正的自由是什么。”的确，在那光鲜靓丽的外表下，在闪烁

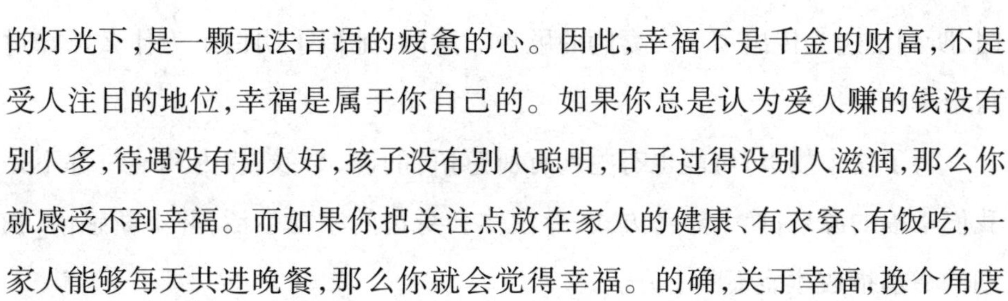

的灯光下，是一颗无法言语的疲惫的心。因此，幸福不是千金的财富，不是受人注目的地位，幸福是属于你自己的。如果你总是认为爱人赚的钱没有别人多，待遇没有别人好，孩子没有别人聪明，日子过得没别人滋润，那么你就感受不到幸福。而如果你把关注点放在家人的健康、有衣穿、有饭吃，一家人能够每天共进晚餐，那么你就会觉得幸福。的确，关于幸福，换个角度思考，一切就会不同。

从前，有一对孪生姐妹，姐姐嫁给了一个有钱人，过上了锦衣玉食的生活，而妹妹却嫁给了一个豆腐作坊的穷人。有一天，闲来无事的姐姐想去看看妹妹过得怎么样。来到妹妹家，她看到妹妹正在辛勤劳作，但嘴上却唱着歌儿。姐姐恻隐之心大发，说："你这样辛苦，只能唱歌消烦，我愿意帮助你，让你们过上真正快乐的生活，谁让我们是姐妹呢？"说完，她留下了一大笔钱。

这天晚上，姐姐回到家后，躺在床上想："妹妹不用再这么辛苦做豆腐了，她的歌声会更响亮的。"

第二天一早，姐姐又来到作坊，但却听不到妹妹的歌声。她想，妹妹可能激动得夜里没睡好，今天在睡懒觉。

但第三天、第四天，还是没有歌声，姐姐很奇怪。就在这时，妹妹拿着姐姐留给自己的钱，着急地对姐姐说："我正要去找你，还你的钱呢。"

姐姐问："为什么？"

"没有这些钱时，我每天做豆腐卖，虽然辛苦，但心里非常踏实。每天晚上，能和丈夫、孩子一起数一天赚了多少钱。而自从拿了这一大笔钱之后，我和丈夫反而不知如何是好了——我们还要做豆腐吗？不做豆腐，那我们的快乐在哪里呢？如果还做豆腐，我们就能养活自己，要这么多钱做什么呢？放在屋里，又怕它丢了，做大买卖，我们又没有那个能力和兴趣，所以还是还给你吧！"

姐姐非常不理解，但还是收回了钱。第二天，当她再次经过豆腐作坊

时，听到里边又传出了小夫妻俩的歌声。这时，她似乎明白了为什么妹妹过得很幸福。

听了这个故事，可能也有些人有所感悟，的确，金钱、权力和地位都不是我们幸福的源泉，换个思考方式，专注体会身边的幸福生活，并不断感悟，我们的幸福指数才能不断上升。

可能一些人还是不理解，他们会说，钱多还不好么？没听说过钱多会咬手的。但事实是，“钱多”的确会“咬你的手”，像明人陆绍珩讲的那个“白髭老贵人”，就是因为“钱多”，所以思虑也多——又想多拥有钱，又担心别人谋算他的钱——竟连个踏实觉也睡不成。而其实，如果我们换个思考方式，不去关注金钱、名利、地位……而去关注身边实实在在的幸福，那么，你将获得完全不一样的生活。

首先，你需要看淡权力和地位。

德国精神治疗专家麦克·蒂兹说：“我们似乎创造了这样一个社会：人人都拼命地表现，期望获得成功，达不到这些标准心里便不痛快，便产生耻辱感。”细究我们苦恼的原因，更多的是由于在现代的“嗜欲场”上，“肝肠”不是太“冷”，而是太“热”——太热衷于金钱、财富、地位、名声这些所谓“成功”的标准，达不到，就苦恼。什么程度算达到，自己也搞不清，因此只有永远苦恼下去……而学会以淡泊之心看待权力地位，这是免遭厄运和痛苦的良方，也是超然于世外的智慧。对这类苦恼，要想摆脱它，就要把名利，把世俗眼中所谓的“成功”看淡一些，就像屠隆讲的：“肝肠欲冷。”

其次，你要让自己成为一个有价值的人。

爱因斯坦说：“不要努力成为一个成功者，要努力成为一个有价值的人。”英国作家王尔德说：“人真正的完美不在于他拥有什么，而在于他是什么。”比如，对于个人来说，过多的财富是没有多少用的，而为社会创造财富，并把多余的财富贡献给了社会，这就能体现我们的价值。

可见，生活中的人们，如果你不想被芸芸众生所淹没，那就保持一颗区别于世俗的心。乐于淡泊，安于淡泊，并不表明拥有超凡脱俗的境界，而只是自己一种固有的生存方式的自然呈现。淡泊名利，你也就远离了苦恼，得到了幸福。

微笑看待人生，好运不会太远

春日里，循着一片清新的气息，你来到溪畔，晨光洒在娇羞的花骨朵儿上，于是，它们忽然热烈地一层一层漾开绯红的面孔，好像被点燃起来的火光，与天空的流霞浑然一体，当阵阵沁人心脾的幽香随风拂面，你的嘴角就会自然而然地拉开一条柔和的弧线，微笑其实还是油然而生的一种对生命发现和感激的欢愉。

然而，即使是这样一幅美丽的画面，却总还有人把眼光盯在那些偶尔飘零的落叶、清溪中飘零的片片香瓣上，于是，他们不禁伤感起来。这样的人，他们慈心厚爱、心思细腻，但却缺乏宽容、辩证的智慧，欢笑对于他们来说只是一件奢侈品。

有人说，这世界上存在两种人，划分的标准就是他们对待事物的态度，一种是乐观的人，一种是悲观的人。乐观者，他们的脸上总是挂着微笑，似乎没有事情能难倒他们，因此，他们生活得幸福、坦然；而悲观者，他们似乎总是把眼光盯在坏的方面，于是，他们总是感到低迷，整日郁郁寡欢。有句话说得好："乐观者在灾祸中看到机会，悲观者在机会中看到灾祸。"微笑看待人生，好运就不会太远。

的确，乐观就像心灵的一片沃土，为人类所有的美德提供丰富的养分，使它们健康地成长。它使你的心灵更加纯净，意志更加富有弹性。它就像最好的朋友一样陪伴着你的仁慈，像尽职尽责的护士一样呵护着你的耐心，

像母亲一样哺育着你的睿智。它是道德和精神最好的滋补剂。马歇尔·霍尔医生曾对自己的病人说过："乐观的态度，是最好的药。"所罗门也曾说过："乐观的心态，就是最强劲的兴奋剂。"有一位虔诚的作家，在被人问到该如何抵抗诱惑时回答说："首先，要有乐观的态度；其次，要有乐观的态度；最后，还是要有乐观的态度。"

杨林在单位里是别人眼中最"幸福"的女人。她的幸福，并不是因为她漂亮、物质生活充足，而是她脸上那永远舒心的笑容。任何一个同事，坐在她的身边就会有一种非常舒服的感觉，因为你会被她的那种温和、乐观的情绪所感染。

刚结婚那年，她身一就发生了一件不幸的事——因为出车祸，让她腿部残疾。残疾对于一个女人来说已经非常不幸了，而且两个人所组成的家庭里有了一部分不完整，生活中的风风雨雨就可能会"乘虚而入"，但是杨林的家却是幸福和温馨的。她和丈夫之间的感情很好，他们的生活非常快乐。而这一切都是因为她的心态是平和的，她的人格是独立的。她从来不把自己看做是一个残疾人而给丈夫增添更多的心理压力。当丈夫处于事业上的瓶颈期时，她用她乐观的态度鼓励丈夫重整旗鼓，因而她获得了丈夫的更主动的关怀和爱护，这比自己强迫来的要真实和自然得多，也更踏实得多。

有本书上说过："思想……能令天堂变地狱，地狱变天堂"。其实生活的快乐或是悲伤，选择权就在你手中……相信自己能做个乐观的、爱笑的人，相信自己能做个神采飞扬的人，即使残疾，杨林依然选择了让自己快乐、幸福的人生态度——乐观。

日常生活中，丢了钱财，路遇堵车，看起来很倒霉，悲观的人或许会为此懊恼一整天，认为老天对自己不公平，结果十分不开心，并严重影响自己的工作与生活。乐观的人则把这些不顺心当做生活中的调料，积极地看待，坦然地面对，就会使工作生活出现另外一番景象。

一位著名的政治家说过："要想征服世界，首先要征服自己的悲观。"用乐观的态度对待人生，满世界都是“鲜花开放”，而悲观者看人生，则总是“悲秋寂寥”。譬如，同样是春雨霏霏，有人看到的是漫步雨中的浪漫，有人想到的却是潮湿天气带来的不便。同样是漫天繁星，一个心态积极的人可以在茫茫的夜空中读出星光的灿烂，增强自己对生活的自信；一个心态消极的人则让黑暗埋藏了自己，而且越藏越深。

用乐观的态度对待人生就要微笑着对待生活，微笑是乐观击败悲观的最有力武器。无论命运给了我们怎样的“礼物”，都不要忘记用自己的微笑看待一切。微笑着，生命才能将利于自己的局面一点点打开，在饱受约束的现实生活中，要让心灵快乐的飞翔。微笑还应该是一种境界。苏轼《题西林壁》云：“横看成岭侧成峰，远近高低各不同。不识庐山真面目，只缘身在此山中。”看似浅显，其实饱含生活哲理。人要面对红尘命运中的各种磨难和挫折，身在其中，心思却能够跳脱其上其外，以那种怀禅的释然，纳海的胸襟，平和的意绪，坦诚面对过往及未来一切莫测的变化，那么尽享祥和的微笑是不言而喻的。

当外面吹起风时，你是无奈地拨弄乱发，还是用心品味花草的芬芳？漆黑的夜里，你是缩在屋子的一角，还是走出屋外仰望天空的星辰？一个人的时候，你是觉得无聊寂寞，还是找到心灵一片宁静的角落？你要做一个乐观的生活强者，还是一位整日抱怨命运的乞丐？真正的裁判是你自己！

绚丽只是一时，平淡才是幸福的常态

烟花美吗？美！但它只是一时的美丽，在一瞬间烟消云散。流星亮吗？亮！但它只照亮了一时，转瞬即逝。昙花漂亮吗？漂亮！但它只能开放很短的时间，容不得你过多地欣赏，就已经枯萎。似乎生活中美好的事物都是

过眼云烟，短暂即逝。

所以不要过分地追求太多，年少时的你可能渴望真正的，不掺杂任何私念的爱情，但再多的海誓山盟还是要归于生活的朴实。曾经的你可能惊羡于舞台上明星耀眼的言辞举止，但谢幕后，都将洗去铅华，回归真实。繁华的背后，一直都是平凡的生活。这个世界，平凡且平淡才是常态。

当然，渴望浪漫，渴望轰轰烈烈，这是人的天性，是无可厚非的，可是，事与愿违，人的理想与生活总是有一段绝对的距离。任何一个人，如果把追求绚丽当成幸福的目标，那么只能失望而归。因为绚丽之后归于平淡，这是必然的一种趋势，这不是一个人的性格所能够左右的。绚丽只是一种变量，平淡才是生活的常态。可惜，世上能有多少人明白这个道理？

我们先来看看下面这样一个生活场景。

“少吸点儿烟。”女人说。

“没事，我爱啊。”男人答。

“男人心情不好吸烟就和女人心情不好爱吃零食一样。”女人有些生气地嘟囔着。

“我不会给你买零食的。”男人说。

“我同样也不会给你买烟啊！”女人更生气了，心想真抠门，连零食都不买，只好委婉地说。

“不就是让少吸烟吗，有你在我不会吸烟的，怎么能让老婆生气呢。”男人说完，女人会心地笑了。

一个平淡的对话就可以体现出一种机智的处理方式，也是相爱的一种睿智和谐的表现。“爱情如果不落实到吃饭、穿衣、数钱、睡觉这些实实在在的生活中，是不容易长久的。”也许很多人不愿意承认三毛的这句话，但是她的确说出了一个确实存在的真实。只有当一对男女在漫长而又平淡的生活中，在普通得不能再普通琐碎得不能再琐碎的吃饭、穿衣、数钱、睡觉这些事情中还能感受到彼此的爱意时，他们的爱情才是真正可以天荒地老的。

很多青年男女，结婚前的花前月下，山盟海誓，那些浪漫的宣言和信誓旦旦的甜言蜜语，营造了一个相当浪漫的气氛。可是一到婚后，家庭琐事，工作烦扰，社会上的各种喧嚣，现实生活的真实面目就摆在你的面前。这一切，并不是你们浪漫的誓言能够解决的，需要的是用一种返璞归真的平淡心态来应对。浪漫是短暂的，无法长久，享受平淡，在平淡中幸福生活，才是生活的真谛。

当然，除了爱情，生活中的点点滴滴都无不蕴涵着“平淡才是真”的这个道理。有时候，甘于平淡、远离功名利禄更是一种放得下的大智慧。

春秋战国时期，越王勾践经过20年的卧薪尝胆后，终于一雪前耻，灭掉了吴国，这是众人皆知的故事，但越王勾践之所以能成功，得归功于越王的臣子范蠡。范蠡不但是一个忠心耿耿的臣子，还是一个懂得为人处世的智者。

勾践的确是一个可以吃苦耐劳之人，能与之共苦，但不能同甘。范蠡被任命为大将军后，自忖长久在得意之至的君主手下效力是危机的根源，于是他便向勾践表明了自己的辞意。勾践并不知道范蠡的真实意图，于是拼命挽留他。但范蠡去意已定，搬到齐国居住，自此与勾践一刀两断，不再往来。

移居齐国后，范蠡不问政事，与儿子共同经商，很快成为富甲一方的大富翁。齐王也看中他的能力，想请他当宰相，但被他婉言谢绝了。他深知“在野而拥有千万财富，在朝而荣任一国宰相，这确实是莫大的荣耀。可是，荣耀太长久了反而会成为祸害的根源”。于是，他将财产分给众人，又悄悄离开了齐国，到了陶地。不久后，他又在陶地经商成功，积存了众多财富。

范蠡确实是个聪明的人，能够帮助越王勾践重获江山，更难能可贵的是，他更懂得在功成名就之时全身而退。他之所以这样做，个中原因必定与其深谙人生幸福真谛有极大的关系吧。

同样，生活中能够寻找到满足感的人，不管他富与贫，都是成功的。这份满足感就来自于对平淡生活的品味，这样，即使绚丽离去，他们也能够适

时地调整好自己的心态，尊重生活中那份与生俱来的平淡，那么他做人的“火候”也就渐臻佳境了。

谦和做人，生活会以好运回馈

天才作家卡里·纪伯伦在《贪心的紫罗兰》中讲了一则故事：玫瑰花听到邻居紫罗兰的哀叹，便笑着摇了摇头说：“在百花群里，你最糊涂。你身在福中不知福。大自然赋予你其他花草都不具备的芳香、文雅和美貌。你要知道虚怀若谷的人，永远不会感到贫困和饥荒，而且心胸开阔无比高尚。”的确，谦和就是一种虚怀若谷的品德。人类成熟的重要标志之一就是谦逊。当一个人把谦逊当做美德发扬时，这个人也就具备了感人的魅力。

的确，世上的人们性格不同，个性各异，对事物的见解也是仁者见仁，智者见智。古之圣贤充分尊重他人的见解，遇事为他人着想，从善如流，为后人做出了楷模。

西周时，周公辅佐成王，励精图治，思贤若渴，前来投奔的人非常多。他有时候洗一次头，会几次握着散开的头发去见客；吃一顿饭，也会数次吐出含在嘴里的食物去接待客人。即使这样，犹恐怠慢、埋没了来投奔的贤士。周公以“握发吐哺”的精神使天下人心所向，四夷宾服。周公告诫自己的儿子伯禽说：“圣上让你治理鲁国，你一定要谨守谦恭啊！要知道天的道理，不论什么，凡是骄傲自满的，就要使他亏损，而谦虚的就让他得到益处。地的道理，不论什么，凡是骄傲自满的，也要使他改变，不能让他永远满足；而谦虚的则要使他滋润不枯，就像低的地方，流水经过，必定会充满了它的缺陷；而人的道理，都是厌恶骄傲自满的人，而喜欢谦虚的人啊！”

在生活中我们发现，那些越是地位崇高，越是成功的人，越是心胸宽广，越是虚怀若谷。因为虚心的力量是巨大的，它既让我们的头脑保持清醒，品行不入蛮俗，又会为我们创造左右逢源的生存、成长、立业的环境。谦和做人，生活也会以好运回馈。

我国大思想家老子的师父常枞即将离开人世，众弟子环侍左右。老子问师父："老师！你还有最后的教示吗？"

常枞用微弱的声音说："你看牙齿和舌头，哪个刚强？哪个柔弱？"

老子说："牙齿刚强，舌头柔弱。"

常枞缓缓打开嘴巴："你看！我的嘴巴里还有什么？"

原来常枞的牙齿已经完全掉光了，嘴巴一张开，果然是"一望无涯（牙）"，然而柔弱的舌头依然存在。

常枞说："这就是我为你上的最后一课——柔弱胜刚强。"老子含着眼泪说："今后，我将以谁为师。"

常枞说："你应该以水为老师。"

"上善若水"，"水"最柔弱，但是对人生却有最丰富的启示。水最谦卑，世界任何动植物都不能没有它，但是它不居功，也不标榜自己的能力，默默地嘉惠了生灵万物之后，若无其事地又往低处流去。

水往低处流，我们也应该有似水一样的心态，放低自己，谦和做人，那么，你也能和水一样，成就无边无际的大海。

为此，在生活中与人交往时你需要做到，无论对错，都认真听取别人的意见。

首先有人当面给你提意见时，千万不要不耐烦，也不要随便打断对方的谈话。无论对方的观点是对是错，你更不要贸然地反对或者批评对方："你这是废话"、"错了"。即使你有这样的念头，也不能表达出来，以免刺激对方，使他们心灰意冷，甚至真的转变为你的对立面。

其次，在看待问题上，有些时候不妨调换立场、角度。不要总认为只有

自己的观点才对，要求大家都赞同你，“舆论一律”、“形成一致意见”；而可以学习英哲罗素，认识到“参差多态才是幸福之源”；更要体会南非大主教戴斯蒙·图图所说的：“很高兴我们不一样”。

当然，做人要谦和，并不是要我们事事都听从他人，过分顺从就是奴性。人与人之间的关系只有做到平等，才能彼此尊重，互相景仰，互换爱心。因此，在尘世中，保持一份静思、一份沉默就更有必要了。我们每个人都应该客观地认识世界，认识自己。那些自命不凡的人或许有点真本事，但人外有人，天外有天，我们都只不过是大千世界中的一粒尘埃，一个人的一点点本事是微不足道的。因而，做人不要自大、自傲、自以为是。老老实实做人，踏踏实实做事，应该算是一种可以称道的修养吧！

人生不如意十之八九，看淡失意与麻烦

人们常说：“人生苦短，不如意之事十之八九”。的确，在现实生活中，如意的事情总是很少，多的却是失意、苦痛。漫漫人生路上，忧愁和伤痛常伴随左右。本该幸福的生活往往却被无情的现实击碎，化为无法触及的泡影，苦难似乎成了生活的主题，活着似乎是一场苦旅，我们不知道彼岸在何方，出口在何处。

因此，我们常常彷徨、失落，不知自己为什么而活着。其实，活着就在于修炼一种心态，一种看淡得失成败、人生痛苦、淡泊名利的心态。凡事不苛求自己，不用掩饰自己，不用奉承他人，只是做一个简单真实的自己。如此这般，即使失意，也会无所谓得与失，坦坦荡荡，真真切切，平平静静，快快乐乐。

罗根·史密斯说过这样一段话，言简意赅，他说：“人生应该有两个目

标，第一，是得到自己所想的东西；第二，是充分享受它。只有智者才能做到第二步。”要是你想知道怎样将在厨房水池边洗碗变成一次难得的人生经历，那么请你读一读波姬·戴尔的《我希望能看见》。

这个女人几乎失明了50年，她在书中说道：“我只有一只满是疮疤的眼睛，只能靠眼睛左边的小洞来观察世界。我看书的时候，必须把书贴近脸，然后努力把眼睛往左边斜。”就是这样一个可怜的人，也拒绝别人的怜悯，她不要别人以为自己跟别人有什么不同。她小时候渴望跟其他孩子一样玩跳房子，但由于看不见地上的线，不得不在她们回家后趴在地上，将眼睛贴到线上看来看去，牢牢记住玩的地方，不久她就成了跳房子的高手。

读书的时候，她把印着字的书紧紧贴在自己脸上，不管眉毛碰到书了没有——就是她，得到了常人所不能的两个学位：明尼苏达州立大学学士学位和哥伦比亚大学硕士学位。在明尼苏达州双谷的一个小村子里时，她就开始了自己的教书生涯，通过不断的努力，她成为了南达科他州奥格塔那学院新闻学和文学教授。她在那里教书13年，工作之余还在一些妇女俱乐部发表演说，还到一家电台主持读书节目。她写道：“我脑海深处，常常怀着完全失明的恐惧。为了打消这种恐惧，我采取了一种快活而近乎游戏的生活态度。”奇迹总会发生的，1943年，她52岁的时候通过手术，视力提高了40倍。

当一个全新的世界呈现在她的面前，她发现这个世界是这么的可爱，这么令人兴奋，哪怕让自己永远在厨房水池前洗碟子，只要能看到这个世界，她也是开心的。她继续写道：“我会玩洗碗盆里的肥皂泡。伸手进去，抓起一把泡泡，迎着光举起来，每个肥皂泡泡里，我都能看见小小的彩虹散发出灿烂的色彩。”

这个失明了将近50年的女人的故事告诉我们，要想得到快乐，请记住：“每天一早想想你得意的事情，不要将注意力集中在烦恼上。”她的世界为什么会出现奇迹？她的视力为什么能提高40倍？因为她始终积极地看待世界，看待只有一丝丝光亮的世界，哪怕只有这一点点光亮，也照亮了她的心灵，因此，她得到了自己所想要的幸福结果。

积极是生活的一味良药，伤心的时候乐观一点儿，孤独的时候去寻找快乐，热情而积极地拥抱生活，幸福就会像天使一般无声地降临到你的身边。

因此，面对不如意的事情时，我们首先要学会心理调节，这是人生成败的关键。一个人若是在取与舍等人生理论方面迷惑不解，那就必须借助自己的理智去发现、去解决。如果稍微有一些阿Q精神，可以让我们更好地满足于自我安慰的需要。相反，如果一个人的心态调整不好，那么乐观的人生也会离得很遥远。

除此之外，我们还应该自己能够得到幸福。一个人要想获得幸福也是如此。一个人总想着幸福，就会幸福；总想着不幸，就会不幸。人们常说的心想事成，就是这个道理。

传说，有个勤奋好学的女裁缝，一天去给法官缝补法袍，她不但缝补得很认真仔细，还对法官穿的法袍进行了改装。有人问她其中的原因，她解释说："我要让这件袍子经久耐用，直到我自己作为法官穿上这件袍子。"心想事成，这位女裁缝后来果真成了一名法官，穿上了这件袍子。

人的心灵有两个主要部分，就是意识和潜意识。当意识做决定时，潜意识则做好所有的准备。换句话说，意识决定了"做什么"，而潜意识便将"如何做"整理出来。意识就好像冰山浮出水平线上的一角，而潜意识就是埋藏在水平线下面很大很深的部分。

所以说，一个人期望的多，获得的也多；期望的少，获得的也少。如果我们有一个乐观积极的心态，不管自己的人生有多大的挫折，自始至终都保持一种平和的心态，我们就会有幸福的生活。

幸福在于心态，只需用心感受

自古以来，人们对于幸福定义的探讨可谓从未中断过。那么，幸福是什么？不同的人对幸福的定义是各不相同的。有的人认为获得财富名利就是幸福，有的人则认为精神世界的充实才是真正的幸福。什么是真正的幸福，我们无法考量，但我们可以肯定的是，幸福是一种内心的感受，只有用心才能体会到。幸福是细微的，小到冬日里的一盆炭火，夏日里的一丝凉风，都会给人带来小小的安慰和希望。用心感受了，用心品尝了，便是幸福滋味。

然而，一个人容易满足，或许幸福的滋味会更容易获得。例如小小的幸福：远方的一声问候，电话里的一声叮咛，分别之后的重聚，浅浅的一个拥抱，平凡日子里的一封信笺，暖阳里的一杯香茗……所有这一切，看起来平淡无奇，在生活里也似乎可有可无，但当你用心去感受，用心去体味每一个动作、每一个细节的时候，便会体味到平凡日子里的那份淡淡的惊喜，苦尽甘来的甜蜜，情正浓时的幸福，忙碌过去的轻松惬意。这一切不正是我们期待着也正拥有的幸福吗？

一日，老张听说妻子要带一个同事回家吃饭，便做了满满一桌子菜。席间，这位同事突然忍不住说道："我好羡慕你们，你们家里好温馨，好幸福。"正在给母亲夹菜的老张突然被这句莫名其妙的话弄糊涂了，在一起吃顿饭就幸福吗？看到老张一家人都惊讶地望着她，她不好意思地说道："一家人围在一起吃饭，问寒问暖，相互说话，这样的生活我真的好羡慕。"

老张妻子开玩笑地说道："你们两口子一个月的收入是我们的好几倍，你们不幸福吗？"

这位朋友黯然失色道："我希望少挣点钱，一家人天天生活在一起，家里

有老、有小、相聚在一起就是幸福。”原来这位朋友夫妇二人都是挣钱的高手，但天各一方，孩子跟着爷爷奶奶，一家人生活在三个地方，在一起聚会的时间少，分离的时间多，所以特别羡慕老张一家人天天生活在一起的日子。听这位朋友这么一说，老张突然真的感觉自己很幸福，只是每天忙碌于工作，忘记了去讨论幸福在哪里？

的确，家的平淡与温馨，只要经常置身其中，便会觉得那其实是我们一直期待着的。或许不会给你带来大富大贵的荣耀，却也不会有大跌大落的沉闷，只是平稳如四方八达的平台，只是平静如一望无边的湖海，但是那种宁静与从容，能够让你感受的便是一种平安的幸福感觉。

然而，生活中忙碌的人们，可能因为工作的繁忙、生活的压力，早已将这份幸福的感觉搁浅了呢？

不同的人有不同的幸福体会，它是一种心态体验，故事中老张妻子的同事因为一家人分离，特别羡慕生活在一起的一家人。经济拮据的人突然得到他人的馈赠一定也能感受到幸福，天天忙碌的人突然让他休息一天也很惬意……幸福没有标准，因人因事而异。幸福既简单也复杂，简单的是期望值不高，通过努力很容易达到的，达到了就是幸福；复杂的是期望值过高永远也达不到或者达到了又马上产生了新的不幸福，这山望着那山高，很难感受到幸福。

可见，幸福感无处不在，只要用心品味，用心感觉，用一颗宽容的心去包容一切，便会体会到绵绵而来的幸福喜悦。

幸福与职业、地位、金钱无关，只与自己的感受、心态有关。无论生活在什么样的环境中，只要能感受到幸福，就能保持良好的心态。良好的心态恰是改变自己命运的基石。

有这样一个寓言故事：有一个人问三个石匠他们在做什么。

第一个石匠回答：“我在养家糊口。”

第二个石匠边敲打边回答：“我在做全国最好的石匠活。”

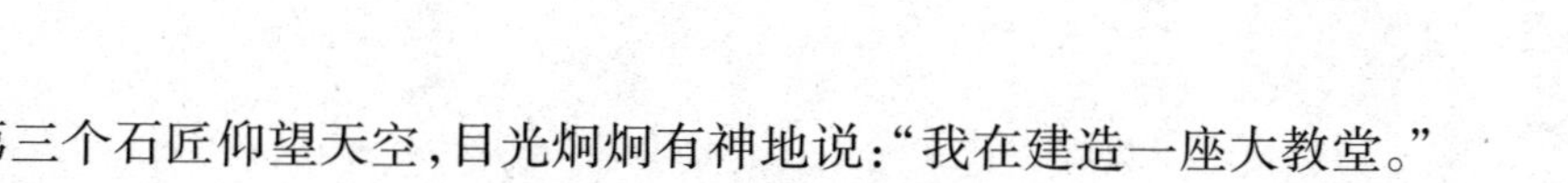

第三个石匠仰望天空，目光炯炯有神地说："我在建造一座大教堂。"

20年之后，这个人又碰到了这三个石匠，不同的是，第一个人还是石匠，第二个人成了一个建筑师，而第三个人已经成为一家著名房地产公司的老板。

同样的工作，不同的幸福观，不同的心态，导致不同的追求和不同的结果。保持幸福就要保持阳光的心态和积极正面的看法，幸福的生活又影响我们的生活激情和工作热情。

亚伯拉罕·林肯曾经说过："对于大多数人来说，他们认定自己有多幸运，就有多幸福。"一个人幸福不幸福，面对同样的生活经历，看你如何去理解，不同的看法导致不同的幸福感受。幸福不是追求来的，关键在于自己保持何种人生态度和对待他人的看法。

一名小徒弟，来到了师父面前，心急火燎地，求师父告诉他什么是生命的本真。师父看着年轻的弟子，不紧不慢地写下了"用心"二字。徒弟十分不解，就请师父解释一下，师父什么也没说，只是又写下了"用心"二字。如此反复，徒弟焦急万分，师父淡定自若，只是在那里写着：用心……

生活就是这一个瞬间连着那一个瞬间，无数的瞬间在我们的快乐中划过，在我们的伤心中划过，在我们的感动中划过……我们所能做的，就是过好每一个瞬间，然后才不枉此生。现实生活中的我们一直疲于奔命，苦苦追寻所谓的幸福。其实幸福原本就一直存在于我们的生活中，只是人们太在意物质上的富裕，太追求一种形式化的生活，而将幸福的真谛忽略了。

用心去感受吧，每一天的阳光都是灿烂的，每一秒的时光都是新鲜的，每一个话题都是奇妙的！幸福感觉，就藏在你的心头。

第2章

消除心中的怒气，打开另一扇透气的天窗

喜怒哀乐是人之常情，愤怒是一种激烈情绪的表现，它可能有一些好处，但同样也会给我们带来一些负面效应。例如，在涉及利益的社交场合中，愤怒只会泄露你的内心情况，为此，你必须理性地控制，锻炼自己的自控能力，多考虑愤怒的后果。当然，要驾驭愤怒情绪，你需要选择很多新的思维方式，并且需要逐步实现。每当你遇到使你愤怒的人或事时，要意识到你对自己说的话，然后努力以新的思维控制自己，从而使自己对这些人或事有新的看法，并做出积极的反应。

找到怒火之源，将其彻底扑灭

在我们生活、工作的周围，总是有这样一些修养良好的人，他们对世间万事万物都能泰然处之，即使“兵临城下”，也不会愤怒，这并不是因为他们没有情绪，而是因为他们更能权衡不良情绪给自己和他人带来的不利影响。因此，他们通常会在最短的时间内找到怒火之源，并将其彻底消灭，而这样的人也能得到他人的认可，因为他不会让自己的负面情绪伤害到身边的人。同时，他也成就了自己美好的修养和品质。

小徐是一家医院的护士，在一天的日记中，她这样写着：

“周六那天早晨一个女人带一个小孩来输液，那女人穿得有模有样，但没想到素质很差。那天天气不算太热，大概27℃。她一来就把输液室的空调打开了，也不顾及其他病人。开就开了我也没讲什么，但是她又把输液室的门窗全打开了。于是我说：“你开空调至少要把窗户关一下。”我也没觉得我说的话有什么过分的，那女人立马回了一句：“好玩呢，不是你来关了吗？你自己的事情不做，要我做啊？”听到这话，我真气得够呛，但是我还是忍住了，毕竟有其他病人在，吵起来对其他病人也不好，我没讲话就走了。过了10分钟陆续有病人换地方输液了（都嫌冷），而且有的病人还讲那个女人素质太差。可能是她听到了其他其他病人的议论或是自己也冷了，她把空调关了。关了之后，刚好我在给一个病人输液，她趾高气昂地说了一句：“哎，等你弄好了，过来把窗户开开。”我听了很生气，她一副命令的口气，好像是应该的。刚好那会儿很忙，我自然没去理她。但我仍很生气，凭什么要帮她打开窗户啊，她又不是病人，何况还那么傲气。又过了10分钟，她居然很没修养地冲到我们治疗室来了，冲着我就来了句：“你忙好了吗？忙好了还不

来开窗户。我们病人到医院来，还要我开窗户啊！”当时我真的很想骂她，想想还是算了，跟这种没有修养的人的计较只能显得我的修养也不高。说实话，上班这么多年这种女人还是第一次碰到，素质太差了。”

从小徐的日记中我们能知道，她的确很生气，可是她没有对那个女人发火，没有愤怒，从而保全了自己的形象。相反，如果面对这样一个素质很差的女人，与她“对着干”，或许能泄一时之气，可是事后呢，医院的人会认为小徐的修养不好，品质不好，也给人留下一个“泼妇”的形象。

的确，有修养的人心胸宽广，自然也就不会因为一点点小事愤怒，他们会以微笑和包容对待侵犯的人。而相反的是，很多人总是以牙还牙，骂得脸红脖子粗，还不肯罢休，其实他们不知道，背后已经有很多人在议论他们了，自己的形象早已荡然无存。

可见，愤怒了，随便发泄，既损坏人际关系，也伤害自我形象。但如果强压愤怒，又对身心健康不利。当自己怒火中烧，或者成为别人发泄愤怒的目标时，怎么办？你可以遵循以下这几个步骤消除怒火。

首先，放慢语速，调整心情。

如果你在说话，可以试着让自己的呼吸均匀下来，然后做自我暗示：“放松，冷静。”如果你的情绪很激动，那么不妨先闭上眼睛，然后想想让自己高兴的其他事情，并尝试着站在其他人的角度审视自己的行为，慢慢地你就能冷静下来了。

其次，抑制怒火，冷静反应。

当有人向你大喊大叫或者用语言攻击你的时候，你怎么做？你是以牙还牙还是置之不理？对于这种情况，你无法控制对方的行为，但我们可以调整自己的行为。此时，你完全可以不做出任何回应。你的反击只会激发对方的挑战情绪，只会让事情变得更糟糕。而对其不予理睬，对方失去了愤怒的“燃料”供应，想燃烧也难了。

再次，自我审视，找到愤怒的原因。

等你冷静下来后，要问问自己，是什么让你这样愤怒？找到愤怒的原因，就能想出办法予以解决。如果每天让你产生坏情绪的是同样的人或者同样的事，那么，你就能想办法避开很多头疼的问题了。

最后，换位思考，加深理解。

如果有人做了让你愤怒的事情，你必然会生气，但你若能站在对方的角度上想一想，那么你会发现，事情完全是情有可原的。每个人都有自己的困难和压力，也许他正在应付紧张局面，也许家里发生了一些事情正被弄得焦头烂额……了解清楚了，同情加温情，把他看做有错的能干人，正在跟你一样努力地活着，这样一想，就能完全冷静下来，愤怒情绪也就不存在了。

的确，生活中令我们生气的事情实在太多了，我们会愤怒，这很正常，但我们不要把这些情绪压抑在心中，因为一味地压抑心中的不快，只能暂时解决问题，负面情绪并不会消失，久而久之，反而可能填满我们的内心，使我们的身心越来越疲惫。因此，在愤怒时，我们只有先找到怒火之源，并将其彻底消灭，才能避免因不当的发泄给自己和他人带来困扰。

生气了，说明你中了他人的“圈套”

我们深知社交生活中，尤其是利益敌对的两方，谁先暴露自己谁就最先偃旗息鼓而败退，要想克敌制胜就必须让对方摸不清虚实。但很多时候，对方会采取一些扰乱你情绪的方法，例如激怒你。你必须控制自己的情绪，泰山崩于前而面不改色，在无法了解你的真实意向的情况下，他们往往不会轻举妄动，此时，他们就被你“算计”了。

然而，人都是情绪化的动物，都容易被周围的人和事所影响，但如果你能看到生气的后果，便能将愤怒的情绪压制住而不至于产生不良影响。

隋代后期公元616年，李渊被诏封为太原留守。北边的突厥竟用数万兵马多次冲击太原城池，李渊遣部将王康达率千余人出战，几乎全军覆没。后来巧使疑兵之计，才勉强吓跑了突厥兵。祸不单行，在外有忧患的情况下，郭子和、薛举等居然纷纷起兵闹事，李渊防不胜防，随时都有被隋炀帝借口失责而杀头的危险。

人们都以为李渊怀着刻骨仇恨，会与突厥决一死战。不料李渊竟派遣谋士刘文静为特使，向突厥屈节称臣，并愿把金银珠宝统统送给始毕可汗。

李渊为什么这么做呢？大家都很疑惑。

原来李渊根据天下大势，已断然决定起兵反隋。要起兵成大气候，太原虽是一个军事重镇，但不是理想的发家基地，必须西入关中方能号令天下，而太原又是李唐大军万万不可丢失的根据地。那么用什么办法才能保住太原，顺利西进呢？只有俯首称臣，暂时保全自己的实力。因为当时李渊手下兵将不过三四万人马，既要全部屯驻太原应付突厥的随时出没，又要追剿有突厥撑腰的四周盗寇，已是捉襟见肘。而现在又要进伐关中显然不能留下重兵把守，唯一的办法是采取和亲政策。

退一步海阔天空，唯利是图的始毕可汗果然与李渊修好。由于李渊甘于让步，还得到了突厥的不少资助。始毕可汗一路上送给李渊不少马匹及士兵，李渊又乘机购买了许多马匹，这不仅为其拥有一支战斗力极强的骑兵奠定了基础，而且因为汉人素惧突厥兵英勇善战，李渊军中有了突厥骑兵自然增加了声势。

李渊之所以后来能成为大唐第一代国君，必然有其不同凡响的策略和智谋。在大家都以为他会满怀仇恨与突厥决一死战的时候，他却能控制住自己的情绪，及时采取了让步的策略，保存自己的实力，他使弱小的李家军既平安地保住了后方的根据地，又顺利地西行打进了关中。历史上这样能委曲求全的人着实不少。越王勾践也是如此，懂得克制自己，为大局考虑，这才是真正的智慧。逞一时之快，虽发泄了自己的不满与愤怒，却是中了对手的圈套。过早地将自己地底牌亮出来，往往会在以后的交战中失败。

的确，一个理智、有修养的人不管遇到什么事情，不管别人如何“挑衅”，都会保持自己优雅的本色和清醒的头脑，会让理智驾驭自己的情绪，体现自己的大家风范。而相反的是，在怒火中燃烧的你，是否曾发现自己正中了别人的圈套而悔不当初呢？现实生活中，尤其是在与人交涉的过程中，如果不学会控制自己的情绪，则很容易暴露自己让对方看出你的破绽，进而采取相应的措施取胜。控制自己的情绪，则制造神秘感，是我们为人处世必须学会的一种能力。

可见，生活中我们要懂得让步、低调处之，不可四处张扬，更要克制自己的情绪，让对方摸不着虚实，然后伺机而动，给对方来个措手不及。这样往往能积累实力，不断走向强盛，待发展势力后再反过来使对手屈服。

当然，谁都有脾气，只是我们谁都不能因为自己发脾气而暴露自己，让对手有机可乘。那么，就应该掌握一些控制愤怒情绪的方法。

首先，要先冷却情绪。

在气头上，很容易冲动而做出一些错事，为此，首先要做的就是冷静，为自己的情绪降温。具体来说，可以尝试以下几种方法。

一是“数数法”。这里所说的数数，并不是按照常规数字顺序来数，因为这样做不会启动我们的理性程序，因此应该打乱顺序，比如：1、4、7、10……，这样一来，你的理性思考能力就可渐渐恢复了。

二是描述法。比如你可以这样描述，这个茶杯是黄色的；他穿的毛衣是黑色的……数十至十二项物体的颜色之后你会发现自己冷静多了。

其次，理智思考，替换非理性的“自发性念头”。

要明白的一点是，真正让我们产生不良情绪的是我们的想法，而不是别人的行为。换句话说，不是发生了什么事，而是我们如何解释这件事，才会决定产生的情绪。

例如，你可以告诉自己：“我知道我的能力是极佳的，不会因为你一句话

而影响我！”这样自我暗示，愤怒自然就无处可生，而会被其他情绪所替代了。

最后，可以使用建设性的内心对话。

既然想法是导致情绪的主因，容易动怒的人就应该加强内心的想法，准备一些建设性的念头以备不时之需。例如，“不论如何，我都要平静地说，慢慢地说”、“我才不会生气，生气就等于暴露了自己”等。

当你能熟练运用这些灭火步骤时，你就会发现，无论与你交往的人如何激怒你，你都能平心静气地面对，而不会中了对手的“圈套”。

让内心坚韧，脆弱的人容易被激怒

也许你已经走了很远，身后也已经矗立起一道迷人的风景，但是，你没有听到掌声；也许你的表演已堪称精彩，但是在空旷的舞台上，任你挥汗如雨，换回的却只是零星的唏嘘……

这时，可能你会很愤怒，甚至想用歇斯底里向全世界证明自己。但你想过吗，你为什么会愤怒？因为你内心脆弱，因为你沮丧，而如果你内心足够强大的话，你又怎么会因为外界的反应而产生如此激烈的情绪呢？

生活中你可以发现这样一些人，他们总是低头不语，给人的感觉是温顺、和气，一旦发起脾气来，着实令人招架不住，这是为什么呢？因为他们的心思更加细腻，他们会把内心的不快郁结在心中，当他们的自卑被挖掘出来的时候，他们的脾气就会爆发出来，甚至一反常态，甚至咆哮起来。但对于那些自信、情绪外显的人，他们更善于抒发内心的情感，因而懂得自我排解不良情绪。

她是个各方面都很优秀的女人。她在一家外企上班，很多人都羡慕她的工作，可是她却有着自己说不出的苦闷，那就是她身上的那些疤痕。

上学的时候，她的父母带她去烤肉。在烤肉的过程中，她没发现自己的脚太靠近炭火，火苗就这样从她的长裤烧了起来，一时情急，她又用穿着长袖衬衫的手去拍打身上的火苗，接着手臂上也着了火，就这样她误伤了自己。虽然火苗在很短的时间里就被扑灭，但还是在她的手脚上留下了烫伤的痕迹。

她什么都好，唯独对身上的疤痕非常介意，那些疤痕让她自卑，让她觉得自己不好看。所以，她不论如何都不愿意让别人看到。一年四季，她永远穿着长袖衣和长裤，即使到了夏天室温直逼40℃，她还是坚持穿着长袖衣、长裤。很多同事还开玩笑说她很保守，其实她何尝不羡慕那些身上没有疤痕的女人，可以穿着自己喜欢的吊带背心和短裙。

一次，一个同事问她：“天气这么热，为什么不穿裙子呢?”她当时就很生气，对她说了一句：“你爱穿自己穿去，少管我!”这个同事觉得莫名其妙。每年的夏天就是她最痛苦的时候，因为像这样问她的人太多了。

后来，开始有男性喜欢她、追她，尽管她也对这些男性中的有的人感兴趣，但她还是拒绝了，因为她怕人家会因为她身上的这些疤痕嫌弃她。她在这种痛苦中受着折磨。

故事中一向温柔的“她”为什么会对同事发脾气：“你爱穿自己穿去，少管我”？因为这个同事不小心触及了她的痛处——她的那些疤痕，这是她自卑的根源。其实她大可不必在乎这些外在的缺点，不必因为身上的几块疤痕而自卑，每个人都有缺陷，不存在完美的人，缺陷有时候也是一种美，她完全可以大方地告诉别人她的伤痛，以坦然的心态面对这些疤痕，就不会给自己扣上没有修养的帽子了。

归结起来，人们的自卑产生的原因有很多种，身体上的缺陷导致的自卑，还有一些外在自卑的原因，比如技不如人、贫穷、“附带品”的自卑，但似乎这些都是一些外在原因，大可以忽略不计。做好自己、自信、落落大方，内心强大自然就不会被激怒。

那么，怎样才能让内心坚韧起来呢？

首先，要学会正确评价自我。每一个人其实都是特别的。如果一个制陶匠人制作出一万件大小、形状、装饰都完全一样的花瓶，那么每件花瓶就值不了多少钱了。可是如果同一个陶匠以独特的方式和非同寻常的形状制造了一件与其他花瓶装饰完全不同的花瓶，那么这个花瓶就有很高的价值。你之所以宝贵，是因为全世界再无人与你完全相同。是你的思想、情感、品位构成了独特的你。

而你的那些所谓"缺点"，在别人看来可能正是你与众不同的地方，正是你的特质，你的财富。只不过你把它们放大了，表达得过于强烈了。举个例子，音乐本身是愉悦人身心的，但若我们把音量开到最大，就会干扰到我们的听觉神经。如果我们把音量调小，你自己和你周围的人都会意识到，那些所谓的缺点正是你的优点。所要做的，就是在适当的时间、适当的地点，用适当的方式将它表达出来。这时候，你会发现，你就是特别的、独一无二的。

其次，学会微笑。我们都知道笑能给人自信，它是医治信心不足的良药。如果你真诚地向一个人展颜微笑，他就会对你产生好感，这种好感足以使你充满自信。正如一首诗所说："微笑是疲倦者的休息，沮丧者的白天，悲伤者的阳光，大自然的最佳营养。"

再者，日常生活中，应该积极与人交往，发展健康的人际关系。学会交一些益友，你会从中受到鼓舞。

总之，我们要明白站在人生的舞台上，真实的表演并非为博得别人的掌声，更多的是为了得到自己心灵深处的宽慰。

宽容他人，释放自己

人生苦短，幼时不知世故、青葱茫然四顾、青年为前程奔波、中年为生活所累、春去秋来老将至，病痛又不邀而来……我们的一生中，麻烦、困难、苦恼始终没有停止过。然而在这短短的人生旅途中，有多少人心怀怨恨地生活着？不是怨恨同学就是怨恨同事或是怨恨亲朋，胸膛里的手燃烧着熊熊的怨恨之火，有时候一丁点儿的小矛盾引发的怨恨会导致灭顶的灾害。如果真的能够抛掉这许多的怨恨，以博大的胸怀去宽容别人、原谅别人，可能会是一种很高的人生境遇。

的确，人生在世，孰能无过？我们总是在埋怨、记恨他人，心里总有放不下的结。然而，如果你想拥有一个成功的人生，就要学会原谅别人的错误，别让埋怨埋葬了你。不原谅的本质是，用别人的错误来惩罚自己，而原谅别人正是爱惜自己的做法。

小荣是街坊邻居中公认的有修养的女人，因为她以理服人，从来不会对身边的人发火。

有一天，她和老公去购物，走进一家裤行。她问售货员："有靴裤吗？"售货员本来低着头，瞟了小荣一眼，不耐烦地说："长靴还是短靴？"小荣说："长靴。""中间一排。"小荣看了看，看中一条灯芯绒料的，就伸手去拿，从背后传来了叫喊声："别拽，别拽。"小荣就停了下来，那个售货员给另一位顾客拿裤子，并牢骚满腹地说："烦死我了。"随后鼻子不是鼻子、脸不是脸地对小荣说："哪条？"一见那架式，小荣着实有点生气了，但还是忍住了，不值得计较。于是她不买了，迅速走向门口，丈夫正在那儿等她。正好，店主人也在门口，看见了刚才发生的事，找了另一位售货员来为小荣服务。这个售货说："你

可真是海量啊，一般去她那儿买衣服的人，没有不和她吵架的，你的修养真好。”小荣听后，很是开心。

小荣面对这样的售货员，没有和她理论，而是选择了离开，因此获得了别人对她修养的肯定。其实，本应该如此，何必生气呢？她能改变那位售货员吗？她态度不好，你可以转向别家去买，你能损失什么呢损失的反而是她，她的营业额减少少了。

在生活中，我们不难发现，有些人的脸上总是写满了愤怒，原本弧线较好的嘴角因僵硬而下垂、原本清澈的大眼睛因愤怒而干涩，这样的人幸福吗？大家愿意和他们交往吗？当然不！而还有一种人，他们的笑容是静谧的、嘴角微微上扬，和他们说话，我们就像感受到春天的和风一般舒畅。可见，一个不会把愤怒写在脸上的人是有修养的，也更容易得到他人的认可，但要做到这一点，首先就要懂得宽恕，宽恕他人，放过他人，更是对自己的一种解脱。而不原谅，生他人的气，就是对自己的一种惩罚。

那生气何以就是对自己的惩罚呢？因为：其一，生气会影响人际关系，人生气时，难免出言不逊，言辞过激，伤及对方，甚至伤及无辜；其二，给人留下不良印象；其三，对身体不利，生气会伤及身体。有个美国生理学家艾尔玛做了一个实验：把一根玻璃管插进一个有水的容器里，然后收集人们在不同情绪下的“汽水”。同一个人，在平和状态时的汽水是澄澈的，在悲伤时的汽水是有白色沉淀物的，而生气时的汽水是有紫色沉淀物的。然后，艾尔玛将紫色的汽水注射到小白鼠身上，几分钟小白鼠就死了，这说明人在生气时身体会产生有毒物质。

所以，不管从哪方面说，生气就是拿别人的错误惩罚自己。俄国大文豪屠格涅夫曾劝告与人争吵、情绪激动的人：“在开口之前，先把舌头在嘴里转十圈。”

当然，要做到豁达包容，也不是一件易事，需要我们做到以下几点。

第一，换位思考，理解他人。

同是一朵花摆在面前，会有“花谢花飞飞满天，红消香断有谁怜”的感怀，也会有“落红不是无情物，化作春泥更护花”的深刻。同是一轮明月挂在夜空，张若虚会吟出“江畔何人初见月，江月何年初照人”的思索，李太白会叹出“床前明月光，疑是地上霜”的乡愁。你能苛责寄人篱下的林妹妹的伤怀？你能否认落红护花的事实？你能责怪张若虚是无病呻吟？你能不屑太白的乡情？恐怕都不能。同样，对于他人的过错，在我们看来，可能令人无法原谅，但如果我们站在对方的角度考虑，可能你会发现，原来也是情有可原。

第二，把自己的注意力从别人的错误身上转移，而关注自己内心的感受。

其实，我们自己都清楚，我们是否原谅别人，只会对我们自身产生影响，我们会变得愤懑、痛苦，而对方却没有这样的感受。如果我们懂得爱惜自己，那么就要懂得原谅，生气其实就是对自己的一种折磨。是否原谅，表面上看是个包容和胸襟的问题，其实，它是一个懂不懂得自爱的问题。在这样的一个社会当中，我们必定会受到别人的很多欺负、伤害、冤枉，但我们千万不要伤害自己。

从另外一方来说，对于犯过错已经悔过自新的人，如果不懂得宽容他们，而是继续以一种另类的、责备的眼光看待他们，给他们贴上“罪人”的名片，在全盘否认别人的同时，你得到了什么？选择原谅，情况会循着一条神奇的轨迹转变。当我们改变了，别人也会跟着转变。我们改变待人的态度，别人也会调整他们的行为。在我们修订对事物看法的同时，别人也会随着我们的新期望做出反应。

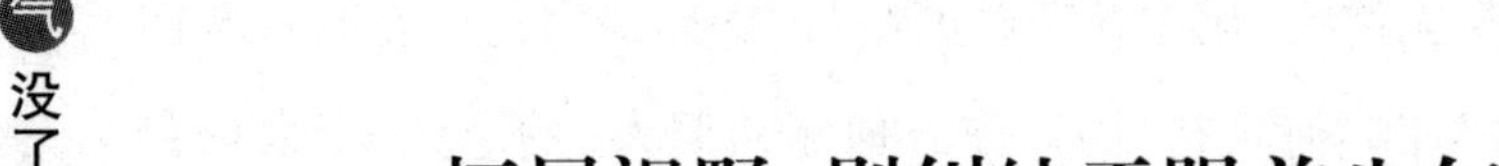

拓展视野，别纠结于眼前生气的事

在生活中，你是否遇到过这样的情况：清早六点钟，闹钟把你惊醒，你不得不匆匆洗漱好去上班。你发现昨天晚上提前开溜的同事小刘还没来，而你原以为老板会因为昨天晚上加班赶出了企划案而嘉奖你。谁知道，一进办公室才坐下来，老板就气呼呼地冲了进来对着你大声吼着："怎么搞的？昨天晚上让你加班，你是不是在上网？这份企划案到处都是问题，你让我怎么拿给客户？今早就要做提案了，我真是瞎了眼才要你来负责！"你顿时心中火冒三丈，满肚子的委屈"我累死累活加班，你不去骂开溜的小刘，反过来骂我，真是不分青红皂白，你才是个白痴呢！"于是，你越想越气。你的心跳加速，血流加快，脸上的线条越来越僵硬，眼看着你就快要失控了……这时该怎么办呢？

其实，在生活、工作中，类似于这样的让我们生气的事情实在太多。孩子不听话、同事不合作、上司没来由的批评等，都会成为我们情绪不好的导火索。此时，如果我们处理不当，就很有可能造成人仰马翻的惨剧。

当然，如果一味地压制这种情绪，问题也不会因此而得到解决。同时，积压在身体内部的负面能量反而不利于我们的身心健康，比如会引发头痛、胃病等，所以压抑绝不是面对愤怒的最好方法。

每个人都会对身边的事情产生愤怒情绪，但有修养的人善于以正确的方式排解心中的不快，而不是将不良情绪传染给身边的人，让他们成为我们发泄的对象。面对情绪，我们可以通过拓展视野的方法，把不良情绪放走。

小彭和小李在同一家公司上班，两个人关系很好，可是两个人在公司里的人缘却完全不同。小彭在公司里人缘很好，待人和善，同事几乎没人看她

生过气。可是，小李却是个把喜怒哀乐都挂在脸上的人，为此和很多同事闹过矛盾。小李不知道小彭是怎样做到这么好的修养的。

有一次，小李准备去小彭家玩，却发现她正在顶楼上对着天上飞过来的飞机吼叫，于是就好奇地问她原因。

她说："我住的地方靠近机场，每当飞机起落时都会听到巨大的噪声。后来，当我心情不好或是受了委屈、遇到挫折、想要发脾气时，我就会跑上顶楼，等待飞机飞过，然后对着飞机放声大吼。等飞机飞走了，我的不快、怨气也被飞机一并带走了！"

怪不得她脾气这么好，原来她知道如何适时宣泄自己的情绪，这下子小李明白。小彭还告诉小李很多可以发泄自己情绪的方法，比如，到无人的地方大声呼喊、看书等，从而不把这些情绪带到公司和其他场合。

从此以后，小李就尝试着用这些办法发泄自己的不良情绪，果然很有效。小李为自己的不良情绪找到了一个出口，把心中堵塞之处疏通了。很多时候，她带给大家的是欢乐，而不是不良情绪，她在公司中的人缘也变得好多了，她的修养也得到了提升。

在这个事例中，小彭对于发泄愤怒情绪有自己的一套方法。的确，每个人都会产生不良情绪，比如愤怒，这很正常。我们不要把这些情绪压抑在心中，因为一味地压抑心中不快，只能暂时解决问题，负面情绪并不会消失，久而久之就可能填满我们的内心世界，使我们的身心越来越疲惫。因此，除了自我调节和消化外，我们还应该给不良情绪找个宣泄的出口，让它尽快释放出去，正所谓"堵不如疏"，将负面情绪减小到最低程度。其中就包括拓展视野法，即通过其他行为来转移视线。具体来说，我们可以做到以下几点。

第一，倾诉法。

当你心情不好时，可以找自己最信任的朋友倾诉，但你最好找那些比较冷静、理智的朋友，因为他们能给你提出一些疏导情绪的意见。

第二，摔打安全的器物。

如枕头、皮球、沙包等，狠狠地摔打，你会发现当你精疲力竭时，内心是多么畅快。

第三，高歌法。

唱歌尤其是高歌除了愉悦身心外，它还是宣泄紧张和排解不良情绪的有效手段。

第四，环境调节法。

心情不好或感到压力大、郁闷不乐时，你可以走出办公室，走出家门，去大自然中呼吸新鲜空气，我们的心绪往往就能很快得到舒散。如果有条件，还可以进行短期旅游，从而彻底放松自我。

第五，注意力转移法。

当出现不良情绪时，可以将注意力放到其他事情上去，做自己喜欢做的事，比如打球、上网、跑步等，从而将心中的苦闷、烦恼、愤怒、忧愁、焦虑等不良情绪通过这些有情趣的活动得到宣泄。

接受现实，学会笑纳命运给你的一切

人生中，总有很多事情令我们迷惑，也都会不可避免地伴随着这样那样的大遗憾和小遗憾，为错失与失误而遗憾，为始终希望拥有而却终归未属于自己的东西而遗憾。小遗憾仅是一刻间的捶胸顿足，大遗憾却是一辈子的抱憾，追悔莫及。

是啊，人生中总有很多东西是不属于我们的。无论多么美好，多么令人羡慕，却不归我们所有，我们或许会为别人的拥有而遗憾，而我们所拥有的也许就是别人的遗憾，只是我们自己看不到罢了。因为怕有遗憾，面对选择时，就会谨慎再谨慎，但是无论我们做出这样或那样的选择，也都难免会有遗憾。无论小遗憾、大遗憾，当它从我们身边擦肩而过的时候，就已经彻底地不属于我们了。万事顺意只是一种美好的祈愿，没有十全十美的人生，所以有时候遗憾也是一种美，面对遗憾，我们是否可以潇洒地一笑而过，接受现实，珍惜当下，笑纳遗憾，才是人生的一种大智慧。

在荷兰的阿姆斯特丹市有一座宏伟的大教堂，它建于15世纪。教堂内有一句很醒目的题词："事已至此，别无选择"。这句话在告诫世人，当厄运或不公正的待遇降临到人们头上时，如果无法改变它，就要学会接受它、适应它。

命运是个让人琢磨不定的怪物，它的性格喜怒无常。它会出人意料地给人带来惊喜，同样也会毫无来由地给人送来可怕的灾难。面对惊喜，每个人当然乐意笑纳，但面对灾难或不公平的待遇时，如果人们无法承受，它就会占据人们的心灵，让人们失去欢乐，永远生活在它的阴影里。

曾经有一对孪生兄弟，哥哥叫伊恩，弟弟叫杰森，兄弟二人帅气十足。但命运是不公的，他们遭遇了一场火灾事故，消防员从废墟里扒出了他们兄弟俩，他们是那场火灾中幸存下来的两个人。

兄弟俩被送往当地的一家医院，虽然两人死里逃生，但大火已把他俩烧得面目全非。"曾经多么帅气的小伙子。"认识他们的人为兄弟俩惋惜。杰森整天对着医生唉声叹气，觉得自己成了这个样子，以后如何见人，如何在这个世界上生活？杰森无法接受眼前的现实，无法活下去的念头从他的思想走进了他的潜意识，他总是自暴自弃地重复着一句话："与其这样还不如死了算了。"伊恩努力地劝说杰森："这次大火只有我们两人得救了，这说明我们的生命尤为珍贵，我们的生活最有意义。"

兄弟俩出院后，杰森还是无法面对现实，他偷偷服地下了50片安眠药离开了人世。伊恩却艰难地生存了下来，无论遇到多大的冷嘲热讽，他都咬紧牙关挺了过来，他一次次地暗示自己："我生命的价值比谁都高贵。"后来，他当了一名货车司机。

一天，伊恩仍像往常一样送一车棉絮去加利福尼亚州。天空下着雨，路很滑，他把车开得很慢。此时，他发现不远处的一座桥上站着一个人。伊恩紧急刹车，汽车滑进了路边的一条小水沟里。他还没有靠近那个年轻人的时候，年轻人已经跳进了河里。年轻人被他救起来后又连续跳了三次河，最后一次他自己差点被大水吞没。

后来伊恩得知，他救的是位亿万富翁。亿万富翁感激他给了他第二次生命，并和伊恩一起干起了事业。伊恩从一个积蓄不足10万元的司机，凭着自己的诚信经营，发展成了一个拥有3.2亿元资产的运输公司的董事长。几年后医术发达了，伊恩用挣来的钱整好了自己的面容。

一对孪生兄弟，为什么命运如此不同？因为他们的心态不同，面对毁容，弟弟杰森无法接受，选择自杀结束了自己的生命。而伊恩却始终告诫自己，自己的生命价值比谁都高贵，他努力活了下来，后来他用同样的信念救了另外一个轻生的名人，从而改变了自己的命运。

诗人惠特曼说：“面对黑暗、风暴、饥饿、意外的挫折，我们应该像树木一样顺其自然。”接受现实，是孩子走向乐观的第一步。在诸事不顺的环境中，发现现实存在的合理性、点滴变通的可能性，才能坚定信念，迎接成功的到来。

然而，在现实生活中，总有人一味沉溺在已经发生的事情中，不停地抱怨、不断地自责。这样一来，将自己的心境弄得越来越糟。这种对已经发生的无可弥补的事情不断抱怨和后悔的人，注定会活在迷离混沌的状态中，看不见前面一片光明的人生。之所以这样，是因为经历的磨炼太少。正如俗语说的那样：天不晴是因为雨没下透，下透了，也就晴了。

富兰克林、德拉诺、罗斯福总统39岁时，一场高烧使他染上了小儿麻痹症。这突如其来的灾难差点把他打垮，开始他不肯接受这一残酷而不容改变的事实，不断做着一些无谓的挣扎，结果带给他的是一个又一个无眠的夜晚。终于在经过一段时间的自我斗争后，他无奈地接受了现实，开始以顽强和乐观的态度适应它。他下肢瘫痪并从此与支架或轮椅相伴，他把这飞来的横祸当成上帝早已预定的命运之约。生理的残疾没有使他性格乖戾和愤世，反而在他此后的生命中的各个时段里，他以乐观和坚强赢得了那些政敌的肯定。

的确，尘世之间变数太多。事情一旦发生，就绝非一个人的心境所能改变。伤神无济于事，郁闷无济于事，一门心思朝着目标走才是最好的选择。相反，如果跌倒了就不敢爬起来，就不敢继续向前走，或者就决定放弃，那么你将永远止步不前。

放下悲伤，接受现实，才能重新起航。朋友，别以为胜利的光芒离你很遥远，当你揭开悲伤的黑幕，你会发现一轮火红的太阳正冲着你微笑。请用一秒钟忘记烦恼，用一分钟想想阳光，用一小时大声歌唱，然后，用微笑谱写人生最美的乐章。

用发现美的视角看问题，好风景自然会出现

为什么在一些艺术家的笔下，那些平凡的一草一木都可以那么栩栩如生、生动活泼呢？为什么很多人生活得很清贫简朴，却可以天天笑逐颜开，快乐幸福呢？因为在他们的眼里一切都是美好的，他们有一双发现美丽的眼睛。

为什么大多数夫妻生活在一起久了，越来越发现对方的缺点，却很难发现对方的优点，而这些与恋爱时的感觉是完全相反的？因为我们眼里容下的只是对方的缺点，夸大了对方的缺点，而对他（她）的优点视若无睹。于是，矛盾自然而然地就产生了，对对方地厌倦自然就产生了。学着发现他（她）的优点吧，想着他（她）对你的好，原来，他（她）是那么值得你去珍爱。

罗丹说:“这个世界不是缺少美,而是缺少发现。”我们都有一双眼睛,用来看世界,但我们的世界观、对世界的认识都是不同的。我们还有另外一双眼睛,它是长在心里的,那就是心智的眼睛。心智的眼睛比实际的那双眼睛更为重要,因为它还能告诉我们:如何看自己、如何看世界。那就是“要拥有一双能够发现美的眼睛”。

生活原本就是平平淡淡,那些惊心动魄的美好千年不遇,而那些点点滴滴的小美丽才是生命全部快乐的源泉,重要的是你有一双发现美丽的眼睛。假如我们都用一种麻木的心态去面对,即便那些美丽摆在你的面前,你一样会让它擦肩而过。

用你的一双发现美丽的眼睛来审视这个世界,你会发现它有太多我们不曾发现的美好,它有太多让我们快乐的理由,它有太多幸福并让我们乐意奉献的人与事。你会发现世界如此美好。

陈萍是一名大学讲师,和很多知识分子一样,她有着幸福的家庭,丈夫也是机关单位的工作人员。她生在上海,长在上海,但她却似乎对上海有着与生俱来的厌恶。她一直只顾着怜惜自己的心情,不断地发泄着自己的不满,一心想着走出这个地方,领会别处的山清水秀,漂离于世俗的恬然宁静,因而不去关注这个城市,不去关注藏匿其中的校园。

这天,她和丈夫因为生活上的一件小事吵架了,闷闷不乐的她来到办公室,她并没有和往常一样打开电脑,而是站在窗前,这时候,她恍然觉得自己已游离于校园之外。不知道这里有多少棵千年古树,不知道这里有多少种名贵花草,不知道横立在河上有几座桥,不知道两座食堂相距有多远。骤然间,她突然觉得就连桂花香四溢的时节,也没有嗅出这校园所表达的善意和问候。不珍惜这美丽,就像当初不珍惜父母亲的无微不至;不珍惜这美丽,就像不珍惜曾经好友间的现在想来恍如隔世的滴滴点点。

晚上,疲倦地从办公室归来的她,第一次认认真真地感悟了一番夜间的上海,的确就像贵妇人,雍容不失典雅、华贵兼有端庄、成熟而有风韵。于

是，她恍然想起那句话——我们的身边并不缺少美，而是缺少发现美的眼睛。也许比发现美的眼睛更需要的是发现美的心灵。自打那以后，陈萍觉得自己爱上了上海，更爱上了周围的一切。

故事中的主人公陈萍在一次偶然的机会中看到了周围生活环境的美，于是她的心境改变了，她也快乐多了。

在生活中，你可能遇到过这样的事：当一个满脸乌黑、一脸疤痕的女孩走到你的身边时，你的第一反应会是怎么有这么丑的人。其实当你细心打量时你会发现，她的笑容很灿烂；当你和她相处一段时间后，你又会发现她有颗善良的心。当你走在一块荒芜的田地里时，田里堆满了垃圾，臭气熏天，你会很扫兴地想尽快离开这里。但当你停下焦急的脚步，你会发现旁边有郁郁葱葱的小草正在茁壮生长，还有含苞待放的花朵迎着阳光格外娇艳欲滴。这些美就存在于丑陋中间，关键要靠我们的眼睛去发现，善于从丑陋的背后发现美丽。

所以，我们首先要懂得换位看世界。

其实，有时候事物是美丽还是丑陋，关键在于我们怎么去看，换个角度去观察，当我们用眼睛去细心品味事物时，就会发现这也是一种幸福。

再者，要相信生活中"美丽的意外"。

生活中总是充满着各种各样的意外，有不幸的、有可笑的、有美丽的。当遇到不幸的意外时，我们可能会感叹生活的不如意及命运的不公，更有可能变得消极，对生活失去信心。但你需要明白的是，无论现在的情况多么糟糕、生活多么坎坷，那都已经成为过去，下一秒，你迎来的就可能是美丽的意外。生活总是充满变数的，时间不会为我们而逗留。因而，当你学会面对这突如其来的意外时，或许你已经成功了一半。那么，只有在勇敢面对的基础上加以智慧与随机应变，生活中不美好的意外才不会将你瞬间击垮。

第3章

不苛责自己，胜败都保持内心平静

常言道：胜者不骄，应该再接再厉，以取得更好的成绩；败者不馁，应该更加努力，迎头赶上。人生不可能一帆风顺，有成功也有失败；有开心也有失落。如果我们把生活中的这些起起落落看得太重，那么生活对于我们来说永远都不会坦然，永远都没有欢笑。人生应该有所追求，但暂时得不到并不会阻碍日常生活的幸福，因此，保持内心的平静，不要苛责自己，是人生必不可少的润滑剂。

把胜败看得太重会扰乱心境

作为一个平凡的人，我们每个人都害怕失败，渴望成功。于是，人们在执行自己的目标与想法前都会产生各种顾虑，都会迟疑不定。而实际上，正是因为迟疑，人们开始恐惧，左思右想，最终被恐惧扰乱心境而不敢执行。在任何一个领域里，不努力去行动的人，就不会获得成功。世上没有任何事情比下决心、立即行动更为重要，更有效果。因此，如果你想让自己更有勇气去执行，去追逐内心的梦想，那么，就别把胜败看得太重，放下失败的顾虑吧。

在现实生活中，很多人常常就是因为左顾右盼、没有具体行动而最终一事无成。

一天，有人问一个农夫他是不是种了麦子。农夫回答："没有，我担心天不下雨。"那个人又问："那你种棉花了吗？"农夫说："没有，我担心虫子吃了棉花。"于是那个人又问："那你种了什么？"农夫说："什么也没有种。我要确保安全。"

其实，我们又何尝不是和农夫一样呢？在行动前，我们往往会为自己想好失败之后的退路，这样就永远都不会有什么成功，只会与目标渐行渐远。所有的成功者都必定有着果断的执行力。可能一直以来，你认为自己是个勇敢的人，但一旦到了真正可以表现自己勇气的时候，却左右迟疑、不敢付诸实践。这不是真正的勇敢，因为勇敢不是停留在言语上，而是要放手去做的。世界著名的交响乐指挥家小泽征尔就是个敢于倾听自己内心声音的人。

一次，他参加世界优秀指挥家大奖赛的决赛。比赛开始后他按照评委

会给的乐谱指挥演奏，但演奏了一段时间后，他发现按照乐谱演奏会出现一些不和谐的声音。起初，他以为是乐队演奏出了错误，就停下来重新演奏，但即使这样还是不对，于是他觉得是乐谱有问题。

在他对乐谱产生质疑后，他向评委提出了疑问，但是在场的作曲家和评委会的权威人士坚持说乐谱绝对没有问题，是他错了。面对一大批音乐大师和权威人士，他思考再三，最后斩钉截铁地大声说："不！一定是乐谱错了！"话音刚落，评委席上的评委们都立即站了起来，并报以热烈的掌声，祝贺他大赛夺魁。

原来，这是评委们精心设计的考验参赛者的"圈套"，以此来检验这些参赛者在发现乐谱有问题后是否敢于提出质疑并敢于在权威人士的压力下坚持自己的主张。在小泽征尔前面有两位指挥家也发现了乐谱的问题，但终因随声附和权威们的意见而被淘汰。小泽征尔却因充满自信而摘取了世界指挥家大赛的桂冠。

从小泽征尔的故事中我们发现：听从内心的声音看淡成败放下顾虑走自己的路，坚定自己的梦想，并大胆实践，才能找到真理的曙光。

事实上，在追求人生目标的过程中，我们的内心之所以会摇摆不定、左右顾虑，害怕失败，有时候除了经验的缺乏让我们不敢下决心外，还可能是因为受到一些外在因素的干扰，但只有果断才是心中的灯光，时刻照亮着成长的坐标。哲人说得好，你听到的一切并不完全正确，也不要因他人的议论而鄙视自己，否则就会陷入自卑的"心灵监狱"。我们常常发现有些人除了拿别人的优点与自己的缺点比较外，还喜欢听信那些不该信的话，他们认不清自己身上蕴藏着无穷无尽的潜力，心绪萎靡，不知不觉中为自己营造了自卑的"心灵监狱"。

生活中，总有人慨叹：其实我并不喜欢现在的生活，我更想……谈了一大堆的计划，一大堆的梦想，可是最后他们并没有去实践。如果这么一问，他们还会摇摇头说："不行啊，无奈啊，没办法啊……"真的有那么无奈吗？

既然无力改变又何必总是埋怨？如果埋怨、不满，又为何不去努力改变？

如果你留心观察一下周围形形色色的人就会发现，一些人生活得开心、快乐，并不是因为他们坐拥名利地位，拥有豪宅、名车等，他们只不过是能够真正地为实现梦想而努力，怀着最真诚的心去努力寻找自己想要的东西而已。然而，现实生活中，多数人对于那些最初的梦想，应该都只是把它们当成最遥远的梦想而默默地埋藏心底吧！当你年迈时，你是否才会感到遗憾？

事实上，大多数人之所以与梦想渐行渐远，就是因为他们总是给自己找很多理由，例如，我资金不够多；我学历不高；竞争太激烈，做这个太冒险了；我没有时间；我的家人不支持我……而没有足够的资金，没有学历，没有这个那个，其实都是因为你太在意成败，别忘了那句最常听说却最容易忽略的话：胜败乃兵家常事，左右迟疑只会一事无成。

失败是宝贵的经验，与其后悔不如珍惜

在快节奏的现代社会中，为了生计，为了拥有更好的生活，我们常常步履匆匆，忙于工作、事业，却忽略了自己的内心。但当夜深人静，当你驻足窗前，当你看到绚丽的霓虹时，你可曾想过是否错过生命中很多重要的东西？你是否发现，你的双亲已经双鬓斑白，而你未曾侍奉在前？你是否因为缺少对爱人的关心而导致婚姻失败？你是否因为竞赛中的一个小失误而导致失利？你是否无视朋友的感受而导致朋友的离去？

想到这些，你的心是否为之一颤？人生的路上，我们可能错过很多，也可能在某些方面做得不足甚至是失败，可能为会为此悔不当初。其实，与其后悔，不如去珍惜，从失败的经验中获得反省，才能在人生的路上一路收获！

有一位名人，经过了一次失败的婚姻后她更加懂得了珍惜，因此每年结

婚纪念日她都会记住，并且送爱人一份礼物。但随着事业的逐渐上升，她似乎忘记了什么才是珍惜。转眼，她和丈夫结婚十年了。这天下午，她来到一家首饰店急匆匆地买了枚戒指，她对首饰店的服务员说："请把戒指包好，天黑之前送到我家，给我丈夫，我还要参加一个会议。"

然后她匆匆忙忙填写了一张卡片，上面写着："亲爱的，晚上我还有一个会议，抱歉不能与你共同庆祝。"

在她逗留于首饰店的短短时间里，走进来一位老太太。老太太一进门就说："给我看看你们这里的手表。"

女人回到公司交代了一些工作后，马上开车去赴她的会议。就在公路上，她看到了一个似曾相识的身影，那不正是买手表的老太太吗？她放慢车速想看看老太太在干什么。原来，那是一个小小的墓园，老太太把那只手表埋在了墓地旁边，然后静静地坐在那里一动也不动，背影写满了悲伤和怀念。

这一幕映入这个女人的眼里，她的心忽然痛了一下。然后，接下来的事情是，她发动引擎把车子调头，朝着来时的方向疾驰而去。她赶到那家首饰店推门进去，幸好首饰店的服务员还没有送出那枚戒指，她急忙说："请把戒指给我，我自已送！"

当女人开车回家时，她看到一个大男人在喂孩子吃饭，不禁失声哭出来。

看完这个故事，我们不禁也为之感动。是啊，人生苦短，时间可能会带走一切。如果我们不懂得珍惜，那么剩下的可能就只有叹息！可是生活中，又有多少人能和故事中的主人公一样读懂细腻的感情呢？

那么，从现在起我们一定要懂得珍惜。

第一，守护血浓于水的亲情。

其实，亲情就是一种幸福，一种永恒。从婴儿的"哇哇"落地到哺育他长大成人，父母们花了多少的心血与汗水。

亲情是永恒的，母亲的爱总是无微不至，父亲的爱总是严厉中带有期

盼。亲情是一种没有条件、不求回报的阳光沐浴，是最无私最无价的。而只有当我们体验了亲情的深度，才可能领略到友情的广度，才可能拥有爱情的纯度，这样的人生才称得上是名副其实的人生。

第二，珍惜婚姻，忠于爱情。

的确，无论是爱情还是婚姻，说白了就是两个人如何相处。在这个过程中，你不妨大度一点，多点知足，少点计较，这样你会发现，呈现在你眼前的都是美好。如果你走在婚姻的十字路口，如果你还陷在婚姻取舍的矛盾之中，如果你依然觉得原配的可取之处大于可恨之处，你就应该重新审视自己而不是对方！

第三，真心付出，收获友情。

人都是群居动物，每个人的人生旅途中，都会拥有几个“死党”，也有一些关系一般的朋友。“朋友多了路好走”，有友情相伴，我们的人生路途便不再孤单。但你想过吗？友情也需要付出，一味地索取，只会让友情干涸！斤斤计较，更会让友情之路变得狭窄。认识到这一点，我们就需要用心呵护友情，真心对待朋友，这样你收获的便是一份坚不可摧的友情！

总之，亲情好比是一杯绿茶，甘醇的令人回味无穷！朋友就是一杯美酒，放得越久，越浓越醇；朋友也是一杯白开水，清澈透明，没有一丝杂质！而爱情其实很简单，一个眼神，一个举动就够了！人生漫漫，追逐的东西太多，但对待周围的人，我们一定要懂得珍惜，懂得呵护。当然，除此之外，无论我们曾经失去什么，在什么方面失利过，与其后悔都不如珍惜！

理性看待成败，冷静才能反败为胜

古人云：“有志者，事竟成，破釜沉舟，百二秦关终属楚；苦心人，天不负，

卧薪尝胆，三千越甲可吞吴。”人生的路总是不平坦的，一个有梦想的人，不会因为出现的一些挫折和不幸和放弃努力和奋斗。相反，他们随时准备重新开始，但他们是理性的，他们能在失败面前冷静思考，从失败中吸取教训，从而反败为胜。从哪里跌倒，就应从哪里爬起来，这便是强者的人生信条。

的确，当我们观察成功人士时，会发现他们各自有不同的背景，他们中的许多人都来自贫寒、破碎家庭、偏僻的乡村甚至于贫民窟。这些人现在都是社会上的领军人物，他们都经历过艰难困苦的阶段。

其实，人们在追求目标的路程中，都遇到过艰难困苦，有些人成功，有些人失败，而有些人却始终碌碌无为。相比之下你会发现，他们各方面（包括年龄、能力、社会背景、国籍，以及任何一方面）都很可能相同，只有一个例外，就是遭遇挫折的反应不同。

失败者之所以失败，是因为他们在“失败”面前就此投降了，而只会躺在地上骂个没完；而碌碌无为的人跪地上准备伺机逃跑，以免再次受到打击。但是，成功者的反应却与他们不同。他被打倒时，会立即反弹起来，同时会汲取宝贵的经验，立即往前冲刺。

有这样一个故事，说的是一个伟大的苏格兰国王罗伯特·布鲁斯以蜘蛛为榜样，从而回到了他自己的王国。

这个可怜的国王被可恶的叛徒驱出王宫。他不断努力，想要把他的王国夺回来。他打了许多仗，却一次又一次地被击败。最后他认为这一切都是白费力气，他想放弃，不再奋斗。就在这时，有天清早他醒来躺在床上看见一只蜘蛛在结网。这只蜘蛛正在把一根丝从屋子的一端牵到另一端，它试了12次，12次都失败了。12次丝断，它掉到地上，12次它又爬起来再试，它始终不肯放弃，坚持了下来。第13次它终于成功了。国王看到这一切，就对自己说：“为什么我不坚持努力回到我的王国？虽然我失败了这么多次，谁敢说我最后不能成功？”他振作精神再次努力，终于打败了仇敌，获得了成功，重新统制了他的王国。

一只小小的蜘蛛让国王罗伯特·布鲁斯重拾信心。同时，这只小小的蜘蛛也告诉所有处于困难中的人们，困难已经产生，何不坦然面对，然后以顽强的意志力战胜它呢？

可能有些人会怀疑自己的能力：我能成功战胜困难吗？当然能，但前提是你不要被面前所谓的“失败”吓到，或者怨天尤人，而应该先冷静下来，找到问题的缺口，才能反败为胜。

具体来说，我们需要做到以下几点。

首先，要接受事实，承认失败。

哲学家叔本华曾经说过：“逆来顺受是人生的必修课程。”我们每个人都要明白，当事情已经发生时，我们只有接受。“事必如此，别无选择”，但这并非容易的事情，你需要经常提醒自己。

其次，先停下来，然后再重新开始。

我们时常钻进牛角尖而不能自拔，因而看不出新的解决方法。

曾经在一个记者招待会上，记者问艾森豪威尔总统：“为什么你的周末度假那么长呢？”艾森豪威尔的回答是：“我相信，一个人无论是经营一家公司甚至是美国政府，他坐在办公室里就应该认真负责。因此，我们都应该避免琐事的干扰，应该把有限的精力用在基本决策上，只有这样才会做出更好的判断。”

同样，拿破仑·希尔有一个同事，他与其他人的工作方式不同，他每个月都会用三四天的时间去郊外度假。他发现，暂时停一停工作换一下气氛，然后再重新开始，可以提高他的工作效率。

因此，当我们遇到重大的难题时，不要马上放弃，先放下手边的工作换换气氛，当你回来重新面对原有的难题时，答案便会不请自来了。

最后，把握要点。

遇到问题，应该冷静，想想是不是曾经有其他人遭遇过类似的问题，却成功地加以克服？问题的关键在哪里？只有找到问题的关键，才能解决好

问题。俗语说："打蛇要打在七寸上"，"七寸"就是蛇的致命处。我们对待问题，也要抓住问题的"七寸"，才能把问题"置于死地"。

总之，失败乃兵家常事，面对失败，我们大可不必沉溺于沮丧之中，而应该先冷静下来，仔细分析与思考问题，才能找到问题的症结，才能反败为胜。

化脾气为动力，扩充自己的实力

当今社会，竞争日益激烈。有竞争，就会存在对手。对此，我们可能都有这样的心态，一旦认定对方是我们的竞争对手，便产生了与之对立的心理，便想在气势上压倒对方。尤其是当我们被对手打败时，我们便可能在一时冲动下逞口舌之快，而实际上，与其争辩倒不如多点努力，用实力说话。那些成功者，能在激烈的竞争中脱颖而出，并不是因为他们说得多，而是因为他们做得多，他们相信所有的机会、好运都是通过自己的行动争取而来的。

约翰是个很勤奋的小伙子，在获得企业管理的硕士学位后，他就到一家国际性的化学公司工作。因为学历相当，刚进公司他就被安排在了管理层的职位上，这令很多人不满意。尤其是那些和他年纪相当的小伙子们，因为他们还在基层摸爬滚打，为了服众，约翰请求也从基层做起，这令上司很欣赏。

但约翰并不聪明，甚至是笨拙的，在很多业务问题上他总是做得很慢。约翰的上司把约翰同其他成员做了一番比较，在开展工作计划的头几个星期，他的顶头上司友好而又认真地提醒他，"抓紧点，约翰，动作快一些！"

然而，约翰的速度并没有因为这句提醒的话而加快，他还是不紧不慢地工作着。在这种情况下，人们对约翰这种行事谨慎、慢条斯理的工作方法很反感。和他同组的一位同事用带有嘲讽的语气说道："要是你有什么坏消息，并希望它像蜗牛爬行似的传出去的话，那就把它交给约翰处理吧。"

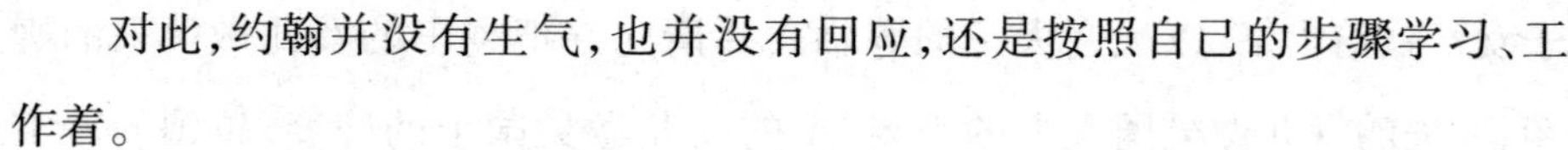

对此，约翰并没有生气，也并没有回应，还是按照自己的步骤学习、工作着。

在约翰来公司的三个月后，公司举行了一场专业知识和业务能力考试，而第一名将会被选拔为公司储备干部。

令大家奇怪的是，平时少言寡语、工作速度缓慢的约翰却一举夺得了第一名，此时，他们才明白，做得认真才是成功的硬道理。

的确，少说多做才是充实自己内在的最根本方法。案例中的约翰工作慢条斯理、不缓不慢，看似愚笨，甚至被对手嘲笑，但他并不生气，也不与之辩驳，而是拿行动来证明自己才是最优秀的，这是一种值得我们学习的精神。

孔子在《论语》里曾两次提到"敏于事而慎于言"，可见孔子对少说多做十分重视。然而，要真正做到"敏于事而慎于言"这一点，我们就要去克服一些自身的缺点才行，其中就包括控制自己的脾气。

在我们熟知的勾践灭吴的故事中，勾践之所以能最终卧薪尝胆，一举灭吴，就是因为他懂得示弱，让吴王放松了警惕。

越王勾践退守会稽山后，就向全军发布号令说："凡是我的父辈兄弟及和国君同姓的人，哪个能够协助我击退吴国的，我就同他共同管理越国的政事。"大夫文种向越王进谏说："我听说过，商人在夏天就预先积蓄皮货，冬天就预先积蓄夏布，行旱路就预先准备好船只，行水路就预先准备好车辆，以备需要时用。一个国家即使没有外患，然而有谋略的大臣及勇敢的将士不能不事先培养和选择。就如蓑衣斗笠这种雨具，到下雨时，是一定要用上它的。现在大王退守到会稽山之后，才来寻求有谋略的大臣，未免太晚了吧？"勾践回答说："如果能听到大夫您的这番话，怎么能算晚呢？"说罢，就握着大夫文种的手，同他一起商量向吴国求和的事。

越王派文种到吴国去求和。文种对吴王说："我们越国派不出有本领的人，就派了我这样无能的臣子，我不敢直接对您大王说，我私自同您手下的臣子说：我们越王的军队，不值得屈辱大王再来讨伐了，越王愿意把金玉及

子女奉献给大王，以酬谢大王的辱临。并请允许把越王的女儿做大王的婢妾，大夫的女儿做吴国大夫的婢妾，士的女儿做吴国士的婢妾，越国的珍宝也全部带来，越王将率领全国的人，编入大王的军队，一切听从大王的指挥。如果大王认为越王的过错不能宽容，那么我们将烧毁宗庙，把妻子儿女捆绑起来连同金玉一起投到江里，然后再带领现在仅有的五千人同吴国决一死战，那时一人就必定能抵两人用，这就等于是拿一万人的军队来对付大王了，结果不免会使越国百姓和财物都遭到损失，岂不影响到大王加爱于越国的仁慈恻隐之心了吗？是情愿杀了越国所有的人，还是不花力气得到越国，请大王衡量一下，哪种有利呢？"

纵然吴国大夫伍子胥反对，但吴王夫差还是接受了文种的意见，同越国订立和约。

勾践正是因为接受了文种的意见，不逞一时之强，而向吴国求和，才打消了后来吴王对自己"卧薪尝胆"的嫌疑，并放松了对他的警惕，为自己招兵买马、复兴越国赢得了充分的时间。

在现实中，很多人都容易犯这样的毛病，一旦失利就大发脾气。也许他根本就没有料到，事情只是刚刚开始，一时的失败并不是最终的失败。接下来，只要平心静气地吸取经验，依然有回旋的余地。因此，在竞争过程中，如果你要做事成功，如果你想成就一番事业，你就一定要以高标准来要求自己，转嫁脾气为动力，进而扩充自己的实力，进而一举成功。

学会调整情绪，提升自己的战斗力

人有悲欢离合，月有阴晴圆缺。人生之无常，没有永远的平平坦坦、一帆风顺，遇到些挫折和磨难在所难免。在失败中学会坚强，才能更好地感知生活、拥抱生活、创造生活、享受生活。

“上天是明智的，他在赋予人类成长权利的同时，也给了他们许许多多的挫折”。这句名言告诉生活中的每个人，人这一生是要经历许许多多的挫折，当我们所承受的挫折越多，就说明成功的机会就会越大。面对挫折和失败时，我们应该勇敢地、微笑地接纳它。如果你能鼓起勇气，尽自己最大的努力去战胜它，那么你就会发现，挫折和磨难的阴霾被驱散后，头顶上便是一片蔚蓝的天空。挫折和磨难对强者来说，是上天给予的奖励，可以从挫折和磨难中自省自悟、吸取教训、重整旗鼓。挫折就是一份财富，经历就是一份拥有。淬火洗礼，愈挫愈坚，愈挫愈勇，坚如磐石，我们从中获得经验，变得成熟，得到成长，得到收获，此时的挫折和磨难，只不过是其成功道路上的一块垫脚石。而挫折和磨难对弱者来说，它是一道深不可测、无法逾越的鸿沟，甚至是他们自己的坟墓。驻足在这条鸿沟旁边，他们瞻前顾后，徘徊观望，唉声叹气，却没有想到这条沟正是自己给自己挖的，他们失去了战胜挫折和磨难的信心和勇气，自己放弃了很多本该和本能得到的美好东西。

“牛仔大王”李维斯年轻的时候，带着梦想前往西部追赶淘金热潮。一日，突然间他发现有一条大河挡住了他往西去的路。苦等数日，被阻隔的行人越来越多，到处是怨声一片。而心情慢慢平静下来的李维斯突然有了一个绝妙的创业主意——摆渡。由于大家急着过河，所以没有人吝啬坐他的船，迅速地，他人生的第一笔财富居然因大河挡道而获得。

渐渐地，摆渡生意开始清淡，李维斯决定继续前往西部淘金。来西部淘黄金的人很多，但卖水的人却没有，所以水在这个地方成了最珍贵的东西。不久他卖水的生意便红红火火。后来同行的人也越来越多，终于有一天，在他旁边卖水的一个壮汉对他发出通牒：“小伙子，以后你别来卖水了，从明天早上开始，这儿卖水的地盘归我了。”他以为那人是在开玩笑，第二天仍然来了，没想到那家伙立即走上来，不由分说便对他一顿暴打，最后还将他的水车也一起拆烂掉。李维斯不得不再次无奈地接受现实。

然而，当这家伙扬长而去时，他却立即又有了一个绝妙的好主意——把那些废弃的帐篷收集起来，洗干净后缝制成衣服，那么一定会有人愿意买。就这样，他缝出了世界上第一条牛仔裤。从此，他一发不可收拾，最终成为举世闻名的"牛仔大王"。

这里，我们在感叹李维斯绝顶聪明的同时，还不得不感叹他不屈不挠的斗志，在我们看来，已经走入绝境的他依然能调整好自己的情绪，重新找到出路。

在顺境中多思考，我们能保持清醒的头脑和稳健前进的脚步；在逆境中多思考，我们会找到失败的症结，踏上通往成功的道路。

我们要追求成功，就必须要做好随时迎接艰难险阻的准备，不要因为一时的失败而灰心丧气，而应该勇敢面对，努力拼搏，始终坚信"阳光总在风雨后"。古往今来，所有成功者都懂得"失败乃成功之母"的道理，为什么我们就偏偏要被失败打倒呢？

那么，我们该如何调整失败后的情绪从而重振旗鼓呢？

首先，要积极暗示自己。

生活是千变万化的，悲欢离合，生老病死，天灾人祸，喜怒哀乐，都在所难免。一次被拒绝的失望，一场伙伴的误会，一句过激的话语，都会影响我们的心情，生活中的不顺心事总是很多，这就需要我们每个人要学会调节自己的心态。怎样调节呢？最简单有效的做法——用积极的暗示替代消极的暗示。当你想说"我完了"的时候，要马上替换成"不，我还有希望"；当你想说"我不能原谅他"的时候，要很快替换成"原谅他吧，我也有错呀"等。平时要养成积极暗示的习惯。

其次，告诉自己"总会有别的办法可以办到。"

在竞争激烈的市场中，每天都有公司成立，但每天也有公司停止运营，那些半路退出的人说："竞争太激烈了，还是退出保险些。"真正的关键在于他们遭遇障碍时只想到失败，因此才会失败。

你如果认为困难无法解决，就会真的找不到出路。因此，你一定要拒绝“无能为力”的想法，告诉自己“总会有别的办法可以办到”。

我们的人生就如同大海里的船舶，随时都可能经历风浪，没有不受伤的船，也没有不经历磨难的人生。面对失败，我们不应该一味地怨天尤人和自暴自弃，而应该学会坚强，学会乐观，要学会控制好情绪，更要会调整自己的心态。保持好精神，拥有好心情，才是至关重要的。

别太自负，输了也很正常

“虚心使人进步，骄傲使人落后”，这句话三岁的小孩子都会说，意思也很好理解，从字面上一看便知。然而，这样再普通不过的道理，生活中能够按照它去做的人却没有几个，大多数人都只是说一说，从来没有想过可以拿它当做一种指导，一种指引我们行为方向的指南针。骄兵必败，自古便是如此。国内外这样的例子是数不胜数，从曾经霸及一时的拿破仑兵败滑铁卢，到楚霸王项羽自刎于乌江，无一不是在用血的例子来验证这句话的正确。正所谓“成由勤俭败由奢，骄傲自满必翻车。”即使你曾经有过辉煌的成功史，也不要轻易骄傲，忍耐一些直到你取得下一次的成功。因此，那些自负的人们，如果你曾经失败了，那么这很正常。

曾经读过这样一个故事，很有启发，无论你多么强大，多么成功，只要心中被骄傲占据，那么你离失败也不远了。

从前有一个农夫，他的地在一片芦苇地的旁边。那芦苇地里常常有野兽出没，他担心自己的庄稼被野兽毁坏了，就总是拿着弓箭到庄稼地和芦苇地交界的地方去来回巡视。

这一天，农夫又来到田边看护庄稼。一天下来，没有什么事情发生，平

平安安地到了黄昏时分。农夫见还安全，又感到确实有些累了，就坐在芦苇地边休息。

忽然，他发现苇丛中的芦花纷纷扬起，在空中飘来飘去。他不禁感到十分疑惑："奇怪，我并没有靠在芦苇上摇晃它，这会儿也没有一丝风，芦花怎么会飞起来呢？也许是苇丛中来了什么野兽在活动吧。"

这么想着，农夫提高了警惕，站起身来一个劲地向苇丛中张望，观察是什么东西隐蔽在那里。过了好一会儿，他才看清原来是一只老虎，只见它蹦蹦跳跳的，时而摇摇脑袋，时而晃晃尾巴，看上去好像高兴得不得了。

老虎为什么这么撒欢呢？农夫想了想，认为它一定是捕捉到什么猎物了。老虎得意得简直忘了形，完全忘了注意周围会有什么危险，屡次从苇丛中跳起，将自己的身体暴露在农夫的视线里。

农夫悄悄藏好，用弓箭瞄准了老虎现身的地方，趁它又一次跃起，脱离了苇丛的隐蔽的时候，就一箭射过去，老虎立刻发出一声凄厉的叫声，扑倒在苇丛里。

农夫过去一看，老虎前胸插着箭，身下还枕着一只死獐子。

"螳螂捕蝉，黄雀在后"就是这个道理，这只老虎是悲哀的，它因为捕到了獐子万分高兴，便忽略了对周围环境的觉察，以致自己已经成为了别人猎杀的目标都不知道，最后只能中箭而死。

人生在世，要经历的东西太多，成功也好失败也罢，都没有必要过于执著，若是因为成功而得意忘形，使自己陷入不利位置，更是得不偿失了。有些人在苦苦打拼的时候，一步一个脚印，踏踏实实地向前走，虽然艰苦却很少出什么大的纰漏。而另外一些人成功了之后，却整日沉醉在无尽的喜悦中，忘记了继续努力，忘记了敌人的虎视眈眈，最终只能自取灭亡，这样的人成功的快，失败的更快。

上帝阻挡骄傲的人，赐恩给谦卑的人。如果你也是一个爱骄傲的人，就从现在开始审视自己，改变自己，做一个谦逊的人，一个能够忍耐喜悦冲动、奋发向上的人。

所以,要克服自负,需要做到以下几点。

第一,要有自知之"明"。

人们常说"人贵有自知之明",这个"明"既表现为如实看到自己长处,也表现为如实分析自己的短处。如果只看到自己的短处,似乎是谦虚,实际上是自卑心理在作怪。而如果只看得到自己的长处,那么就是自大。"尺有所短,寸有所长"。每个人都有自己的优势和长处。如果我们能客观地估价自己,在找出自己的长处和优势的同时,也能看到自己的缺点和短处,那么,便能很好地弥补自己的不足。

第二,兼听则明。

那些谦卑、成功的人一般都善于倾听各方面的意见,进行周密地思考,并归纳出哪些事物可行、哪些事物不可行的一套完全属于他自己的见解。在思考问题的过程中,他会考虑到"得失利弊"、会考虑到"差之毫厘、失之千里"、"真理若往前再跨越一步就是谬误"等这些细微的、甚或为一般人所考虑不到的问题。他的最大特点就是善于倾听各方面的意见和建议,敢于坚持真理。

当然,谦卑并不意味着活在别人的眼光中。当你能拿捏好你的自信尺度,就没有人能干涉你的生活态度;就算有,也许是对方嫉妒你,因为他本身缺乏自信,所以看不惯你的神采奕奕。对于这样的人,你应该多同情但不去计较,因为他的心态太贫穷,而且没有人能救得了他。你不需要因为比乞丐富有而感到抱歉,尤其这是你努力争取、应得的成果,过好你的人生才是最重要的。

可见,做人要信心十足,但不等同于自高自大、自我浮夸,只有抱着谦卑的态度,你才能不断进步!

别耍脾气，成败都要保护“元气”

在人生道路上，困难和挫折是难免的，人生起起落落也无法预料，但是有一点我们一定要牢牢记住：积极乐观、永不绝望。当我们遇到逆境时，千万不要忧郁沮丧，更不要耍脾气，因为发脾气于事无补。我们要做的，除了坦然面对之外，还要保存自己的“元气”，以便于重新站起来，打倒困难。

“二战”期间，在德国纳粹集中营，德国士兵经常要求英国战俘跟他们踢球。贝鲁姆被俘前是优秀的狙击手，也是技术精湛的前锋。比赛在监狱满是沙砾的场地上进行。与其说是比赛，还不如说是德国纳粹折磨战俘的一种办法。

纳粹不给战俘队员足够的食物，让他们饿得眼冒金星去参加比赛。德国人借此大比分获胜，然后奚落英国人为猪。

但是，圣诞节前的一场比赛发生了意外，而震惊了观看那场比赛的人中德国纳粹的高级官员。贝鲁姆在比赛前吃了狱友积攒下来的黑面包，有了足够的体力去比赛。比赛只进行了三分钟，贝鲁姆就像野马一样打乱德国人的防守，冲入禁区一脚抽射，首破德国人的大门。最后，德国队仍是大比分获胜了，但是他们“战无不胜”的神话已被一个缺少食物的战俘打破。不久，贝鲁姆被秘密处死。事先，他已经知道会如此。一位英国作家曾经多次提到过这个叫贝鲁姆的人，他说，那场圣诞球赛后，贝鲁姆成为集中营中希望和信念的支柱。

五十多年后，英国的一家体育电台播出了这个故事，结果接到了上千个电话，其中有一位老人是贝鲁姆的战友，他说，自从贝鲁姆进了一球后，他就坚信英国必胜。

的确，人的一生就像一场比赛，你不可能总是常处优势地位，有时候你会被淘汰出局，只要你继续参加比赛，就有希望存在，总会获得让你满意的成绩。天才未必就能富有，最聪明的人也不一定幸福，想要摆脱人生的困境，你要记住让希望的阳光照进心田，要努力拯救自己摆脱困境。

在生活中，许多人一陷入困境，就悲观失望，甚至一味地抱怨或者发脾气。其实，应告诉自己，困境是另一种希望的开始，它往往预示着明天的好运气。因此，你只要放松自己，摒除不良的情绪，那么你就能逐渐恢复元气，继续站起来，那么，再大的困难也会变得渺小。

美国亿万富翁、工业家卡耐基说过："一个对自己的内心有完全支配能力的人，对他自己有权获得的任何其他东西也会有支配能力。"当我们开始运用积极的心态并把自己看成成功者时，我们就开始成功了。

那么，处于困境中的我们，该如何保存元气呢？

第一，学会不再埋怨。

纳粹德国集中营的幸存者维克托·弗兰克尔说："在任何特定的环境中，人们还有一种最后的自由，就是选择自己的态度。"

有3个人要被关进监狱3年，监狱长满足他们每人一个要求：美国人爱抽雪茄，要了三箱雪茄；法国人最浪漫，要一个美丽的女子相伴；而犹太人说，他要一部与外界沟通的电话。3年后，第一个冲出来的是美国人，嘴里鼻孔里塞满了雪茄，大喊：给我火，给我火！原来他忘了要火。接着出来的是法国人，已经孩子成群。最后出来的是犹太人，他紧紧握住监狱长的手说：这3年来我每天与外界联系，我的生意不但没有停顿，反而增长了200%，为表感谢，我送你一辆劳斯莱斯！

第二，笑一笑。

心理学家认为："会不会笑，是衡量一个人能否对周围环境适应的尺度。"试着微笑一下，你会发现你的心情真的会变得好起来。

第三，学会接受。

面对挫折与失败，责备和逃避不能解决问题，你要做的首先是接受，接受是自信的表现，你需要接受的是自己目前的状态，并以积极的态度面对它，做到不责备、不逃避、不遗忘。

第四，心怀必胜的信念并付诸行动。

在生活中，不是因为有些事情难以做到，我们才失去自信；而是因为我们失去了自信，有些事情才显得难以做到。在做到自信面对困难的同时，我们同样要付之于行动，才能真正决胜于千里，解决困难，超越现在！

第4章

别在计较中斗气，吃亏就是占便宜

在这个人际关系重要性日益凸显的社会，人际关系的好坏能够折射出一个人的眼光、才能和智慧。善于与人打交道的人，处处受欢迎，办事皆顺利，身处何地都是一个焦点，无论何时都能运筹帷幄手中的关系网，从而为自己服务。然而他们在广结人缘的时候，始终不忘告诫自己，别与人计较、斗气，吃亏是福，他日，当自己有需要的时候，别人自然会还那一笔“人情债”。这就好比是播种储蓄，当你把人情播进福地的时候，那么，只要你耐心等待，你将会收获累累！

别为小事计较，珍惜现在的所得

金无足赤，人无完人。在生活中，我们每个人都有缺点，也都会在做人、做事上有些失误。我们对待别人的过失和缺陷应该宽容大度一些，不要吹毛求疵，可以求大同存小异，甚至糊涂一些，连古人都说难得糊涂。古今中外，凡能成就一番大事业的人，都具有海纳百川的雅量，容别人所不能容，忍别人所不能忍。我们并不是说我们都要成为伟人，都要干一番大事业。但人活在世上就应该活得精彩一点，要想活的精彩就要接触社会，所以就得交往各样的朋友，你就不能太较真。如果要一味的明察秋毫，眼里容不下沙子，过分挑剔，连一些鸡毛蒜皮的小事也要斤斤计较，那么你就会变成孤家寡人，相信没有人愿意和你交往。

的确，要征服一个人，就要让其心悦诚服，而不是靠说的话多、说话声音等。为此，你需要给人留足面子。相反，与人争论，即使你赢了，那么，对方失了面子，内心不服输的情绪必会激发出来。可想而知，你原本是想表达事实，帮助他人，但却闹到对方不想改正、反而更坚信自己的地步。若是他都不想改正了，为什么还再要让他不高兴呢？

宋朝时，有一位精通《易经》的大哲学家邵康节，他与当时的著名理学家程颢、程颐是表兄弟，同时和苏东坡有往来。但二程和苏东坡一向不睦。

邵康节病得很重的时候，二程弟兄在病榻前照顾。这时外面有人来探病，程氏兄弟问明来的人是苏东坡后，就吩咐不要让苏东坡进来。

躺在床上的邵康节，此时已经说话很困难了，他就举起一双手来，比成一个缺口的样子。程氏兄弟有点纳闷，不明白他做出的这个手势是什么意思。

等了许久，邵康节喘过一口气来，说："把眼前的路留宽一点，好让后来的人走。"

邵康节的话是很有道理的，人活一世，真正的大智慧是懂得运用发展的眼光看问题，千万不要使自己的思维和言行沿着某一固定的方向发展，直到极端。因为事物是复杂多变的，任何人都不能凭着自己的主观臆断，来判定事情的最终结果。"三十年河东三十年河西"，用不了十年，每个人的社会地位、人际关系、生存状况等就可能发生此消彼长的变化，人们相互间更是"低头不见抬头见"。如果把话说得太满、过绝、咄咄逼人，让对方下不来台，将来一旦发生了不利于自己的变化，就难有回旋的余地了。

中国有句老话："为别人留余地就是为自己留余地"。事实上的确如此，我们都是社会人，都要和周围的人打交道，难免产生分歧，但不管谁是谁非，"计较"别人无论从哪个角度来说都不是一件好事。此时，你一定要记住，别为小事计较，宽容才是珍惜的表现，相反，处处爱和人争执是自私的表现，凡事应先站在别人的立场考虑双方的问题，然后作出反应和行动，是合适之举。

莎妮打算在参加同学聚会时，将丈夫介绍给自己的高中同学，但丈夫迟到了一个小时，而且只是向莎妮的同学简单打了个招呼，就匆匆离开了。等到聚会散场，莎妮强忍的怒火再也无法抑制，但她转念一想，争吵无济于事，于是，她换一种说法表达了自己的不满："你只是招呼一声就匆匆离开，真的很可惜，因为本来有很多关于你的话题要跟大家谈的。"看到妻子这样善解人意，丈夫诚恳地道了歉。

在这个案例中，妻子莎妮的做法是正确的，在遇到这种情况时，与其怒不可遏地指责他对你的朋友太不礼貌，还不如平心静气地对他晓之以理。而她如果指责丈夫："你总是这样目中无人！那些都是我 5 年没见面的死党，你怎么能对人家那么冷漠呢？"恐怕迎来的便是一场家庭战争。

"世人都很精明，你如何让人信服你并愿意支持你才是最重要的"，李嘉

诚靠的就是这个精神成为万人景仰的财富巨人。心理学家建议，在生气前30秒，先问自己3个问题：①究竟是什么在让你生气？②这件事情是否很糟糕，需要通过吵架来解决？③吵架能解决问题吗？在回答完这3个问题后你会发现，有些事情根本不值得争吵。

如何才能折服对方呢？鼓励、赞美、引导、探讨、合作、人格、信心、宽恕等，唯独没有较真与争执，那样对方只会离你越来越远，与你毫无裨益。大胆的鼓励、认真的赞美、细心的引导、坦率的探讨、真诚的合作、克己的人格、不倒的信念、宽恕的美德，这都是化干戈为玉帛的力量。

的确，生活中有太多的琐事不值得我们去计较，只要我们能够以一种平和的心态对待它，就会享受到生活本应有的快乐与幸福。

善于忍耐，先苦而后甘

或许你站在穷人的行列，为了财富而苦苦打拼着，正遭受着他人的鄙夷，受到过很多痛苦。或许你正在遭受着他人给你的伤害，但你绝对不能因此而生气，更不能大动肝火。哲学家告诉我们，世间的任何一件事情，都有它的不二法门。不论什么时候，一切急功近利的思想与行为都是一种短视，都是非常有害的。善于忍耐者都有眼光长远的智慧，他们绝不会逞一时之气，而是在忍耐中不断地努力。

忍耐也需要智慧，一味的忍耐而不去做任何改变现状的努力，那是懦弱的表现。我们应该要让自己的每个行动都变得有价值起来。

很久以前，在一个偏僻的小山村里有一对堂兄弟，他们年轻力壮，雄心勃勃。他们渴望成功，希望有一天能够成为村里最富有的人。

一天，村里决定雇佣他们二人把附近河里的水运到村广场的水缸里去。

这对他们来说真是一份美差，因为每提一桶水他们就能赚取一分钱，这在小镇来说是最好的工作了。两个人都抓起两只水桶奔向河边。

“我们的梦想实现了！”表哥布鲁诺大声地叫着，“我简直无法相信我们的好福气。”

但是表弟柏波罗不是非常确信。他的背又酸又痛，提那重重的大桶的手也起了泡。他害怕明天早上起来又要去工作，他发誓要想出更好的办法。

几经琢磨之后，表弟决定修一条管道将水从河里引到村里去。他把这个主意告诉了表哥，但是表哥觉得他们现在做着全镇最好的工作，不愿意花那么长的时间去修一条管道。

柏波罗并没有气馁，他每天用半天时间来提水，半天时间修管道，并且始终耐心地坚持着。

布鲁诺和其他村民开始嘲笑柏波罗。布鲁诺赚到比柏波罗多一倍的钱，炫耀他新买的东西。他买了一头驴，配上全新的皮鞍，拴在他新盖的二层楼旁。

他买了亮闪闪的新衣服，在乡村饭店里吃可口的食物，村民们称他为布鲁诺先生。当他坐在酒吧里，为人们买上几杯，而人们为他所讲的笑话开怀大笑。

当布鲁诺晚间和周末睡在吊床上悠然自得时，柏波罗还在继续挖他的管道。头几个月，柏波罗的努力并没有多大进展。他工作很辛苦，比布鲁诺的工作更辛苦，因为柏波罗晚上和周末都在工作。

一天天、一月月过去了，表弟柏波罗仍然没有放弃，完工的日期越来越近了。

柏波罗在休息的时候，看到布鲁诺在费力地运水，布鲁诺比以前更加的驼背。由于长期劳累，步伐也变慢了，布鲁诺很生气，闷闷不乐，为他自己一辈子运水而愤恨。

他开始花较少的时间在吊床上，却花很多的时间在酒吧里。当布鲁诺

进来时，酒吧的顾客都窃窃私语："提桶人布鲁诺来了。"当镇上的醉汉模仿布鲁诺驼背的姿势和拖着脚走路的样子时，他们咯咯大笑。布鲁诺不再买酒给别人喝了，也不再讲笑话了。他宁愿独自坐在漆黑的角落里，被一大堆空瓶所包围。

最后，柏波罗的好日子终于来到了——管道完工了！村民们簇拥着来看水从管道中流入水槽里！现在村子源源不断地有新鲜水供应，附近其他村子的人都搬到这个村子来，村子顿时繁荣起来。

管道一完工，柏波罗不用再提水桶了。无论他是否工作，水源源不断地流入。他吃饭时，水在流入；他睡觉时，水在流入；当他周末去玩时，水在流入。流入村子的水越多，流入柏波罗口袋里的钱也越多。

管道人柏波罗的名气大了，人们称他为奇迹创造者。

人们常说，鱼与熊掌不可兼得。其实，做任何事情都是如此，想要日后轻松一点，当下就必须要付出更多的努力。我们要像管道人柏波罗一样，用自己的智慧改变现有的状态。把目光放长远一些，多忍耐一些别人的讥讽，多忍耐一些身体的疲惫，多忍耐一些成功前较少的收获。需要忍耐的太多，但是能够看到成功的到来，任何忍耐都是值得的。

如果你是一个脾气很暴躁的人，也不要过于担心，只要适当忍耐并延迟发脾气的时间，慢慢地你就会发现自己可以自如地控制脾气了。容易被激怒的人不仅可能会因为发脾气而失去朋友，也可能会被别人利用脾气暴躁的弱点。当我们怒火中烧时，我们最好不要表现出来并尽量压制下去。人生气时最大的伤害，就是从口里发出的。怪不得雅各说，若有人在言语上不犯罪，他就是一个完全的人了。

当然，忍耐并不是对生活的妥协，而是在一段时间内为了未来更好的生活而做的一个权宜之策。

让他人三分，别人会还你七分

世界上没有两片相同的叶子，同样的道理，世界上也没有两个完全相同的人。物以类聚，人以群分，我们深知这个道理。与我们交往的人往往和我们有很多共同点，如气质相仿、兴趣相近、性格相投等，但我们不能否认人的个性化，我们与他人总有些不同之处。于是，在很多时候，我们在交际应酬中就容易产生一些摩擦，这时候我们要学会忍让，这是一种长久的交际之计。让他人三分，别人会还你七分。

与人交往，我们要有心机，凡事多用心想，不要意气用事。俗话说得好，“小不忍则乱大谋”。如果我们仅仅因为别人的缺点或者与人的摩擦而大发雷霆，那么对方将会离我们而去。古今中外，许多英雄豪杰，由于缺乏隐忍的修养和容人的雅量，使自己身遭厄运、功败垂成。三国时期“英姿勃发，羽扇纶巾”的周瑜，由于心胸狭窄，忍受不了“既生瑜何生亮?”的妒忌，而被活活气死。相反，西汉大将张良却因为懂得忍让而获得他人帮助。

张良是西汉高祖刘邦的军师，他的祖先是韩国人。在秦灭韩后，张良立志为韩国报仇。有一次，因刺杀秦始皇未遂，受到追捕而避居到下邳。

张良在下邳闲暇无事。有一天他到下邳桥上散步，碰到一个老人穿着粗布短衣，走到张良旁边故意把他的鞋子掉到桥下，然后回过头来冲着张良说：“孩子！下桥去给我把鞋子拾上来！”张良听了一愣，很是生气，但一看他是个老人，就强忍着怒气，到桥下把鞋拾了上来。那老人竟又命令说：“把鞋子给我穿上！”张良一想，既然已经给他拾来了鞋子，不如就给他穿上吧，于是就跪在地上给他穿鞋。那老人把脚伸着，让张良给他穿好后，就笑嘻嘻地走了。

张良一直用惊奇的目光注视着他的去向。那老人走了一会儿，又折回身来对张良说："你这个孩子是能培养成才的。五天以后的早上，天一亮就到这里来同我会面！"张良跪下来说："是。"第五天天刚亮，张良到了下邳桥上。不料那老人已经等在那里了，见了张良就生气地说："和老人约会，怎么迟到了？以后的第五天早上再来相会！"说完就离去了。到第五天早上，鸡一叫，张良就赶去，可是那老人又等在那里了，见了张良又生气地说："怎么又掉在我后面了？过了五天再早点来！"说完又走了。到第五天，张良没到半夜就赶到桥上，等了好久那老人才来，他高兴地说："这样才好。"然后他拿出一本书来指着说道："认真研读这本书，就能做帝王的老师了！过十年，天下形势有变，你就可以大展宏图了。以后13年，你就会在济北郡谷城山下看到我，那儿有块黄石就是我了。"老人说完就走了。

早上天亮时，张良拿出那本书来一看，原来是《太公兵法》（辅佐周武王伐纣的姜太公的兵书）！张良十分珍爱它，经常熟读，反复地学习、研究。后来，张良跟随沛公刘邦，根据《太公兵法》经常向沛公献计献策，沛公认为很好，常常采用他的计谋，后来成了刘邦运筹帷幄、决胜千里的军师。刘邦称帝后，封他为留侯。

张良的功绩来自于兵法的帮助，而兵法的由来却是因为他的忍让和执著。每个人都有脾气，但是发脾气是要看时间和场合的。当然任何人都不想成为你发脾气的对象，任何人都需要尊重和理解，如果我们能够设身处地地为他人着想，自然而然就能够做到遇事忍让了。

因此，在与人交往的过程中，我们不要锱铢必较。有时候吃点小亏是种明智的处事方式，表面上你吃亏了，可是你却赢得了人心，那么你自然就是别人眼中的"好人"，拥有了好人缘，荣誉和信任必将接踵而至。

因此，我们要时刻保持警醒，尽量安静柔和地处理一些事情。有时候，忍让不仅能表现出一个人的气魄，也能显示出他的智慧。有些脾气、争吵不过是因为一些鸡毛蒜皮的小事，学会忍耐、学会控制自己的脾气，给别人多

一些宽容，别人也会更加宽容你。忍耐是一种美德，也是一种生活态度。你有脾气不但一定非要强压下去，也可以做一种智慧的转化，忍耐可以让你做得更好。面对他人无理的对待，你不必硬碰硬，试着以巧妙圆融的智慧来处理，事情一样会有转圜的余地。

另外，忍让还是必不可少的人格修养。当对方感受到我们的这种修养时，必当追悔莫及，也必当为我们的人格所在折服，然后甘愿为我们办事，我们良好的人际关系也就确立了。

当然，“忍让”并不代表怯懦和退让，而是一种审时度势，舍小利谋大利的策略，是一种人格魅力的至高境界，不是一般的人都能做到的。我们在交际应酬中，要办成一点事儿，没有克制急躁情绪、压制心头怒火的忍耐功夫，是绝对不行的。为了交际大局着想，我们应该学会忍让，退一步开阔天空！

别做傻事，贪小便宜吃大亏

俗话说得好“占小便宜吃大亏”，现在人们也常常这样说，但是“天上的馅饼”一旦砸到了自己的头上，忘记这句话的人就不在少数了。曾经有这样一个小故事。

有位父亲，他做了两碗面条。一碗面条上有一个荷包蛋，一碗面条下有两个荷包蛋。儿子光注意表面现象，抢着吃上面有蛋的面条，之后才发现父亲碗里的面条下有两个蛋。

这里，我们如果把荷包蛋当成表面的利益，那么你如果只看到表面的蛋，而没有想得更长远，那么你可能占不到便宜。生活就是如此，那些不想占便宜的人，生活也不会让他吃亏！我们也应当从这个事例中得到启示。当我们嘲笑别人占小便宜的时候，我们是否真的做到了不占小便宜呢？当

诱人的金钱、权利向你扑面而来时，如果你只看到眼前的利益，而没有考虑到更长远的目标时，你就掉进了生活给你挖的陷阱。

唐代诗人柳宗元在诗中说过："廉不贪，直不倚。"如果自己坚守目标、放宽眼界，就不会为眼前利益所动，自己切实做到不占小便宜，用自己的实力去拼出一个属于自己的世界！

曾经在民间流传着一句话："和珅跌倒，嘉庆吃饱"，可以说，和珅晚年的悲惨命运也是他一生"占便宜"的结果。

和珅是一位侍卫出身的满洲花花公子，因为特殊的机缘受到乾隆皇帝的信任和重用，他掌有帝国的行政大权，当上了宰相（大学士、军机大臣）兼首都治安总司令（九门提督）。

和珅有着绝顶的小聪明，熟谙做官技巧，用肉麻的谄媚和恭谨的外貌，把自以为英明盖世的乾隆皇帝玩弄于股掌之上。例如，同为人臣，纪昀称自己"为臣"，而和珅却自称"奴才"。和珅一边贪污一边弄权，对乾隆重用他的回报是在全国建立一个史无前例的贪污系统，把清帝国的国库掏空。许多官员发现，如果不向上级行使巨额贿赂，就要被无情地淘汰出局，甚至被投入监狱。

乾隆死后，和珅也跟着倒台，查抄他的家产折合白银九亿两，相当于清政府十二年财政收入的总和。如果包括他挥霍掉的和亲人贪污的款项，总数应该不下二十年的财政收入，和珅当权刚好二十年！

和珅这一贪官，靠自己的那点小聪明的确聚敛了巨额的财富，但这也注定了他人生的失败。他害国害民，再大的人物也会成为众矢之的，会不得善终。在现实生活中，那些贪污人民财富的贪官最终都没有什么好下场，再次证明了这个道理。因此，无论你未来的社会地位、生活状况如何，想要有更好、更大的发展，就不能贪小便宜。如果你能放下一己私利，多为他人想一点，那么，他人回馈你的将会更多。

在商业王国里，有各种各样的生意门道，但我们很难想象到纽扣也会成为巨额利润的来源。但的确有这样一位富翁，他靠卖纽扣发家。他开的店既不气派也不宽敞，却非常有特色。他的纽扣，不仅花色品种齐全，而且有的女顾客的一件漂亮的大衣上丢了一枚纽扣，他也会想尽办法配上后寄给顾客。久而久之，小小的纽扣店在偌大的一座城市里人人皆知、家喻户晓。

当人们问及这位富翁的经营之道时，他回答："世上的钱是赚不完的，我每出售一枚纽扣只赚几分几厘。至于别人，比方说来纽扣店大量进货的成衣铺赚顾客多少钱，我根本不去攀比，我更在意的是能'赚'到多少顾客。"

可见，放下过多的物质欲望和私利，也是一门生意经。乍一看，这是与生意来自于利润这一原则相违背的，但本质上，为顾客考虑、多点关心、少点利益心，是"赚"到顾客的最根本方法。然而，在生活中很多小商人却不明白这样的道理。在交易场所这样的例子是屡见不鲜的：买方和卖方为了一点小利讨价还价，争执不休，结果不欢而散，双方都无利可赚，这样就有悖经商之道。精明的小商人会爽快地与对方成交，宁肯让对方多占些利，他们更关注的是长远大计。

在生活中，可能我们都知道应该怎样做人，不过做人有一个很基本的原则，那就是做人不能贪小便宜，更不能只顾自己的利益而不顾别人，要替别人着想。大多数时候我们会认为，确保自己的利益，争取更多的回报是一个人能力的体现，是成功的标志。然而，真正为人处世的大智慧却是学会吃亏。可以说，做人的可贵之处就在于乐于亏己。吃亏与放下一己私利在很多时候有异曲同工之妙。

退一步海阔天空

人生在世，无论谁都希望得到他人的肯定和认可，谁也不愿被漠视或遗

忘。很多时候，我们的价值是通过人际关系来体现的，一个人际关系好的人，往往能赢得别人的赞同和认可。然而，在与人交往的过程中，很多时候我们会遇到一些交际障碍，硬碰硬必然两败俱伤。这时候我们需要适时退一步，学会妥协，山谷前面是峰顶，退一步才能进两步，沿着螺旋式轨迹稳步上升。以退为进和妥协是一种交际策略，是从整个大局考虑的智慧抉择。六尺巷的故事就说明了这一点。

在安徽桐城有个景点叫六尺巷，这条巷子的由来是这样的：在清朝，当朝宰相张英的家人在老家要修一所房子，结果和邻居发生了争执，寸土不让。张家人修书给张英，让他动用权力摆平此事。张英修书一封，只有四句诗："一纸书来只为墙，让他三尺又何妨。长城万里今犹在，不见当年秦始皇。"

张家人看后惭愧不已，于是后退三尺，打地基。邻居见了也是很羞愧，同样后退三尺。于是两家之间就有了这条巷子，称为六尺巷。

孙子兵法曾云："先知迂直之计者胜"，曲中有直，直中有曲，这是辩证法的真谛。宰相张英正是深知这一道理，才留下了"六尺巷"的佳话。

春秋时候，晋献公听信谗言，杀了太子申生，又派人捉拿申生的异母兄长重耳。重耳闻讯逃出了晋国，在外流亡十九年。

经过千辛万苦，重耳来到楚国。楚成王认为重耳日后必有大作为，就以国君之礼相迎，待他如上宾。

一天，楚王设宴招待重耳，两人饮酒叙话，气氛十分融洽。忽然楚王问重耳："你若有一天回晋国当上国君，该怎么报答我呢？"重耳略一思索说："美女侍从、珍宝丝绸，大王您有的是，珍禽羽毛，象牙兽皮，更是楚地的盛产，晋国哪有什么珍奇物品献给大王呢？"楚王说："公子过谦了，话虽然这么说，可总该对我有所表示吧？"重耳笑笑回答道："要是托您的福，果真能回国当政的话，我愿与贵国友好。假如有一天，晋楚国之间发生战争，我一定命令军队先退避三舍（一舍等于三十里），如果还不能得到您的原谅，我再与您

交战。”

四年后，重耳真的回到晋国当了国君，就是历史上有名的晋文公。晋国在他的治理下日益强大。

公元前633年，楚国和晋国的军队在作战时相遇。晋文公为了实现他许下的诺言，下令军队后退九十里，驻扎在城濮。楚军见晋军后退，以为对方害怕了，马上追击。晋军利用楚军骄傲轻敌的弱点，集中兵力，大破楚军，取得了城濮之战的胜利。

这就是“退避三舍”的故事，以退为进，然后诱敌深入，从而给自己留下了主动出击的后路，获得最后的成功。

战场上，勇于杀敌、勇往直前的人我们称之为英雄，但生活中，懂得取舍和进退的人才是真正的智者。然而，现实生活中似乎总有一些人，他们并不懂得这个道理，他们处处争强好胜、咄咄逼人，其结果往往适得其反。其实适当“示弱”，并不是表明你真的软弱无能，而是一种与人为善、化解矛盾的智慧。承认“无知”，多学多问，是铺设走向成功之路的必备素质。学会了妥协，就能学会以屈求伸、以退为进、以静制动、以柔克刚，才可能成为最后的胜利者。

有一次，在决策会上松下对一位部门经理说：“我个人要做很多决定，并要批准他人的很多决定，实际上只有40%的决策是我真正认同的，余下的60%是我有所保留的，或我觉得过得去的。”这个经理觉得很惊讶，他说道：“如果您不同意的事，大可一口否决就行了，完全没有必要征求旁人的意见。”松下接着说：“我虽然是公司的最高领导，但我不可以对任何事都说不，因为任何人都不喜欢被否定。即使我认为是勉强的计划，也不会立即否决，我会在实行过程中指导他们，使其重新回到我所预期的轨道上来。公司是一个大的团队，并不仅仅是我一个人的公司，需要大家的群策群力，妥协有时候能使公司更强大，人际关系更融洽。”这一番话使得这位经理更加佩服松下。

松下幸之助在成功后，也并没有剥夺员工的发言权，即使很多时候他并不同意员工的决策，这就是一种会妥协的交际策略。正如他说的，没有人喜欢自己被否定，都希望得到他人的认同，他利用的就是人的这种心理。善于妥协有时是一种智慧，能够妥协，意味着对对方的尊重，意味着将对方的利益看得和自身利益同样重要。在个人权利日趋平等的现代生活中，人与人之间的尊重是相互的。只有尊重他人，才能获得他人的尊重。因此，善于妥协就会赢得别人更多的尊重，成为交际中的智者和强者。

妥协并不等于怠惰、麻木、迂腐和世俗，毫无忧患意识和危机感；妥协是自我意识的校正，自我心态的调整，是退一步海阔天空时想得开，是绝处重生后的喜悦；是一种战术，也是战略，更是成大事的智慧。

不过，交际中不可能事事妥协，妥协要看具体情况，要看你的大目标所在。也就是说，为了达到大目标，可以在次要的目标上做适当的让步。这种妥协并不是完全放弃原则，而是以退为进，以屈求伸。我们要有长远的眼光，以大目标为我们交际的根本动力，适当的时候妥协，才会离交际的大目标更近一步！

能屈能伸，才能获得最终胜利

中国有句古话："世事洞明皆学问，人情练达即文章。"这句话的通俗含义是，对社会上的事都明白了，那就是学问；处理人情世故干练而通达，那就是文章。的确，人的一生无非是做人与处世。中国人素来有坚韧不拔的毅力和品质，坚韧就是能屈能伸，当形势不利于自己的时候要懂得掩藏，甘于退居背后积累实力，而不是充大头，硬碰硬，这不是聪明的做法。自古以来，多少英雄好汉，非要争一口气，最终一世英名被毁；更有多少功成名就之人，

他们的成功就在于他们在实力不佳时懂得隐忍，退居幕后“招兵买马”，最终一举成功。这一点，汉高祖刘邦便是一个很好的例证。

楚汉战争之前，刘邦的实力并没有项羽强，于是，他虚心请教。

有一次，高阳人郦食其拜见刘邦，献计献策。一进门看见刘邦坐在床边洗脚，便不高兴地说：“假如你要消灭无道暴君，就不应该坐着接见长者。”刘邦听了斥责后，不但没有生气而是赶快起身，整装致歉，请郦食其坐上座并虚心求教，也按郦食其的意见去攻打陈留，将秦积聚的粮食弄到手。刘邦围困宛城时，被困在城里的陈恢溜出来见刘邦，告诉他与其围城与攻城不如对城内的官吏劝降封官，这样就可以化敌为友、放心西进，先入咸阳为王。刘邦采纳了他的意见，使宛城不攻自破。

而与刘邦的容忍相反，项羽则是个居功自傲、刚愎自用的人。

一次，一个有识之士建议项羽在关中建都以成霸业，项羽不听，那人出来发牢骚道：“人们说‘楚人是沐猴而冠’，果然！”结果此事被项羽知晓后，勃然大怒，立即将此人杀了。楚军进攻咸阳时到了新安，只因投降的秦军有些议论，项羽就起杀心，一夜之间把20多万秦兵全部活埋，从此残暴名闻天下。他怨恨田荣，因此不封他，而立齐相田都为王，致使田荣反叛。他甚至连身边最忠实的范增也怀疑不用，结果错过了鸿门宴杀刘邦的机会，最后气走范增，成了孤家寡人。

刘邦、项羽之所以有不同的结果，很大程度上归结于二人自身的性格品质。楚汉战争中，刘邦的实力远不如项羽，但刘邦懂得“小不忍则乱大谋”的道理。这一点，在鸿门宴中体现的尤为明显。当项羽听说刘邦已先入关后怒火冲天，决心要将刘邦的兵力消灭。但两军短兵相接，刘邦感到兵力悬殊，危在旦夕，实在无法抵挡。在这种情况下，刘邦放低姿态请张良陪同去见项羽的叔叔项伯，再三表白自己没有反对项羽的意思，经过“鸿门宴”这一过程，最终脱离困境。

从刘邦身上我们可以看出，做大事者，在条件不利于自己时就要隐忍，

当然，这需要我们有巨大的心理承受力和长远的谋略。

战国时候，有一次，赵王派孔青率领大军救援廪丘。孔青是员猛将，加上足智多谋的宁越辅佐，打败齐军，杀死齐军统帅，缴获千余辆战车，同时留下三万具齐军尸体。孔青要把齐军尸体埋成两个大丘，以此彰显赵国的武功。

宁越劝阻道："这样做太可惜，那些尸体另有用处。我们把尸体还给齐国人，这样可以从内部打击他们，从而让齐军不敢再侵犯我国。"

"死人又不能复活，怎么能从内部打击齐国呢？"孔青想不通。

宁越说："战车、铠甲在战争中丧失殆尽，府库里的钱财在安葬战死者时用光，这就叫做从内部打击他们。古代善用兵者，该坚守时就坚守，该后退时就后退。我军后退三十里，给齐国人一个收尸的机会。"

孔青大致明白宁越的用意，但转念一想，问道："如果齐国人不来收尸，那又该怎么办呢？"

"那就更好。"

宁越胸有成竹地说，"作战不能取胜，这是他们的第一条罪状；率领士兵出国作战而不能使之归来，这是他们的第二条罪状；给他们机会他们却不收尸，这是他们的第三条罪状。老百姓将会因为这三条而怨恨齐国的高官、将领，居于高位的人也就无法役使下面的人，这样也能做到从内部打击齐国。"孔青终于完全理解了宁越的良苦用心。

宁越的主张看起来好像并不是那么咄咄逼人，似乎还有点软弱，像是在向齐国让步。殊不知，这"让步"里面却大有文章。

能屈能伸、有进有退是成功的必要条件。勇往直前固然是勇者，但只进不退却是莽撞的表现，他们很难获得真正的成功。懂得进退恰恰才是一种随机应变，借力使力的智慧。

所以，我们为人处世不要走到尽头，要懂得给自己留条退路。例如，当你取得的位置非常显赫或者事业取得非常大的成功，你就不能再争强好斗

了，而应该与别人分享，与别人合作，同舟共济，采取低调学习的态度，才不至于骄傲自满。再比如，在与人竞争的过程中，在奠定了自己必胜的战局时，要给别人留一条退路，同时也给自己留一条退路。而做得太绝，不留后路，才会急火攻心，一败涂地。说话、做事讲求弹性、把事做得更加灵活、进退得宜，无论在社交还是求取成功的过程中，都会如虎添翼！

想要有收获，就要勤于播种

古语云："天时不如地利，地利不如人和"。明·冯梦龙《醒世恒言》第二十一卷也有："可惜你满腹文章，看不出人情世故。"人的因素任何时候都是成功的必要条件。一个能成大事的人，他自身的能力是一个因素，而关键在于他是否借助别人的强大力量。在生活中。我们发现一个很奇怪的现象，到处都是有才华的穷人，那些学历不高的人反而取得了成功，这种差距的原因是：那些高学历的人总是信奉靠自己的力量就能取得成功，而不肯或者不屑于同别人合作；而学历不高的人恰恰相反。当今已经不是一个单枪匹马、靠自己微薄力量就能成功的年代，你再有能耐，其力量也是渺小的，如同一滴水之于大海。所以，只有善于借助别人的力量，才能最快到达目的地。然而，若想收获友谊，我们就必须要懂得投资感情，然而，任何情感都经不起斤斤计较，会吃亏才能得人情。

我们发现，在为人处事的过程中必定有一方会吃点亏。我们不要害怕吃亏，会吃亏才能得人情。当你吃亏的时候，第一，你会心理上赢得了比别人优越的债权感，一个人的社会地位是别人对他负有的社会债务感的总和。第二，这是一种以退为进的处事方式，你的吃亏表明你是个豁达之人，这样自然能赢得别人的信任和赞同，好人缘由此开始。

一个成功的“外交家”必当知道未雨绸缪，用小亏换取大便宜，因为无论如何求人办事并不容易，提前投资，储蓄人情，才能马到成功。我们不要怕吃亏，吃亏是长期的人情储蓄，储蓄的越多利息自然也就越高。

从学校毕业后，小阳被分到一家由很多妇女占据领导岗位的国营单位，大家都觉得有点不爽，但小阳与她们很快就融成了一片。单位同事聚会时，妈妈们都把自己的小孩子带来玩。一般没有结过婚的女孩子顶多出于礼貌过去逗孩子几分钟，吃饭的时候，大家都躲得远远的，生怕孩子的油嘴、油手弄脏了自己的衣服。小阳却不然，她真心实意地喜欢那些孩子。她坐在小孩子旁边，喂他吃饭，给他擦鼻涕。席终，她成了孩子们最喜欢的阿姨，妈妈们也同她结成了好友。

小阳是分到单位去的同学中升职最快的。当初有一个名额分到公关部，大家怎么也想不到会是外貌、英文都一般的小阳。她似乎没有使用什么特别的手段，只是一味真诚地待人，什么事不争也不抢。当领导来征求群众对新分来的一群大学生的意见时，小阳的得分最高，领导也是通过大家最早认识了小阳。

小阳正是因为不怕吃亏，愿意吃亏，把眼前的一点小利益让给别人，从而赢得了别人的真情。和小阳不同的是，阿伟却是个斤斤计较的人。

阿伟今年9月份刚参加工作，他自己也明白人情世故的重要性，可是似乎他认为自己总是只有付出，没有回报。因为他刚来这个公司，也不涉及结婚生子和学业的问题，不必要长期为别人挣钱，索性他和所有人断了人情交往。就在这个月，他已收到三份“红色炸弹”，岂止这样，一到假期他都要经受一番“人情轰炸”。可是，他始终能坚守自己的“阵地”不动摇。国庆期间，阿伟接到一个陌生电话，对方很热情地称呼他为老班长，并邀请他参加婚礼。阿伟有些纳闷，一时想不起是谁，经对方提示才勉强回忆起，原来是三年前的系统任职培训班的学员，这几年很少联系。虽说那个人很热情，可是阿伟没去，他觉得这对自己没好处，何必吃那个亏呢。从此，阿伟被整个公

司的同事隔绝了，什么好事大家也不会想到他。

其实，人家能主动邀请你说明重视彼此的关系，这也是一个投资人情的好机会。虽说这些投资都是很“远”的，甚至你觉得自己吃了亏，但说明你的人情账户是净收入，他日你需要的时候，自然别人就会为你伸出援助之手。人情关系是生活的潜规则，遵守这个潜规则，吃点小亏就可能收获很多。

在与人交往的过程中，我们不要锱铢必较。有时候吃点小亏是种明智的处事方式，表面上你吃亏了，可是你却赢得了人心，那么你自然就是别人眼中的“好人”，拥有了好人缘，荣誉和信任必将接踵而至。其实，吃亏也是一门学问，那么该如何让自己有吃亏的机会呢？

第一，要学会施恩与人，不计较自己的得失。无论如何，求人办事并不容易，提前投资，才能储蓄人情。

第二，学会蓄零为整。瓜熟自然会蒂落，看似一个小小的帮忙，例如小阳帮别人看小孩，看似小事情，但对于他人而言可能是意义重大的情谊。

第三，细心发现需要帮助的人。体贴入微，供人最需，给予别人需要的，才是最有价值的人情。

会吃亏，有亏吃的人才得人情！掌握好一些吃亏的技巧，让自己赢得人情！

第5章

原谅他人的伤害，从怨恨中解脱出来

“开口便笑，笑古笑今，凡事付之一笑；大肚能容，容天容地，于人何所不容！”这是一座著名庙宇弥勒佛像两边的楹联，说的是佛祖的气度与胸怀、大度与宽容。如果生活中，我们对周围发生的任何事都能付诸一笑，那么，我们的生活必当更加美好。而如果一个人总是眼里容不得沙子，锱铢必较，不仅会遭人厌恶，有时还会招来怨恨。可见，宽容如一阵风，如一滴雨，给别人带来爱，也洗涤了我们的心灵，“送人玫瑰，手有余香”，原谅了别人也就升华了自己。常怀一颗宽容之心，你就会赢得人们的尊敬。

拓展心胸，宽容让自己更快乐

我们每个人都希望自己幸福、一帆风顺，但生活就是这样，总是充满了各种各样的坎坷和困难，有时候连我们自己都无法预料。我们要想让自己快乐起来，就要学会宽容，用宽广的心去对待家人、对待朋友，对待人生。宽容就是每个人心胸要宽大，不计较个人得失。宽容就是谅解，宽以待人，严于律己；宽容就是忘却别人对自己的指责，忘却昨日的是非恩怨。

的确，生活的快乐与否，取决于个人对事物的看法。如果我们都能有一个快乐、轻松的心态，那么我们轻而易举地就得到了"快乐"。让自己快乐起来的重中之重就是要开阔心胸，有一个乐观的心态，让自己快乐幸福起来。

三国时期的蜀国，在诸葛亮去世后任用蒋琬主持朝政。他的属下有个叫杨戏的，性格孤僻，讷于言语。蒋琬与他说话，他也是只应不答。有人看不惯，在蒋琬面前嘀咕说："杨戏这人对您如此怠慢，太不像话了！"蒋琬坦然一笑，说："人嘛，都有各自的脾气秉性。让杨戏当面说赞扬我的话，那可不是他的本性；让他当着众人的面说我的不是，他会觉得我下不来台。所以，他只好不做声了。其实，这正是他为人的可贵之处。"后来，有人赞蒋琬"宰相肚里能撑船"。

蒋琬是大度的，面对下属的不敬，他并没有生气，也没有计较，而是报以理解的心态。宽容是一种高贵的境界，是一种成熟的表现，是靠不断地修炼方能获得的无价之宝。只有那些心胸豁达、善解人意的人的脸上才能绽放出快乐的鲜花，内心才会飘荡起快乐的白云。

然而，我们生活的周围，有些人对于他人的过错和失误总是锱铢必较，他们不愿原谅他人，甚至想着以牙还牙，而最终导致的是他们把精力放到了

如何报仇雪恨之上，却失去了生活中最本真的快乐。

希腊神话故事中有位英雄大力士叫海格力斯。一天，他在路上看见有个鼓起的袋子样的东西，很难看，便踩了它一脚。谁知它反而膨胀起来，这激怒了海格力斯。他操起一根木棒砸下去，结果它竟膨胀到把路也堵死了。这时一位圣者走到海格力斯跟前说：“朋友，快别动它了，忘了它，离它远去吧。它叫仇恨袋，你不惹它，它便会小如当初；你若侵犯它，它就会膨胀起来与你敌对到底。”

“以牙还牙，以眼还眼”，“以其人之道还治其人之身”，这些在心理学上被称为“海格力斯效应”。海格力斯效应是指一对一的人际互动，是一种人际间或群体间存在的冤冤相报、致使仇恨越来越深的社会心理效应。海格力斯效应会使人陷入无休无止的烦恼之中，错过人生中许多美丽的风景，再没有真正的快乐，再没有新的进步了。

学会宽容，天天快乐。用宽容的眼光看世界，你看到的世界就充满阳光与蓝天；用宽容的心对待他人，你就能收获真心与快乐。多一分宽容，多一分温暖，多一分爱心，多一分快乐！让我们用宽容这把金钥匙打开快乐之门，饱赏宽容带来的美丽风景！一个人一旦乐观快乐起来，就能从容地面对任何事情，即使是坏事也能迅速做出反应，调整好心态。你不会从一个乐观人脸上看到眉头紧锁的样子，他们从来没有表现出多么的失望或是绝望，而是快乐地看待事物。

生活中，我们怎样做才可以乐观呢？你需要做到以下几点。

第一，学会宽容，懂得忍耐。

很多时候，我们都需要宽容，宽容不仅是给别人机会，更是为自己创造机会。只有忘记怨恨，宽宏大量，才能与人和睦相处，才会赢得他人的友谊和信任，才会赢得他人的支持和帮助。

第二，转换角度，找出事情良性的一面。

每件事情都有两面性，有好的一面，也就有坏的一面。人之所以怨恨，

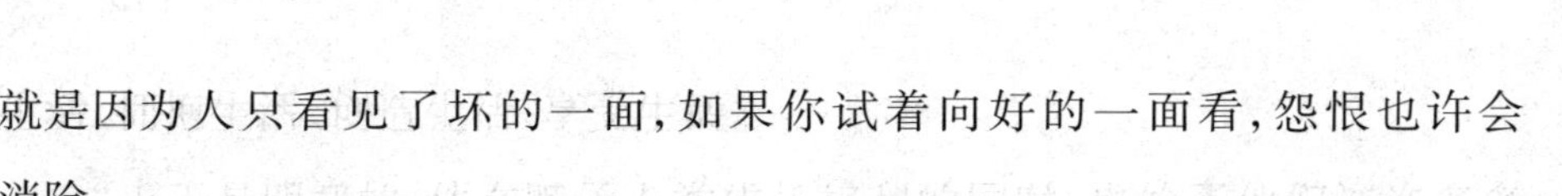

就是因为人只看见了坏的一面，如果你试着向好的一面看，怨恨也许会消除。

念念不忘别人的“坏处”实际上最受其害的就是自己的心灵。这种想法轻则导致自我折磨，重则就可能导致疯狂的报复，结果是自我毁灭。

生活中，人们有时候会给自己树立一些“假想敌”，认为对方是自己的“仇人”，其实，这只是我们的误解。退一步想，即使你们真的是“仇人”，如果你能以礼相待，以德报怨，对方必定会心存歉意，并愿意与你解开误解。使为“仇”者感念其诚，改“仇”为善，把“仇人”看做朋友，坚持感情的输入，坚持礼让。如果你这样做了，说明你正在一点点地提高自己，开阔自己。

第三，找到令自己快乐的钥匙。

专栏作家哈里斯和他的朋友在报摊上买报纸，朋友礼貌地对报贩说了声谢谢，但报贩却冷口冷脸，没发一言。“这家伙态度很差，是不是？”他们继续前进时哈里斯问到。“他每天都是这样的。”朋友说。“那么你为什么还是对他那么客气？”哈里斯问。朋友答：“为什么我要让他决定我的行为？”

每个人心中都有一把“快乐的钥匙”，但我们却常在不知不觉中把他交给别人掌管。我们身处的地方，不论是环境、人、事、物都很容易影响我们的情绪，可是千万不要忘了，决定快乐的钥匙，只在你自己手中！

生活是一种感受，而人生短暂，我们应该做是好好的享受人生，开心地活着。当仇恨心理出现的时候，我们要做的是多想象生活中快乐的事，用快乐的情绪冲淡怨恨。

总之，忘记怨恨，才能提高自己，开阔自己。学会了宽恕自己、宽恕别人，我们才会活得更加如意、更加幸福。

原谅别人，也救赎了自己

现代社会，随着科学技术的进步和人们生活节奏的加快，在面对繁琐复杂的人际关系时，在个人利益与其他利益相互冲突时，似乎人们不再那么心平气和了，一些人甚至选择了“人不为己天诛地灭”这一人生价值观。更为严重的，有些人的心胸变得狭窄，他们为了一些小事大打出手，污言秽语，行迹败坏。当然，这样的人毕竟少数，但如果我们换位思考，内心宽广一点，定会化干戈为玉帛。在放过别人的同时，也放过了自己。

在日常生活中，难免会发生这样的事：亲密无间的朋友，无意或有意做了伤害你的事。你是选择宽容他，还是悄悄诀别，或报复对方？有句话叫“以牙还牙”，当人们被人欺骗或者伤害的时候，似乎后者更符合人们的心理，但你想过没有，这样做难道真的能发泄内心的不快？“冤冤相报何时了”，这样做怨会越结越深、越积越多，自己也为之付出沉重的心理代价，寝食难安，放不下那所谓的怨恨。那么，既然如此，为什么不放过自己的内心呢？如果你能表现出自己大肚能容的大家风范，即使受到了“切肤之痛”，依然能慷慨地宽容对方，你的形象瞬时就会高大起来，你的宽宏大量、光明磊落就会使你的精神达到一个新的境界，对方也会被你的人格力量所折服，重修旧好的友谊对于彼此双方来说，也显得弥足珍贵。

的确，人世万般怨恨皆源于怨恨者本身，能引导其脱离怨恨的明灯，也唯有那颗始终不忘自我救赎的心。如果不学会原谅，就会活得痛苦、活得累。原谅是一种风度，是一种情怀，原谅是一种溶剂，一种相互理解的润滑油。原谅像一把伞，它会帮助你在雨季里行路。有时候，原谅对方也就救赎了自己。

加拿大的魁北克有一条南北走向的山谷。山谷没有什么特别之处，唯一能引人注意的是，它的西坡长满松、柏、女贞等树，而东坡只有雪松。

这一奇异景观是个谜，许多人不知所以，一直没有令人满意的结论。揭开这个谜的竟是一对夫妇。

那是1983年的冬天，这对夫妇的婚姻正濒于破裂的边缘。为了重新找回昔日的爱情，他们打算做一次浪漫之旅，如果能找回就继续生活，如果不能就友好分手。他们来到这个山谷的时候，下起了大雪。他们支起帐篷，望着满天飞舞的大雪，发现由于特殊的风向，东坡的雪总比西坡的雪来得大，来得密。不一会儿，雪松上就落了厚厚的一层雪。不过当雪积到一定的程度，雪松那富有弹性的枝杈就会向下弯曲，直到雪从枝上滑落。这样反复地积，反复地弯，反复地落，雪松完好无损。可其他的树，如那些柘树，因为没有这个本领，树枝被压断了。西坡由于雪小，总有些树挺了过来，所以西坡除了雪松，还有柘、柏和女贞之类的树。

帐篷中的妻子发现了这一景观，对丈夫说："东坡肯定也长过杂树，只是不会弯曲才被大雪摧毁了。"

丈夫点头称是。少顷，两人像突然明白了什么似的，相互吻着拥抱在一起。

丈夫兴奋地说："我们揭开了一个谜：对于外界的压力要尽可能地去承受，在承受不了的时候，学会弯曲一下，像雪松一样让一步，这样就不会被压垮。"

这对夫妻的奇遇告诉我们，在婚姻爱情生活中，要学会承受，学会原谅，原谅别人就是成全自己。

其实，你在心里是否原谅别人的错误，对于对方来说并没有多少影响，而对于你来说则不同。如果你不原谅，选择继续怨恨、纠缠等，那么，痛苦的就是你自己。如果你希望自己的内心解脱，那么，你就应该选择原谅。实质上，这也只是个心理转换的过程，也就是把自己的心灵从被人带给你的伤害

和不快中解脱出来。

从另外一方来说，对于犯过错、已经悔过自新的人，如果我们能放下成见，一点点原谅他的错误，并给对方一个机会，那么，不仅我们自己能早日走出怨恨的阴影，也能帮助对方减轻心理负担；但如果我们无视旁人的好言相劝，一意孤行地抱着仇怨的心理，以无法原谅作为怨恨心理的借口，那么，结果必将是使别人在痛苦的同时，自己的内心也受到极度的煎熬。

总之，宽容是一种美德，是对犯错误的人的救赎，也是对自己心灵的升华。不要总是想着对方如何得罪了你，给你造成了多少的损失，想想对方是不是值得要你去如此发火。他是故意的还是无心的？平日待你如何？给对方一个机会，就是给自己一个机会。对于一些人，原谅远远要比惩罚来的有效。也许只是一时的失误，也许只是一闪而过的歪念。人总有犯错误的时候，宽恕他人就是救赎自己！

放下怨恨，给自己一片新天地

人类是这个世界上情感最为复杂的动物，人们宽容、善良，有爱心，但却同样有一些负面的情感，如恨。怨恨是人类情感的毒素。我们看到，怨恨所产生的报复在这个世界上随处可见。因为怨恨，有些人嗜杀他人的生命；因为怨恨，亲人间反目成仇；因为怨恨，朋友间老死不相往来。怨恨的后果是危害社会，使人被伤害，同时自己也被伤害。怨恨吞噬生命、肉体和精神的健康。冤冤相报是我们所不愿看到的。看穿历史和现实的愤懑怨恨，我们发现，怨恨已是往事，何必执拗？放下它，不仅释放了别人，更释放了自己。而那些心怀怨恨的人与奸诈的人看似受不到别人伤害，但是“毒素”首先伤害的便是他们自己。

幸福永远是人类追求的终极目标，而怨恨不会让你快乐。无疑，它是你感情上的累赘。而你所恨的人，或者他曾经对你的伤害并不是有意的，而怨恨却使你产生报复的行为，反过来，被伤害的对方也会再次拿起反抗的武器，正所谓冤冤相报何时了？将心比心，你也知道恨一个人的痛苦，何必要多一个人来痛苦呢？

因此，放下吧，不要再执拗地将怨恨放在心里了，因为这会让你失去理智。是的，怨恨有什么意义呢？何不放下它，保留一个完美的结局，而非"两败俱伤"。当你放下怨恨的时候，你会发现内心格外明亮，会发现做人原来是这样轻松惬意，幸福心情是这样唾手可得，人生是这样美妙神奇。

我们再看下面一个故事。

法正是一位德高望重的老禅师，每年都有成千上万的人去请他解答疑问，或者拜他为师。这天，寺里来了几十个人，全都是心中充满了怨恨而因此活得痛苦的人。他们跑来请法正禅师替他们想一个办法，消除心中的怨恨。

法正禅师听说他们的痛苦后，笑着对他们说："我屋里有一堆铁饼，你们把自已所怨恨的人的名字一一写在纸条上，然后一个名字贴在一个铁饼上，最后再将那些铁饼全都背起来！"大家不明就里，都按照法正禅师说的去做了。

于是那些怨恨少的人就背上了几块铁饼，而那些怨恨多的人则背起了十几块，甚至几十块铁饼。

一块铁饼有两斤重，背几十块铁饼就有上百斤重。怨恨多的人背着铁饼难受至极，一会儿就叫起来了，"禅师，能让我放下铁饼来歇一歇吗?"法正禅师说："你们感到很难受，是吧！你们背的岂止是铁饼，那是你们的怨恨，你们的怨恨你们可曾放下过?"大家不由地抱怨起来，私下小声说："我们是来请他帮我们消除痛苦的，可他却让我们如此受罪，还说是什么有德的禅师呢，我看也就不过如此！"

法正禅师虽然人老了，但是却耳聪目明，他听到了一点也不生气，反而微笑着对大家说："我让你们背铁饼，你们就对我怨恨起来了，可见你们的怨恨之心不小呀！你们越是恨我，我就越是要你们背！"有人高声叫起来："我看你是在想法子整我们，我不背了！"那个人说着当真就将身上的铁饼放下了。接着又有人将铁饼放下了。法正禅师见了，只笑不语。终于大部分人都撑不住了，一个个悄悄地将身上的铁饼取些出来扔了。法正禅师见了说："你们大家都感到无比难受了，都放下吧！"大家一听立即就将铁饼放了下来，然后坐在地上休息。

法正禅师笑着说："现在，你们感到很轻松，对吧！你们的怨恨就好像那些铁饼一样，你们一直把它背负着，因此就感到自己很难受很痛苦。如果你们像放下铁饼一样放弃自己的怨恨，你们也就会如释重负，不再痛苦了！"大家听了不由地相视一笑，各自吐了一口气。

法正禅师接着说道："你们背铁饼背了一会儿就感到痛苦，又怎能让怨恨背负一辈子呢？现在，你们心中还有怨恨吗？"大家笑着说："没有了！你这办法真好，让我们不敢也不愿再在心里存半点怨恨了！"

正如法正禅师所说，怨恨是重负，一个人不肯放弃自己心中的怨恨，不能原谅别人，其实就是自己在怨恨自己，自己跟自己过不去，自己让自己受罪！怨恨越多的人，他也就活得越苦。一个人没有怨恨之心，他才能活得快乐！因此，从现在起，如果你心头有恨，不妨放下吧，你会发现你就像卸下了一块大石头一样。

"爱人者，人恒爱之"，怨恨则使人们相互倾轧、相互远离，是让我们相互依存的同盟分裂、瓦解的东西，所以，放下怨恨，放过别人，也放过自己。生活中的许多小摩擦、小误会、小睚眦你大可以一笑了之。与人为善，也就与己为善；与人方便，也即与己方便，或许你会因此活出自己的新天地。

怨恨的火焰会灼伤自己的心

在日常生活中，我们难免与别人产生误会和摩擦，如果不注意牵动了仇意，怨恨便会悄悄成长，最终会堵塞通往成功的路。如果怨恨是火的话，这团火藏在你的心里，而你一直怨恨的对象却在你的心外，那么这团火就在烧着你自己的心，而对方只能感受到一点点热度而已。所以，放下怨恨吧，远离怨恨，学会宽容，那么也就是在宽容自己。

怨恨是一粒种子，它的土壤就是人际间的不信任、敌意、怀疑。昨天的土壤来培养今天的仇恨种子，当这粒种子变得强大的时候，它首先危害的是它身边的人和社会。而心怀爱与悲悯之人，不像心怀怨恨与奸诈之人那么强大。如同天使只有洁白的翅膀，而魔鬼却有锋利的爪牙一样，生活于怨恨中的人是面目可憎的。翻开人类的历史，布满了大量仇杀的伤疤，造成了虐待、迫害、战争和屠杀。此时，怨恨就成为战争和歧视的驱动力量。

在热带海洋有一种奇异的鱼，名叫紫斑鱼，其全身长满了针尖似的毒刺。紫斑鱼的奇异就在它的毒刺上：在他攻击其他鱼类时，它越是“愤怒”，越是满怀“仇恨”，它身上的毒刺就越坚硬，毒性就越大，对受攻击的鱼类伤害也就越深。从紫斑鱼的生理机能来看，它可以活到七八岁，而实际上紫斑鱼却活不过两岁，这是为什么呢?。

问题也就出在它的毒刺上：它越是“愤怒”，越是满怀“仇恨”，它的毒刺攻击得越毒越狠，对别的鱼类伤害越深，对自己的伤害也就越深，因为它心中的“怒火”在烧毁别人的同时，也在烧毁自己，使自己五脏俱焚，一命呜呼。

然而，世间万物，被自己所伤的，自己败给自己的，又岂止是紫斑鱼呢?那些总是满怀怨恨的人，那怨恨之火不也在伤害他们自己、毁灭他们自

己吗？

弗洛伊德认为，怨恨深藏于人与人之间所有友爱关系的背后。我们需要爱，就如同需要水、空气一样，我们有爱与被爱的需要。但正是因为爱的存在，当爱发生错乱时，恨也就产生了。生活中，我们常会发现一些人因爱生恨，将自己的爱人置于死地。因为怨恨，一个人可以把自己的生命当成人体炸弹；因为怨恨，人类的战争从未停消。怨恨吞噬生命、肉体和精神的健康。冤冤相报是我们所不愿看到的。看穿历史和现实的愤懑怨恨，得大解、得大悟是人生的宝贵财富。

现实生活中，只要与我们打交道的人，都可能成为我们怨恨的对象。我们怨恨的是别人，但怨恨之火却在我们自己的内心燃烧。此外，怨恨还可能使我们行为反常、烦躁易怒，最终变成一个十足的讨厌鬼。

怨恨看似是人的一种情感，但它的杀伤性是具有毁灭性的。摒除对他人产生的影响，我们自身一旦被怨恨烧伤内心，那么这种感受将无休无止地煎熬着我们。

其实，怨恨并非无名之火，它是由他人的行为引起的。认清这一点后，我们就要想方设法灭火。然而，怨恨的存在与消失都和我们怨恨的对象无关，我们只有改变自己的心态，从自己身上找问题，才不至于让怨恨之火蔓延。

排解怨恨情绪是一个净化心灵的过程。我们可以试着说服自己：别人确实伤害了我，但我对此也有一定责任。然后，可以慢慢接受现实，从心底理解和原谅他人，进而让怨恨情绪随着时间的推移逐渐淡去。另外，我们也应学得宽容一些，不再那么容易受伤，这样才能防患于未然，不让怨恨之火轻易燃起。

我们都知道，林肯冲破重重阻碍当上总统之后，仍任用了一个能力很强的原先的死对头任部长之职。幕僚和随从们都十分不解，“他是我们的敌人，应该消灭他！”大家愤怒地建议。

“把敌人变成朋友”，林肯解释说，“既消灭了一个敌人，又多得了一个朋友。”

从这里我们可以看到，宽容者有着宽广的胸怀和巨大的智慧。善于忘记怨恨，是成就事业者的一个特征。既往不咎的人，才可以放下沉重的心理包袱，大踏步地前进。只有忘记怨恨，宽宏大量，才能与人和睦相处，才会赢得他人的友谊和信任，才会赢得他人的支持和帮助。

放下怨恨，换来健康轻松的生活，何乐而不为呢？

面对他人的伤害，最有力的回击是微笑

随着你在职场的成功、事业的发达，你可能不会再为日常生活中的柴米油盐和孩子的学费发愁，也不再像事业初创时期那样疲于奔命，这时，又一个让你恼火的事情扑面而来，那就是在社会上、在你的周围、在你的生活圈内，关于你的谣言四起，攻击你的语言风起云涌。今天有人说你得了一种很不好的见不得人的疾病，明天有人说你和某明星走得很近，后天又说你因为某件事情看破红尘一气之下遁入空门，甚至，说你昨天跟情人幽会出了车祸。如此等等，不一而足。面对种种谣传，你会怎么做？

你绝对不能因此而生气，更不能大动肝火。如果真这样，那么你只能越描越黑，让他人产生很多无端的猜忌，另外，你也会因为这些空穴来风的话而大伤脑筋。其实，如果你能懂得包容的智慧，凡事不做过多的解释，一笑置之，便是最好的证据和回击的武器。

其实，人活于世，就难免会受到一些伤害，有些伤害是可以通过法律途径进行解决，而有些伤害，一般来说是没有什么机构可以为你申冤叫屈的。面对他人带给你的伤害，你是会把它滞留在心里，还是一笑而过呢？

有一天，在拥挤喧闹的百货大楼里，一位女士愤怒地对售货员说："幸好我没有打算在你们这儿找'礼貌'，在这儿根本找不到！"

售货员沉默了一会儿说："你可不可以让我看看你的样品？"

那位女士愣了一下，笑了。售货员的幽默打破了他们之间的尴尬局面。

可见，事情弄得很紧张、很严重的时候，如果我们能大度一点，笑对他人对我们的伤害，便可巧妙地避免麻烦和纠纷。如果那位售货员对于争吵也采取一种较真的态度，或者大发脾气，那对于大家又有什么好处呢？无非是更加激化双方的矛盾。正因为意识到这一点，这位售货员巧妙地批评了那位女士的无礼，从而制止了进一步的争论。

其实，人生只要不存在原则上的对立，就没必要战争，没必要硝烟，没必要对抗，更没必要老死不相往来。本杰明·富兰克林是举世闻名大成就者，他之所以能够取得如此众多的杰出成就和他端正的工作态度、高尚的人品是分不开的。

富兰克林出生在一个世代打铁的工匠家庭，12 岁的小富兰克林后来流落到费城，有一个叫凯谋的阴险狡猾的人雇用富兰克林帮他管理印刷铺子。当时富兰克林已经是一个熟练工人，他想既然答应接受这份工作，就应该尽力做好。于是，他就每天教其他工人一些技术，甚至把自己发明出来的制作字模的方法也传授给了这些人。

过了一段时间，凯谋发现自己廉价雇佣来的工人已经基本掌握了排版印刷技术，于是就开始无缘无故找富兰克林的麻烦，无端克扣他的工资。富兰克林说："凯谋，别绕弯子了，你可以赶我走，不过，你放心，我富兰克林不会因为你的卑鄙就传授给他们错误的技术，将来你解雇他们的时候，他们凭借自己的手艺也可以很容易地找到工作。"说完，富兰克林收拾行李就离开了铺子。

富兰克林的做法是对的，不与卑鄙小人制气，选择离开是避免伤害的最好的办法。人生需要更多的智慧，人生也必须有能力解决问题。不以消灭对方或简单暴力结束彼此关系，可以给自己和冲突方最大的回旋余地，何乐

而不为？例如，对待一个长舌妇，以牙还牙就失去了身份。一笑而过、沉默不语也未必不是一种很好的还击方法，必将使之气滞羞愧。

英国前首相威尔逊曾在一次演讲中受到干扰，当时台下突然有人高声叫骂："狗屎！垃圾！"

威尔逊急中生智，不慌不忙地说："这位先生，请稍安勿躁。我马上就会讲到你所提出的关于环保的问题。"

威尔逊正是巧妙地把"垃圾"和"狗屎"两词故意曲解成"环保的问题"，以幽默赢得听众的支持，对方气得直咽唾沫也无计可施。

大肚能容的人更能得到别人的尊重和帮助，包容的人会因为谦和的姿态避免成为别人的攻击目标，包容的人有着更加和谐的人际关系，从而使自己的工作、事业、生活顺风顺水。

然而，处处占便宜、吃不得一点亏的人做不到包容；得理不饶人的人做不到包容；自以为是的人做不到包容。因为包容是一种大度，一种懂得退让的智慧，包容的人凡事让字当头，能兼容并包、虚心听取别人的意见和批评，甚至对一些言辞激烈的攻击也能理智对待，择其善者而从之。因此，让自己包容一点吧。如果他是恶意伤害的话，那你别担心，因为一定是你在某一方面做得很好，可能他是出于嫉妒的心理，这说明可能你在某些地方做的超乎他的想象，所以对于这一类人你可以不用管他，继续走自己的路，过自己的生活，做自己应该做的事，完全没有必要做什么所谓的"报复"。因为报复的代价实在是太高了，你最终会自己伤到自己的，你大可以放心做自己需要做的事。

以德报怨是智者的表现

古人云，"以牙还牙，以眼还眼"，这可能是有史以来大多数人对待对手

最容易采取的手段和方式了。古往今来，在漫漫的历史长河中，人类演绎了太多的冤冤相报和世代为仇的历史悲剧。古希腊与特洛伊进行了长达十年之久的战争，生灵涂炭，而却只为一个女人；二战后，以色列与阿拉伯国家之间无休止的流血冲突，给中东稳定及世界和平带来灾难性后果，也和双方“互不相让”和“睚眦必报”有关。回望历史，冤冤相报给人类造成太多痛苦和悲剧，留下无数遗恨和灾难。诚然，许多悲剧性事件的发生具有复杂的原因，但争端无不起源于双方的互不相让和冤冤相报。

如果人们在面对怨恨时能够平和心态，宽以待人，能够放弃不必要的争斗，并以德报怨，许多悲剧是可以避免的，甚至历史可能会呈现一种别样的美丽。

历史上还是有很多这样的佳话：三国鼎立时期，孟获的叛乱严重危害了蜀国的稳定，但诸葛亮在讨伐南中时，却一次次放走对手孟获，最后使桀骜不驯的孟获心悦诚服，从此效忠蜀汉，听命于诸葛亮的调遣；秦汉时期，功成名就的韩信没有杀掉当年让他受胯下之辱的青年，使这人感激涕零，愿意终生为他效劳……诸葛亮的以德服人，韩信的宽宏大量，无不让我们看到历史上智者的容人肚量和仁者的博大胸怀，让我们看到人类真善美的瑰丽动人。原来，用宽仁来回报伤害，用仁德来回报怨恨，可以让我们的生命呈现雨过天晴的美丽，可以让我们的世界呈现化干戈为玉帛的祥和。

苏联著名作家叶夫图申科在《提前撰写的自传》中，讲到过这样一则十分感人的故事。

1944 年的冬天，饱受战争创伤的莫斯科异常寒冷，两万德国战俘排成纵队，从莫斯科大街上依次穿过。

尽管天空中飘飞着大团的雪花，但所有的马路两边依然挤满了围观的人群。大批苏军士兵和治安警察在战俘和围观者之间划出了一道警戒线，用以防止德军战俘遭到围观群众愤怒的袭击。

这些老少不等的围观者大部分是来自莫斯科及其周围乡村的妇女。

她们之中每一个人的亲人，或是父亲，或是丈夫，或是兄弟，或是儿子，都在德军所发动的侵略战争中丧生。她们都是战争最直接的受害者，都对悍然入侵的德寇怀着满腔的仇恨。

当大队的德军俘虏出现在妇女们的眼前时，她们全都将双手攥成了愤怒的拳头。要不是有苏军士兵和警察在前面竭力阻拦，她们一定会不顾一切地冲上前去，把这些杀害自己亲人的刽子手撕成碎片。

俘虏们都低垂着头，胆战心惊地从围观群众的面前缓缓走过。突然，一位上了年纪、穿着破旧衣服的妇女走出了围观的人群。她平静地来到一位警察面前，请求警察允许她走进警戒线去好好看看这些俘虏。警察看她满脸慈祥，没有什么恶意，便答应了她的请求。于是，她来到了俘虏身边，颤巍巍地从怀里掏出了一个印花布包，打开，里面是一块黝黑的面包。她不好意思地将这块黝黑的面包硬塞到了一个疲惫不堪、拄着双拐艰难挪动的年轻俘虏的衣袋里。年轻俘虏怔怔地看着面前的这位妇女，刹那间已泪流满面。他扔掉了双拐，“扑通”一声跪倒在地上，给面前这位善良的妇女重重地磕了几个响头。其他战俘受到感染，也接二连三地跪了下来，拼命地向围观的妇女磕头。于是，整个人群中愤怒的气氛一下子改变了。妇女们都被眼前的一幕所深深感动，纷纷从四面八方涌向俘虏，把面包、香烟等东西塞给了这些曾经是敌人的战俘。

在故事的结尾，叶夫图申科写了这样一句令人深思的话：“这位善良的妇女，刹那之间便用宽容化解了众人心中的仇恨，并把爱与和平播种进了所有人的心田。”

故事中的这位妇女就是个以德报怨的智者，她用自己的善良换来了曾经杀害自己亲人的敌人的悔恨之心和其他愤怒的受害者家人的同样的宽恕之心。

的确，在漫长的人生路途中，你我都难免受到或深或浅的伤害，却很少有人能一笑泯恩仇，大多数人都宁愿将怨恨的种子深种在心里。却不知，怨

恨是一柄双刃剑，往往伤害了别人，也伤害了自己。当你被怨恨之火焚烧的时候，不妨问一问自己：我快乐吗？如果答案是否定的，你是否可以试着抛开那些灼伤你的怨恨，换一颗宽恕之心，或许你会发现，宽恕比怨恨更快乐。

为人豁达，他人会心存感激

心态有很多种，如“天下本无事，庸人自扰之”，这是一种自寻麻烦的心态；“以牙还牙，以眼还眼”，这是一种睚眦必报的心态；“拿不起，放不下”，这是一种执著妄念的心态；“人心不足蛇吞象”，这是一种贪得无厌的心态。英国文豪狄更斯曾经说过：一个健全的心态，比一百种智慧都更有力量。这告诉我们一个真理：有什么样的心态，就会有什么样的人生。我们渴望被他人认可，为别人喜欢，更希望拥有快乐幸福的一生，而这一切的源头，都在于我们的心态。如果你自寻烦恼而忧郁难安；或与他人斤斤计较而愤恨不平；或事事牵心，死抱过去念念不忘；又或贪心不足欲壑难填，拥有这些负面心态的话，你只能挣扎在被人厌恶、自怜自弃、抑郁不乐之中！要获得真正的快乐和终身的幸福，你必须把上述各种不健康的心态统统赶出你的胸怀，净化你的脑海，选择正确而积极的心态，那就是豁达、宽容。

在激烈的竞争社会，在利益至上的商业时代，宽容与忠厚一样都成了无用的别名。但每个渴望获得幸福和安宁的人们，都不要忘记：宽容是一种爱，豁达是一种智慧，会让你的生活无限美丽。征服人心不靠武力，而是靠爱和宽容。成大事者，无不具有宽容的品质，谁若想在困厄时得到援助，就应在平时以宽待人，让他人心存感激、爱心永存。宽以待人，就能在人生旅途中顺利地前进。

有这样一个真实的故事，它发生在“二战”期间。

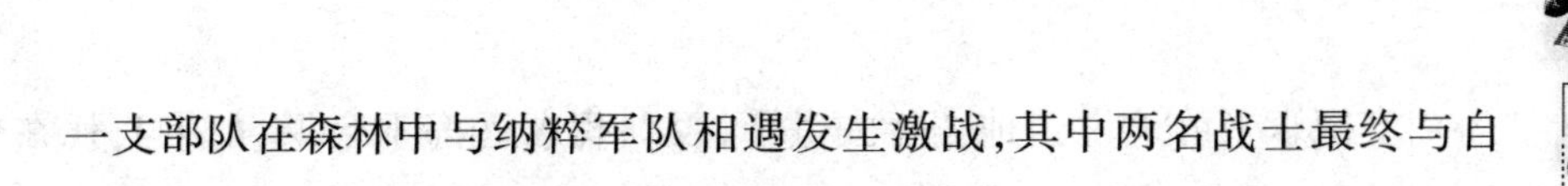

一支部队在森林中与纳粹军队相遇发生激战，其中两名战士最终与自己的队伍失去了联系，没有人知道他们在哪里，都以为他们牺牲了。

他们来自同一个淳朴的小镇，镇上的人彼此都认识，所以大家都像一家人。他们原来就是很要好的朋友。此次在生死未卜的战斗中，互相照顾、彼此不分。

与队伍失散后，两人在森林中艰难跋涉，互相鼓励、安慰。十多天过去了，他们没有看到一个人影，回到部队的希望越来越渺茫，更严重的是，因为战争的缘故，动物四散奔逃或被杀光，生存都发生了危机。

就在他们奄奄一息之际，他们幸运地打死了一头鹿，看来天无绝人之路，依靠鹿肉又可以艰难度过几日了。这让他们着实兴奋了好长一段时间。但在这以后，他们再也没看到任何动物。仅剩下的一些鹿肉，背在年轻战士的身上。生存又成了问题。

有一天，他们在森林中寻找食物时不幸遇到了敌人，经过再一次激战，两人又一次巧妙地逃脱，就在他们自以为已安全时，只听到一声枪响，背着鹿肉走在前面的年轻战士中了一枪，这一枪打在肩膀上。后面的战友惶恐地跑了过来，他害怕得语无伦次，抱起倒在地上的战友泪流不止，并赶忙把自己的衬衣撕成条来包扎战友的伤口。

夜深了，受伤的战士肩膀上包扎的衣服一片血红，他对于自己的生命并不抱任何希望。而那位没有受伤的战士两眼直勾勾的，嘴里一直叨念着母亲。用来救命的鹿肉谁也没有动，他们都以为自己的生命即将结束。那一夜令两个人都终生难忘。

天知道他们是怎么过的那一夜。第二天，他们被自己的部队发现了，当太阳升起的时候，他们获救了。

故事讲到这里，似乎告一个段落，是个喜剧结局。

但事隔 30 年，那位受伤的战士安德森说：“我知道谁开的那一枪，他就是我的老乡、战友。”这实在是太惊人了。

安德森平静地说："他去年去世了，否则我永远都不会说，如果我死在他前面，我会让这个故事烂在肚子里带走。那年在森林里，当他抱住我时，他的枪筒还在发热，我顿时明白了，他想独吞我身上背的鹿肉活下来，但当晚我就宽恕了他。因为我知道他活下来是为了照顾他的母亲。此后30年，我装作根本不知道此事，也从不提及。战争太残酷了，没有纳粹的存在，就不会有这样的悲剧。令人难过的是，他的母亲还是没有等到他回来就撒手去了。我和他一起祭奠了老人家。他跪下来，流着泪请求我原谅他。我拥抱着他，不让他说下去。于是，我宽恕了他，我的心没有仇恨，异常的平静。我没有失去什么，我们又做了二十几年推心置腹的朋友。"

故事中主人公安德森是豁达的，面对朋友对自己的伤害，他选择了忘却。忘却就是一种宽容，人人都有痛苦，都有伤疤，动辄去揭，便添新创，旧痕新伤难愈合。忘记昨日的是非，忘记别人先前对自己的指责和谩骂，时间是良好的止痛剂。学会把伤害留给自己，把宽容留给他人，生活才有阳光，才有欢乐。

命运不是不可选择和主宰的。如果我们以自己的心灵为根本，以生存和发展为动机，去追求平和豁达的心态，那么命运就可以改变并主宰。包容是对自己的理解和体谅，不将小事时时挂在心上，因而心平气静不计得失，自然不会无事生非自寻烦恼。豁达是一种爱，你要相信，斤斤计较的人、工于心计的人、心胸狭窄的人、心狠手辣的人可能一时会占得许多便宜、或阴谋得逞、或飞黄腾达、或春光占尽、或独占鳌头，但不要对宽容的力量丧失信心。用宽容所付出的爱，在以后的日子里总有一天一定会得到回报，也许来自你的朋友，也许来自你的对手，也许来自你的上司，也许更来自时间的检验。

因此，我们若想拥有一个成功的人生，就必须有豁达、包容的心，去容纳成功路上的猜疑、嫉妒……你的人生境界将变得更加开阔。

第6章

得失间不耍脾气，从容里学会拿起与放下

人生一世，贫与富、贵与贱、荣与辱、得与失在所难免，我们也无法控制，但我们可以把握自己的心态，重要的是我们应当学会在生活中寻找一个平衡的坐标，让自己不因得意而张扬，也让自己不因失意而沉沦，在面对生命的大喜大悲或者生死无常的时候，能以一种淡然的心态来对待一切，那么，那些人生中的名缰利锁和悲欢离合也自会纷纷落地成尘。

患得患失让人筋疲力尽

我们都知道，得与失是一个对立面，人们都希望得到而害怕失去，这是人们常有的心态，但如果对得失太过忧虑，便是患得患失了。而这种心理会导致人们陷入一种恶性循环的生活状态中：一事当前，岂但是“三思”而已，利害得失，他要想十遍百遍！患得患失的结果，是畏首畏尾，越想越怕。一百遍想下来，这也不能干，那也没有条件上，等到再醒过来，机遇早已失去，“最大的错误”也就铸成了。而已经“失去”，他们更加担心会得不到。患得患失的犹豫、迟疑和无所作为，对我们的事业乃至整个人生都影响很大。正如有位作家所说：“世界上最可怜的又最可恨的人，莫过于那些总是瞻前顾后、不知道取舍的人，莫过于那些不敢承担风险、彷徨犹豫的人……他们总是背信弃义，左右摇摆，最终自己毁坏了自己的名声，终将一事无成。”

心理学上有一种“瓦伦达心态”。瓦伦达是美国一个著名的高空走钢丝表演者，在一次重大的表演中，不幸失足身亡。事后，他的妻子说：“我知道这次一定要出事，因为他上场前总是不停地说，这次太重要了，不能失败，绝不能失败；而以前每次成功的表演，他只想着走钢丝这件事本身，而不去管这件事可能带来的一切。”

心理学家也说，瓦伦达太想成功了，太专注于事情本身了，太患得患失了。后来，人们把这种心态叫做“瓦伦达心态”。

美国斯坦福大学的一项研究也表明，人大脑里的某一图像会像实际情况那样刺激人的神经系统。比如当一个高尔夫球手击球前一再告诉自己“不要把球打进水里”时，他的大脑里往往就会出现“球掉进水里”的情景，而

结果往往事与愿违，球大多都会掉进水里。

我们每一个人几乎都有过这样的经历，我们越是专注于某一件事情，越是很难做好。而许多感觉实在难以完成的任务，心里不去想了，以听之任之的心态去对待，往往却又轻而易举地做好了。

有一个年轻人，长相帅气，为人厚道，但就是有个缺点，做事优柔寡断，就连追女孩子也是如此。

一天，他很想到他的恋人家中去，找他的恋人出来一块儿消磨一个下午。但是，他又担心，不知道他应该不应该去，害怕去了之后，或者显得太冒昧，或者他的恋人太忙，拒绝他的邀请，但是不去按门铃吧，他又很想念他的恋人，于是他左右为难了老半天，最后，他勉强下了决心去了。

但是，当车一开进他恋人住的巷子时，他就开始后悔不该来：既怕这次来了不受欢迎，又怕被恋人拒绝，他甚至希望司机把他现在就拉回去。车子终于停在他恋人家的门前了，他虽然后悔来，但既来了，只得伸手去按门铃，现在他只好希望来开门的人告诉人说："小姐不在家。"他按了第一下门铃，等了 3 分钟，没有人答应。他勉强自己再按第二次，又等了 2 分钟，仍然没有答应，于是他如释重负地想："全家都出去了。"

于是他带着一半轻松和一半失望回去，心里想这样也好，但事实上他很难过，因为这一个下午没有安排了。

但他万万没有想到的是，他的人原本就在家里，这个女孩从早晨就盼望这位先生会突然来找他，带她出去消磨一个下午，她不知道他曾经来过，因为她家门上的电铃坏了。

这个故事中，那个年轻人如果不是那么患得患失、瞻前顾后，如果他像别人有事来访一样，按电铃没人应声，就用手拍门试试看的话，他们就会有一个快乐的下午了，但是他并没有下定决心，所以他只好徒劳往返，让他的恋人也暗中失望。

患得患失，说到底是没有好的心态，没有把得失利害看透，没有把个人

的地位、名声、利益这些东西置之度外。也就是说，患得患失，就是为自己考虑过多，说到底，在于自己内心的那个"心魔"，这就是个人的得失、自己的利害。"心魔"缠绕，怎能不患得患失呢？所以说，要丢弃患得患失的种种计较，要把"怕"字换成一个"敢"字，把"拖"字换成一个"快"字，立即执行与实施。

有时候思虑周全并不为过，但千万不能瞻前顾后。所谓不要瞻前顾后，就是不要考虑别人如何评价我们、如何看待我们、我们能得到什么回报、得到什么奖励、表扬、荣誉。别人的评价是在咱们的事情之后，而不可能在咱们的行动之前或同时；而且是在咱们做过之后很久很久，才会有客观的中肯的评价。那些及时的、同时的表扬和奖励都是安排的和鼓励性质的，不是真正客观的、准确的评价。而事实上，许多事是应该用勇气和决心去争取的。

那么，我们该怎样克服患得患失的心态呢？

第一，摘掉假面具。

与人交往的时候，坦白自己的态度可以使自己和对方都觉得轻松自在，如果掩饰自己的感受，只会使气氛更紧张，并且使人看起来很虚伪。坦白是把双方距离拉近的有效方法。

第二，化焦虑为力量。

我们越是想成功，越是焦虑，克服的方法是让紧张情绪反过来帮你的忙。心理学家称其为"积极性重构"，意即以不同观点来看问题——是从好处看，而不是从坏处看。当你对自己有信心，又具有表达自己感受的勇气时，你就能把自己的焦虑减轻，使之化为力量，从而坚强起来。

第三，专注事情本身，淡化焦虑。

如果太注重成功或失败，结果往往会失败。只要你注重事物本身的特点及规律，专心致志地做好它，你就会收到意想不到的效果。

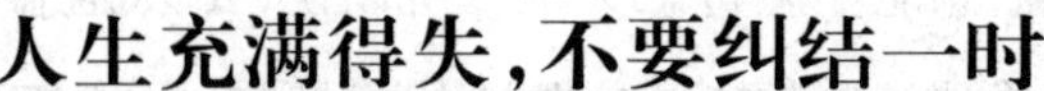

人生充满得失，不要纠结一时

在生活中，世事难料，因为任何事情都有一个变化发展的过程，此刻你不如意并不代表你一生不幸，人生充满得失，此时你满面春风并不代表你一生顺利。虽然我们不能掌握变化无常的事态，但我们可以掌控自己的心态。“不以物喜不以己悲”这种通达圆润的心态，正是现代人要追求的。《老子》五十八章：“祸兮福之所倚，福兮祸之所伏。孰知其极，其无正。正复为奇，善复为妖。人之迷，其日固久。”，意思是无论遇到什么事，都要了解相依转换的道理，然后调整心态，走上自立自足的生活。祸福本身就是转换的，因此，不管你现在得到了什么，失去了什么，都不要纠结于一时，心态是自己选择的，祸会转化为福，福也会转化为祸，何必不敞开心扉，坦荡地面对呢？

以前在北边的边塞地方有一个人善于推测人事吉凶祸福，大家都叫他塞翁。

有一天，塞翁的马从马厩里逃跑了，越过边境一路跑进了胡人居住的地方，邻居们知道这个消息都赶来慰问塞翁不要太难过，塞翁一点都不难过，反而笑笑说：“我的马虽然走失了，但这说不定是件好事呢？”

过了几个月，这匹马自己跑回来了，而且还跟来了一匹胡地的骏马，邻居们听说这个事情之后，又纷纷跑到塞翁家来道贺，塞翁这回反而皱起眉头对大家说：“白白得来这匹骏马恐怕不是什么好事喔！”

塞翁有个儿子很喜欢骑马，他有一天就骑着这匹胡地来的骏马出外游玩，结果一不小心从马背上摔了下来跌断了腿，邻居们知道了这件意外又赶来塞翁家慰问塞翁，劝他不要太伤心，没想到塞翁并不怎么太难过、伤

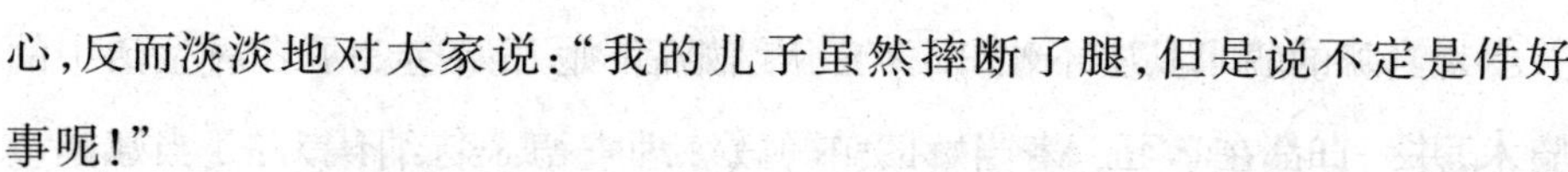

心，反而淡淡地对大家说：“我的儿子虽然摔断了腿，但是说不定是件好事呢！”

邻居每个人都莫名其妙，他们认为塞翁肯定是伤心过头，脑筋都糊涂了。过了不久，胡人大举入侵，所有的青年男子都征调去当兵，但是胡人非常的剽悍，所以大部分的年轻男子都战死沙场，塞翁的儿子因为摔断了腿不用当兵，反而因此保全了性命，这个时候邻居们才领悟到，当初塞翁所说的那些话里头所隐含的智慧。

塞翁的确是个智慧的老人，他就懂得“福祸相倚”的道理，因此他既不以福喜，也不以祸忧。后来这个故事在人间流传了几百年，成为人们经常规劝他人的一个成语：比喻一时虽然受到损失，也许反而因此能得到好处；也指坏事在一定条件下可变为好事。但生活中，我们是否能做到既不以福喜，也不以祸忧呢？答案是否定的，人都是情绪化的动物，一些人一遇到悲伤之事，便萎靡不振；在竞争中获胜，便高兴不已，甚至得意忘形。显然，大喜大悲并不是一种好的处事心态。

总之，无论得失，我们要调整自己的心态，要超越时间和空间去观察问题，要考虑到事物有可能出现的极端变化。这样，无论福事变祸事，还是祸事变福事，都有足够的心理承受能力。

古时，尤其那些身为性情中人的文人骚客，情绪变化更是为人所不能掌控，王羲之的《兰亭集序》中就有此类心情的记载，此时的“是日也，天朗气清，惠风和畅。仰观宇宙之大，俯察品类之繁，所以游目骋怀，足以极视听之娱，信可乐也”快乐心情，突然能直转急下，变成：“快然自足，不知老之将至”之时，这是真正的乐极生悲，不得不让人也为之心痛！事实上，这并不是我们应效仿的处事方式，但因“乐极”而“生悲”的事情生活中每天都在发生着。

麦当娜是流行乐坛几十年的大姐，可谓久经沙场，但却在她47岁生日那天乐极生悲。

麦当娜的骑术其实不赖，因为自从结婚后，她开始迷上了乡村生活中的骑术，并一直都在学习。麦当娜的骑马教练理查德·特纳认为：麦当娜是个非常棒的骑手，身手非常灵活和矫健，因此，在得知麦当娜发生这样的事故后，很是惊讶。原来事情是这样的：

在她47岁生日那天，她的老公盖伊·瑞奇送给她一匹马作为生日礼物，她高兴极了。于是她立即跃身上马，准备在老公和孩子们面前一展她的骑士风采。而实际上，麦当娜对当天所骑的那匹马的性情一点也不熟悉，骑术本来还可以的麦当娜根本无法驾驭这匹烈性的畜生，最终从马上摔了下来，造成锁骨和三根肋骨骨折以及一只手受伤的严重后果，不得不送进医院进行治疗。

麦当娜从马上摔下受伤，就是她乐极生悲的结果。古人言："乐不可及，乐极生悲；欲不可纵，纵欲成灾。"这是妇孺皆知的道理，麦当娜也明白这个道理，但她却在生日当天头脑发热，化喜为悲。

乐极生悲一语在中国几乎妇孺皆知，但一般人对它的理解往往是因快乐过度而忘乎所以且头脑发热，结果不慎发生意外，惹祸上身，化喜为悲。

因此，生活无论遇到什么事，心态一定要调整好，应随时随地、恰如其分地选择适合自己的位置，既不以福喜，也不以祸忧，才能在事情的起承转合上控制好！

从容一些，选择了就不要后悔

在生活中，我们经常要面临两难的抉择，尤其是在现在这个信息多而乱的社会中，做出正确的抉择更不是一件易事，这就需要我们有出色的判断能力。然而，一些人在做出这个难以抉择的决定后，却因为害怕失败和失去，

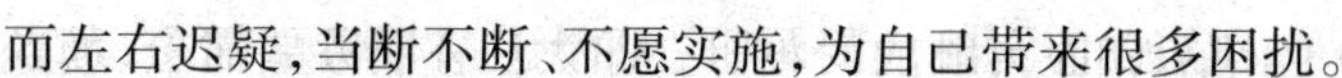

而左右迟疑，当断不断、不愿实施，为自己带来很多困扰。

法国哲学家布里丹养了一头小毛驴，每天向附近的农民买一堆草料来喂。这天，送草的农民出于对哲学家的景仰，额外多送了一堆草料，放在旁边。这下子，毛驴站在两堆数量、质量和与它的距离完全相等的干草之间为难坏了。它虽然享有充分的选择自由，但由于两堆干草价值相等，客观上无法分辨优劣，于是它左看看，右瞅瞅，始终也无法分清究竟选择哪一堆好。于是，这头可怜的的毛驴就这样站在原地，一会儿考虑数量，一会儿考虑质量，一会儿分析颜色，一会儿分析新鲜度，犹犹豫豫，来来回回，在无所适从中活活地饿死了。

小毛驴在充足的两堆草料面前，却落得个饿死的下场，真是令人匪夷所思。可见，迟疑不定不仅对人们做出正确的行为无丝毫的帮助，还会让人们延误时机，甚至酿成苦果。而实际上，除了动物以外，人类似乎也在重复这个幼稚的错误。

的确，有时候，当需要我们执行的时候，当断不断，必受其乱。为人行事，必须坚决果敢，当机立断，一旦决定下来就应该马上去做，如果前怕狼，后怕虎，只会白白丧失很多机会，考虑太多只会造成"竹篮打水一场空"的后果。生活中的我们，也应该记住这个道理，只要是自己认定的事情，绝不可优柔寡断。犹豫不决固然可以免去一些做错事的机会，但也失去了成功的机遇。

这个道理同样可以运用到如何抓住机遇上，在你决定某一件事情之前，你应该运用全部的常识和理智慎重地思考。如果发现好的机会，就必须抓紧时间，马上采取行动，才不至于贻误时机。如果犹豫、观望而不敢决定，机会就会悄然流逝，后悔莫及。瞻前顾后的行动习惯使人丧失许多机遇，很多时候，很多事情，如果我们能横下条心去做，事情的结果就会大不相同。

的确，工作和生活中不乏这样的人，他们激动的多，行动的少；表扬的

多，真干的少。因为他们在准备实践的时候，总是考虑这个考虑那个，而这样肯定会错失时机，后悔莫及。最大的成功并不是在那些嘴上说得天花乱坠的人，也不是那些把一切都设想得极其美妙的人，而是那些脚踏实地去干的人。其中，成功素质不足、自信不足、心态消极、目标不明确、计划不具体、策略方法不够多、知识不足、过于追求十全十美，这些都是人们瞻前顾后、不敢行动的原因。

那么，如何克服这种阻碍我们成功的习惯呢？经验证明以下方法卓有成效，不妨一试：做事时，要有"今天是我们生命中的最后一天"的"荒诞"意识。

"假如今天是我生命中的最后一天"，这是美国畅销书《世界上最伟大的推销员》的作者奥格。曼狄诺警示人生的一句话。真的，无论是谁，无论是想干一件什么事，如果优柔寡断的话，就会一事无成。而这种意识，恰恰是一把利刀，可立即斩断你的忧思愁缕，也像一口警钟，督促你当机立断，刻不容缓。

同时你还要放下包袱不顾一切，要有一种豁出去的心态。"大不了就是做错了"、"大不了就是被人笑话一顿"，而这些又能对你怎么样呢？一旦你有了这样一种意识，肯定就会敢做敢当，优柔寡断的现象肯定会在你身上消失得无影无踪。

不要小看了优柔寡断的习惯给我们带来的副作用，许多可以改变命运的契机都因为我们的优柔寡断而与我们失之交臂，永不再来。

他那种明快果决的本领，十分使人折服。然而生活中的我们，却做不到这样，他们常被身边的各种问题困扰、烦心，因为我们太容易被周围人们的闲言碎语所动摇，太容易瞻前顾后，患得患失，以至于给外来的力量可以左右我们的机会。这样，似乎谁都可以在我们思想天平上加点砝码，随时都有人可以使我们变卦，结果弄得别人都是对的，自己却没有主意，这真是我们成功途中的一个大障碍。

要摆脱这种苦恼，我们就要训练自己的判断力，要坚定、勇敢、自信、果断，你若一直朝着目标前进，那么他人一定会为你让路，而对一个摇摆不定、踌躇不前、走走停停的人，别人一定抢到他前面去，决不会让路给他。

学会放下，让人生变得轻盈

有人说，人的心像大海，可以容纳波涛和沙粒，也会变得杂乱无序，有狂风暴雨时零乱起来，接着惊涛骇浪、海潮就会接踵而来，担忧多了，烦劳多了，包袱重了，我们就没有时间和心情去体会生命中的那些简单快乐和美好。其实很简单，快乐就是一颗水珠，它可以是早上晶莹的露水，也可以是一朵跳跃的浪花，还可以是一颗感动的泪水。所以，心累与不累，快乐与不快乐，都取决于自己的心境。心态好，则轻松快乐多一些；心态不平静，则会怨天尤人，抱怨和憎恨充斥着心灵。生活中的我们，不妨学会放下世俗的成见，放下得与失给自己带来的困扰，给心灵一个干净、朴实、美丽的空间。有这样一个故事：

每天的同一时间，一辆豪华轿车总会穿过纽约市的中心公园。车里除了司机，还有一位无人不晓的百万富翁。百万富翁注意到：每天上午都有位衣着破烂的人坐在公园的椅子上死死地盯着他住的旅馆。

一天，百万富翁对此产生了极大的兴趣，他要求司机停下车并径直走到那人的面前说："请原谅，我真的不明白你为什么每天上午都盯着我住的旅馆看。""先生，"这人答道，"我没钱，没家，没住宅，只得睡在这长凳上。不过，每天晚上我都梦到住进了那所旅馆。"百万富翁听了以后，对他说："今晚你一定能如梦以偿。我将为你在旅馆租一间最好的房间，并付一月房费。"几天后，百万富翁路过这个人的房间，想打听一下他是否对此感到满意。然

而，出人意料的是：这人已搬出旅馆，重新回到了公园的椅子上。

当百万富翁问这人为什么要这样做时，他答道："一旦我睡在椅子上，我就梦见我睡在那所豪华的旅馆里，妙不可言；一旦我睡在旅馆里，我就梦见我又回到了冷冰冰的椅子上，这梦真是可怕极了，以至于完全影响了我的睡眠！"

是啊，贫穷与富裕的生活，都有它的得失，正如俗话所说："醒着有得有失，睡下有失有得。"所以我们应该正视人生的得失，世间万事万物，来来去去，本就没有一个定数，我们不能左右世事，但可以左右自己的心。当我们拥有时，我们要懂得珍惜，失去时也不可过分执著。人有悲欢离合，月有阴晴圆缺，以一份淡然的心面对，我们的心会释然很多。

的确，人世间的一切，无论成败得失，花开花落，荣辱功过……无数人为了这些前呼后继而呕心沥血、殚精竭虑、机关算尽，但到最后，他们才发现原来一切都是过眼云烟，最终都化为尘土随风飘去了，留下的还能有什么呢？似乎都没有发生过。放下束缚心灵的负担，轻松愉快地走过这短短几十年的人世光阴，才是我们生命最本质和简单的诠释！

愈放下，愈自在。放下看似消极，实质却是积极的生活态度。在人生的旅途中，我们需要放弃的东西太多，有欲望、伤心、痛苦等，也有缥缈的追求，当你放下这一切时，你就能够感受到生活的美好，心灵的愉悦，还会避免很多尘世中的纷争。

《孔子家语》里记载：有一天楚王出游，遗失了他的弓，下面的人要找，楚王说："不必了，我掉的弓，我的人民会捡到，反正都是楚国人得到，又何必去找呢？"孔子听到这件事，感慨地说："可惜楚王的心还是不够大啊！为什么不讲人掉了弓，自然有人捡得，又何必计较是不是楚国人呢？"

"人遗弓，人得之"应该是对得失最豁达的看法了。就常情而言，人都是有喜怒哀乐的，在得到一些利益或者遇到愉悦之事时，他们大都会喜不自胜，甚至得意洋洋；而遇到失意之事时，却表现出懊恼、痛苦的情绪。而那些内心豁达的人却能看淡得失、功过荣辱，无论遇到什么，他们都能做到心平气和、冷静对待。

晋代的陶渊明在为官数十年之后，认识到官场的黑暗，于是，他最终弃官，归隐田园，虽然没有了生活的凭据，但他却感觉到得意和轻松，却毫无遗憾和留恋。“采菊东篱下，悠然见南山。”就是他精神上的自由的最好的写照。他这种洒脱的人生态度，千百年来，令多少人“高山仰止，心向往之”。

人的一生需要我们放下的东西很多。古人云：鱼和熊掌不能兼得。如果不是我们该拥有的，那么我们就得学会放下。人生注定要经历多姿多彩的风景，唯有放下具有别致的风韵。过去常听人说，人要懂得放弃。放弃是对事物的完全释怀，是一种高妙的人生境界。而放下则更具有丝丝缕缕的难舍情怀，是一首悠扬的乐曲，在每个人的心底奏起。

敢于拿起就不要担忧失去

在生活中我们常常说，没有做不到，只有想不到。但真的是这样的吗？小时候，我们都有自己的梦想——我想做航海家，我想当作家，我想……无数个“我想”都始终萦绕在你心头。而现在呢？你的梦想实现了吗？大多数人的回答是否定的，为什么会导致这样的结果呢？不是因为你没有想到，而是因为你没有做到。那么，你为什么做不到呢？因为你有太多的顾虑，患得患失。杰克·韦尔奇曾如此说道：如果你有一个梦想，或者决定做一件事，那么，就立刻行动起来；如果你只想不做，是不会有所收获的，而你也只会落得失望的结果。

有的人在得与失之间，不停地徘徊，一生都处于苦恼之中。

有这样一个老太太，她不管阴天还是晴天都要痛哭流涕，人们见了都很

纳闷，就问她原因。她说："我儿子是卖雪糕的，所以一到阴天我就担心儿子的雪糕卖不出去，就伤心得哭个不停；而我女儿是卖伞的，所以一到晴天我就害怕没人买我女儿的伞，也会悲伤地大哭起来。"人们听了，哭笑不得，就对她说："以后，晴天的时候，你就想人们都去买你儿子的雪糕了，阴天的时候就想人们都去你女儿那里买伞了，不就可以了吗！"

在生活中，像这个老太太这样患得患失的人很多，他们对取舍犹豫不决，本来拥有一些自己并不需要而多余的东西，却又费尽脑汁想使这些东西不减反增，为这些终日烦恼，长此下去有损身心健康。与其担忧会失去，倒不如让它失去好了，换来了心情轻松和愉快，不是更好吗？

我们不要做患得患失之人，不要在生活中计较太多，不要做锱铢必较、追名逐利之徒。面对得失我们一定要有清醒的头脑，不要把得看得太重，在得的后面可能潜藏着失，只有那些短视的人，才只顾眼前利益，看不见利益背后的隐患；而失的后面也有可能潜藏着得，只不过有的人因为目光短浅对此不做深入分析，只看到是一种失，便避之唯恐不及，从而与"失中之得"擦肩而过。

因此，在生活中，关于得失，你大可不必太在意，既然决定做了，拿起了，就不要后悔，因为这个世界没有后悔药，要勇敢地面对自己的人生，因为人生的路都是自己走的，别人不能替你走。一个决定可能影响一个人的一生，就算失败也不后悔，大不了从头再来。一个人可怕的事情是什么？就是在他 99 次失败后，再也站不起来。人生就像一场赌局，那就看你赌自己是输是赢了，如果赌你赢，你有信心，那么你的人生将会有很大的超越；如果赌你输，那么就注定你已失败了。没有人不想拥有一个精彩的人生，不想高高在上，过着舒服的生活，可是现实的环境没有人们想的那么好，所以要克服重重困难，达到人生的最高的巅峰。

下面这个故事告诉我们行动的重要性。

多年前，有一位穷苦的牧羊人领着两个年幼的儿子以替别人放羊来维

持生活。一天他们赶着羊来到一个山坡，这时，一群大雁鸣叫着从他们头顶飞过，并很快消失在远处。牧羊人的小儿子问他的父亲："爸爸，爸爸，大雁要往哪里飞？""他们要去一个温暖的地方，在那里安家，度过寒冷的冬天。"牧羊人说。他的大儿子眨着眼睛羡慕地说："要是我们也能像大雁那样飞起来就好了，那我就要飞得比大雁还要高，去天堂，看妈妈是不是在那里。"小儿子也对父亲说："做个会飞的大雁多好啊，那样就不用放羊了，可以飞到自己想去的地方。"

牧羊人沉默了一下，然后对两个儿子说："只要你们想，你们也能飞起来。"两个儿子试了试，并没有飞起来。他们用怀疑的眼神瞅着父亲。牧羊人说，让我飞给你们看，于是他飞了两下，也没飞起来。牧羊人肯定地说："我是因为年纪大了才飞不起来，你们还小，只要不断地努力，就一定能飞起来，去想去的地方。"儿子们牢牢地记住了父亲的话，并一直不断地努力，等到他们长大以后果然飞起来了。他们发明了飞机，他们就是美国的莱特兄弟。

这个真实的故事再次使我们坚信：一个人的内心中如果蕴涵着一个信念，并坚持不懈地为之努力，那么他一定会是一位成功的人。人生就有许多这样的奇迹，看似比登天还难的事，有时轻而易举就可以做到，其中的差别就在于非凡的信念。一百次的心动如果没有一次行动，就是一百次的失望，一百次的心动不如一次行动，然而，失望的情绪存在于很多人身上。

生活中的人们，很多事情既然已经想到了，为什么不去行动呢？既然拿起了就不要患得患失了，"想到"和"做到"仅仅是一字之差，可是效果却相差天涯。很多人以为"想到"和"做到"近在咫尺，而最终的结果只给他们带来巨大的失望。你可能有过失败的经历，你可以静下心来仔细地分析一下你失败的原因，有多少次是因为你有了美好的想法，却被人捷足先登而造成的？又有多少次是因为你想法在前，可是却因为行动没有坚持下来而以夭折告终而产生的？

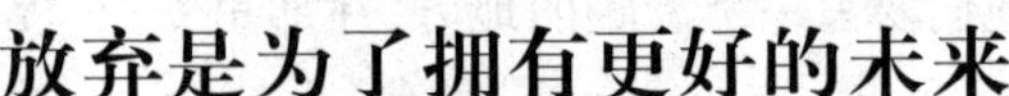

放弃是为了拥有更好的未来

古人说："心容天下，海纳百川"，生活在如今高节奏的繁忙生活中，谁都会有压力和放不下的东西。有时，压力和背负会让你累得喘不过气来，但是我们要学会放松。人生要轻松，输什么也不能输了自己的心情，让自己复杂的心灵得到洗礼，那可真是一种享受，也是一种超脱。

有一位讲师正在给学生们上课，大家都认真地听着。寂静的教室里传出一个浑厚的声音："各位认为这杯水有多重？"说着，讲师拿起一杯水。有人说二百克，也有人说三百克。"是的，它只有二百克。那么，你们可以将这杯水端在手中多久？"讲师又问。很多人都笑了：二百克而已，拿多久又会怎么样！

讲师没有笑，他接着说："拿一分钟，各位一定觉得没问题；拿一个小时，可能觉得手酸；拿一天呢？一个星期呢？那可能得叫救护车了。"大家又笑了，不过这回是赞同的笑。

讲师继续说道："其实这杯水的重量很轻，但是你拿得越久，就觉得越沉重。这如同把压力放在身上，不管压力是否很重，时间长了就会觉得越来越沉重而无法承担。我们必须做的是放下这杯水，休息一下后再拿起，只有这样我们才能拿得更久。所以，我们所承担的压力，应该在适当的时候放下，好好地休息一下，然后再重新拿起来，如此才可承担更久。"

说完，教室里一片掌声。

的确，忙碌的生活、对名利欲望不停的追求，让人们的负担越来越重。为此，你不妨在适当的时候放下负担，轻松一下，等调整好了状态再重新拿起。如电视里说的那样："得到是福，舍得也是福"！"舍得舍得，有舍才会有

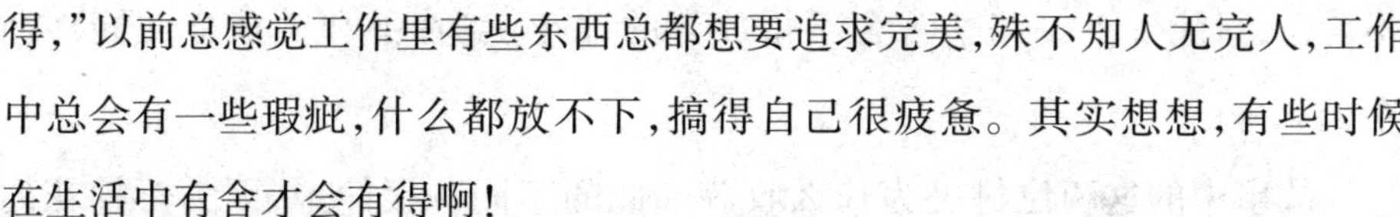

得，”以前总感觉工作里有些东西总都想要追求完美，殊不知人无完人，工作中总会有一些瑕疵，什么都放不下，搞得自己很疲惫。其实想想，有些时候在生活中有舍才会有得啊！

然而，现代社会中的人们，拿起来容易，放下却难。因为你如果放下了，就以为是承认了失败，就如同是认输。在我们所受的教育里，强者是不轻易言败的。所以，我们常常会被一些高昂的英雄气词语所激励，不屈不挠、坚定不移、坚持到底、永不言败等。是的，我们的人生需要砥砺。但是，如果是一个站在了死胡同里却还是要坚持走到底的人，他并不会成为英雄，他的死不认输，只会让他更快毁灭自己。

两个贫苦的村民靠上山捡柴糊口。有一天，他们在山里发现两大包棉花，两人喜出望外。棉花的价格高过柴薪数倍，将这两包棉花卖掉，可供家人一个月衣食丰足。当下，两人各自背了一包棉花，赶路回家。

走着走着，其中一名村民眼尖，看到山路上有一大捆布。走近细看，竟是上等的细麻布，有十多匹。他欣喜之余，和同伴商量，一同放下肩负的棉花，改背麻布回家。

他的同伴却有不同的想法，认为自己背着棉花已走了一大段路，到了这里丢下棉花，岂不枉费自己先前的辛苦？他坚持不换麻布。先前发现麻布的村民屡劝同伴不听，只得自己竭尽所能地背起麻布，继续前行。

又走了一段路后，背麻布的村民望见林中闪闪发光，待走近一看，地上竟然散落着数坛黄金，心想这下真的发财了，赶忙邀同伴放下肩头的棉花，改用挑柴的扁担来挑黄金。

同伴仍是不愿丢下棉花，并且怀疑那些黄金不是真的，劝发现黄金的村民不要白费力气，免得到头来一场空欢喜。

发现黄金的村民只好自己挑了两坛黄金和背棉花的伙伴赶路回家。走到山下时，无缘无故下了一场大雨，两人在空旷处被淋了个湿透。更不幸的是，背棉花的村民肩上的大包棉花吸饱了雨水，重得无法再背得动，那村民

不得已，只能丢下一路辛苦舍不得放弃的棉花，空着手和挑黄金的同伴回家去。

故事中的这两位村民为什么收获如此的不同？很简单，因为背棉花的村民不懂变通，只凭一套哲学，便欲强渡人生所有的关卡；而另外一位村民则善于及时审视自己的行为。的确，在追求目标的路上，审慎地运用您的智慧，做最正确的判断，选择属于您的正确方向。同时，别忘了随时检视自己选择的角度是否产生偏差，适时地进行调整，千万不能像背棉花的村民一般，时时留意自己执著的意念是否与成功的法则相抵触。追求成功，并非意味着您必须全盘放弃自己的执著。只需您在意念上做合理的修正，使之契合成功者的经验及建议，即可走上成功的轻松之道。

真正的强者，该放下的时候会放下。只有放下了才会有新的开始，才会有更多获得成功机会。俗话说，拿得起，放得下；反过来理解，放得下人，才能拿得起；该扔得扔，有些无谓的坚持是没有任何意义的。放下既是一种理性的决策，也是一种豁达的心胸。当你学会了放下，你就会觉得，你的人生之路会宽广很多。

人们说，人生是艰难的航行，绝不会一帆风顺。的确，尤其在追求人生目标的过程中，更是处处充满诱惑，充满抉择，而放下正是一门选择的艺术，是人生的必修课。"明者远见于未萌，智者避危于未形。"没有果敢的放弃，就没有辉煌的选择。与其苦苦挣扎，拼得头破血流，不如潇洒地挥手，勇敢地选择放弃。当然，放下不是噩梦方醒，不是六月飞雪，也不是优柔寡断，更不是偃旗息鼓，而是一种能"两弊相衡取其轻，两利相权取其重"的睿智，一种举棋若定、以大局为重的智慧。

宠辱不惊，丢开得失成败的压力

生命是个奇怪的东西，自打我们来到人世，似乎就在为所谓的幸福努力着，于是很多人毕生都在奋斗，努力地证明自己生命的不凡。有的人选择了用事业上的成功来证实，有的人用不断争取来的权势来证实，有的人凭借巨额财产来证实，有的人用满腹的才华来证实……有的人成功了，也有一些人失败了，面对得失荣辱，他们倾注了太多的精力，给自己施加了太多的压力，于是，他们一生都在忙忙碌碌，到头来却不知道自己在忙什么。这样的人生是注定悲哀的，所谓的名利、金钱，到头来不过还是一场空。只有放下得失成败给自己带来的压力，我们才能更好地走好前方的路。

从前有一位神射手，名叫后羿。他练就了一身百步穿杨的好本领，立射、跪射、骑射样样精通，而且箭箭都射中靶心，几乎从来没有失过手。人们争相传颂他高超的射技，对他非常敬佩。

夏王也从左右的嘴里听说了这位神射手的本领，也目睹过后羿的表演，十分欣赏他的功夫。有一天，夏王想把后羿召入宫中来，单独给他一个人演习一番，好尽情领略他那炉火纯青的射技。

于是，夏王命人把后羿找来，带他到御花园里找了个开阔地带，叫人拿来了一块一尺见方、靶心直径大约一寸的兽皮箭靶，用手指着说："今天请先生来，是想请你展示一下您精湛的本领，这个箭靶就是你的目标。为了使这次表演不至于因为没有竞争而沉闷乏味，我来给你定个赏罚规则：如果射中了的话，我就赏赐给你黄金万两；如果射不中，那就要削减你一千户的封地。现在请先生开始吧。"

后羿听了夏王的话，一言不发，面色变得凝重起来。他慢慢走到离箭靶一百步的地方，脚步显得相当沉重。然后，后羿取出一支箭搭上弓弦，摆好姿势拉开弓开始瞄准。

想到自己这一箭出去可能发生的结果，一向镇定的后羿呼吸变得急促起来，拉弓的手也微微发抖，瞄了几次都没有把箭射出去。后羿终于下定决心松开了弦，箭应声而出，"啪"地一下钉在离靶心足有几寸远的地方。后羿脸色一下子白了，他再次弯弓搭箭，精神却更加不集中了，射出的箭也偏得更加离谱。

后羿收拾弓箭，勉强赔笑向夏王告辞，悻悻地离开了王宫。夏王在失望的同时掩饰不住心头的疑惑，就问手下道："这个神箭手后羿平时射起箭来百发百中，为什么今天跟他定下了赏罚规则，他就大失水准了呢？"

手下解释说："后羿平日射箭，不过是一般练习，在一颗平常心之下，水平自然可以正常发挥。可是今天他射出的成绩直接关系到他的切身利益，叫他怎能静下心来充分施展技术呢？看来一个人只有真正把赏罚置之度外，才能成为当之无愧的神箭手啊！"

患得患失、过分计较自己的利益将会成为我们获得成功的大碍。我们应当从后羿身上吸取教训，面临任何情况时都应尽量保持平常心。

然而，"宠辱不惊，看庭前花开花落；去留无意，望天空云卷云舒"，这份闲散与安逸，对于现代社会的人们来说，或许真的是一种奢望。每个人都有决定自己生活的权利，何必把自己搞得那么累。放慢你的脚步，尽情地呼吸，尽情地欢笑，让生活中多一些温馨，生命少一份遗憾。有人说，旅途是繁忙的，必须抓紧时间赶路；有人说，旅途是悠闲的，应该缓缓而行；还有人说，旅途的终点是归宿，何来紧迫与悠闲……

据说，苏格拉底曾与人相约去爬山。那人一路赶来，气喘吁吁，姗姗来迟的苏格拉底便问："你来的路旁有什么吗？""我不清楚，我只顾向前。"那人沮丧极了。于是，苏格拉底便拍拍身上的尘埃，娓娓而谈："真是太遗憾了，我已经欣赏完了沿途风光。"苏格拉底的话看似平常，却蕴涵了无限道理。

是啊，在朝目标前进的时候，请放慢你的脚步，去欣赏两边的风景，或许会有一番“惊喜”。

然而，要放下人生路途得失成败的压力，还需要我们保持一颗平常心。

保持一颗平常心，是人生的一种智慧。有一颗平常的心，才能正视现实，甘于平庸；面对“花花绿绿”“流光溢彩”不生非分之心，不做越轨之事，不做虚幻之梦。面对外界种种变化与诱惑，心不痒，嘴不馋，手不伸，脚不动，宠辱不惊，去留淡然，白天知足常乐，夜晚睡眠安宁，走路步步稳健，说话句句在理。总之，拥有一颗平常的心，能让我们拿捏好尺寸，把握住幸福。

放下身段，没人在意你的清高

人是社会的动物，同处于一个社会中，不管你是否承认，凡有人的地方就会讲等级、分层次。因此，在我们生活的周围，有一些人，他们总是自命清高，不愿意放下身段，他们给自己画地为牢、故步自封，白白损失了无数的大好机会。其实这种“身段”只会让人路越走越窄。并不是说有“身段”的人就不能有得意的人生，但在非常时刻如果还放不下身份，那么就会使自己无路可走。相反，如果能放下身段，你的人生之路就会越走越宽。

有一位大学生，在校时成绩很好，大家对他的期望也很高，认为他将来必有一番了不起的成就。后来，他确实是有成就，但不是在政府机关或大公司里有成就，而是卖蚵仔面线卖出了成就。为什么会如此呢？

原来他在毕业后不久，得知家乡附近的夜市有一个摊子要转让，他那时还没找到工作，就向家人借钱，把它顶了下来。因为他对烹饪很有兴趣，便自己当老板，卖起蚵仔面线来。他的大学生身份曾招来很多不以为然的眼

光，却也为他招来不少生意。而他自己则从未对自己学非所用及高学低用怀疑过。

现在的他仍然还在卖蚵仔面线，但也进行投资，赚钱比同学们多了好几十倍。“做事要放下身段。”这是那位大学生的口头禅和座右铭：“放下身段，路会越走越宽。”

那位大学生如果不去卖蚵仔面线或许也会很有成就，但无论如何，他能放下大学生的身段，着实令人佩服。你不必学他去做类似的事情，但在必要的时候，该有他做事的勇气。

然而，在生活中有很多年轻人，都太把自己当回事儿了。年轻气盛，总是自以为是、豪情万丈，而随着时光的流逝，当你已经学会世故和圆滑的时候，你突然发现，在这个社会中，我们所最看中的那个自己，无论你是多么的优秀，对于别人，可能是珠宝，也可能是一个一文不值的尘埃。有人说的好：“把自己当做泥土吧！老是把自己当做珍珠，就时时有被埋没的痛苦”。

我们知道，卡耐基在事业取得成就以后，收入相当丰厚，成了一位富翁。但是，他早年却经历了一段贫困潦倒的艰难岁月。有些时候，囊空如洗，不得不向人借钱渡过难关。

那么，卡耐基是如何向人开口借钱的呢？

卡耐基在读书时代，有一次交了学费之后身上只剩下几毛钱。于是，他打算到外边工作赚取生活费。但是，他得先解决眼前的吃饭问题，于是他准备向同学借点钱。

“杰克，请借给我 10 美元吧。”他自在地说。

“戴尔，”杰克说，“真是对不起，这段时间我手头也不太宽裕，请原谅。”

双方都十分坦率，所以都不存在难为情的感觉。

“没关系，杰克。”卡耐基坦然地说，“我另想办法就行了。”

“戴尔，这样吧，”杰克又说，“汤姆好像有多的钱可以借，你不妨向他借借看吧。”“好的，谢谢你，杰克！”

当卡耐基遇到汤姆的时候，说：“汤姆，你能不能借给我10美元？”

“戴尔，”汤姆说，“真是抱歉。我本来可以有钱借给你的，不过今天正想买一辆自行车，也不知道买了之后能剩多少。”

“没关系，汤姆。”卡耐基大大方方地说。

“等我买了自行车后，如果有剩下的钱能够借给你的话，我就给你吧。”

“好的，谢谢你，汤姆。”

下午，汤姆走进卡耐基的宿舍，说：“戴尔，我钱还剩下很多，你借10美元够用吗？”

“够了，谢谢你！”卡耐基说。

汤姆主动表示说：“最好多一点方便些，借你15美元好了。”

“不用了，汤姆。”卡耐基婉言谢绝，“10美元就行了，谢谢你的好意，汤姆。”

就大多数人而言，伸手向人借钱似乎是一件难堪的事，这主要是因为人们大多存在一种心理：缺钱用是不体面的。于是数多人在向别人借钱时，都不好意思开口。对此，卡耐基说：“向人借钱应当直接了当地提出来，不必啰哩啰嗦地解释这解释那的。对方愿意借的话，你不用多说他也会借给你；反之，说得再多也是白费口舌。你直接提出借钱，对方不答应，你只要说声‘没关系’就行了，这并不会发生尴尬、下不了台之类的事；如果你先讲了一大堆借口，对方却依旧拒绝，这样反而使双方都可能陷于尴尬之中。”

其实，能不能直接、坦诚地借钱，也是能不能放下身段的问题。在成功者眼里，职业没有高低贵贱之分，能否赚钱才是最主要的。正因为如此，中国的温州人才四处闯荡，占据了本地人不屑一顾的那些领域，不声不响地富了起来。他们追求自主、自立，人人都想当老板，且敢冒当老板的风险。他们不论干什么，生活中总充满乐趣，而且敢于开创、善于开创，洒脱、顽强，从不失望。

总之，一个人要想有所作为，首先要从清理思想、改变观念开始。如果本是穷人、新人还要“穷摆谱”，那么机会是不会主动光顾他的。而能放下身段的人，他的思考富有高度的弹性，不会有刻板的观念，而且能吸收各种信息，形成一个庞大而多样的信息库，这将是他的本钱。

第7章

情感不只有浪漫，聚散离合间不动气

面对爱情，自古以来，人们对其充满幻想，爱情是美丽的，是浪漫的，是甜蜜的，然而，这只是人们的美好夙愿，真正的爱情里充满了很多现实因素，相爱的人会聚聚合合；每天油、盐、酱、醋、茶，天天面对少了激情；少了浪漫；少了先前的关注和相互之间的体贴。于是，开始了责备，开始了争吵，开始渴望自己的付出得到回报。而其实，爱是一种奉献，是一种不图回报的付出，是默默地希望爱着的人过得好。有了宽容之心，有了不图回报之意，你会发现，生活会有所不同。

情感没有十全十美，不要太较真

爱情是世界上最美好的字眼，也是人类永恒的话题之一。恋爱中的人是幸福的，但也是盲目的，可能在婚姻和爱情的磨合期中，很多人都想努力改造对方，要对方变得完美，一旦对反犯了什么错误，就把这段辛辛苦苦经营的爱情打进地狱，这是爱情痛苦的根源。但我们要知道，尘世中的哪一种生活也称不上完美，不求完美，不较真，我们的心中便会多一份坦然、一份满足，换言之，也就是多了一份幸福。

的确，爱人之间难免有碰撞，有摩擦，有矛盾，或许对方根本就是无意，或许对方有难言之隐，退一步海阔天空，不妨试着置之一笑，给别人也给自己一次机会，也许会有意想不到的收获。而对于那些在你看来不能原谅的错误，你要相信，爱人是可以改变的。若要改变别人，需先试着改变自己。不要总是认为江山易改，本性难移。有时候，只要有信心，人是可以改变的。或许是为了友情，或许是为了爱情，又或许是为了亲情。要用发展的眼光看待他人，尤其是对于相爱的人。也许你无法容忍对方的一些毛病，如果你要是爱着对方，就给他机会去改变。但是，严格要求对方的同时，也要严格要求自己，对于自己的一些为对方所不能容忍的毛病，一样要加以改正。永远不要严以待人，宽以待己，这样做会让对方伤心、失意。

小丽是个长相美丽的女人。前些年，她的丈夫做工程赚了很多钱，便有外遇的苗头，小丽发现了当时十分激动，说要闹到丈夫单位里去让他名誉扫地，要跟他离婚。她的一个女友问她“你想要什么结果？如果你不再想要这段婚姻可以去，如果你们还有感情，还有挽回的余地，那就应该冷静下来，想想应该怎么处理。”

小丽说对丈夫还是有感情的，他们毕竟是患难夫妻，从丈夫一无所有到现在的应有尽有。女友继续劝她说："你家老公能有今天的成功与光鲜，与你们多年来的互帮互爱是分不开的，为什么你要把这个胜利果实让给别人？聪明的女人是不会这么做的。事情走到这个地步你自己有没有好好地反思过？"

后来，小丽找她丈夫的情人深谈了一次，彻底断了那两个人的念想。现在他们已经和好如初，甚至比以前还要恩爱。

在丈夫有出轨的苗头时，小丽当时若不理智，采取一些过激行为，与丈夫斗气的话，也许结果只能是一拍两散，各奔东西。的确，一个家庭建立起来不容易，靠的是一砖一瓦，一丝一缕的温暖与感情，但想摧毁它却是非常的轻而易举。一个健康的家庭关系，是需要经过一段漫长的、心心相印、风风雨雨的过程，这也是每个人一生必修的功课，需要双方不断自我反省和调整，更重要的是两个人有着宽容开放的心，在爱中学习爱。

在感情的世界里，爱人之间最重要的基础是宽容、尊重、信任和真诚。宽容是善待自己，善待爱情的最好方式。即使对方做错了什么，只要心是真诚的，就应该重动机而轻结果，没有必要非得与之较真，争个是非对错。另外，如果彼此相爱，为什么不多一份宽容与忍耐呢？充分地理解对方的行事做法，不苛求，不责怨，如此，必然给对方以爱的源泉，爱情才会走向美满幸福。

的确，无论是爱情还是婚姻，说白了就是两个人如何相处，而最好的相处之道莫过于糊涂。俗话说，"难得糊涂"，大度一点，迷糊一点，你会发现，呈现在你眼前的就都是美好。

生活中，我们经常能见到一些看似精明的人，他们希望爱人是完美的，于是，对于爱人出现的任何失误，他们都明察秋毫，绝不放过。然而，精明的他们常常钻入爱情的牛角尖，而爱人也在这场争斗中精疲力竭。

那么，我们该如何对待婚姻呢？

第一，少猜心思。

想象一下这个场景：晚上，当你走进起居室，发现丈夫正坐在藤椅上，他目光呆滞，似乎在想什么，而且脸部的神经开始扭曲，他好像生气了。你的即刻反应是“害怕”。“我做错什么了？他为什么生我的气？”你终于鼓起勇气，问：“老公：怎么了？”你心惊胆战，以为他要发脾气了，这时，他抓住你的手，对你说“我被解雇了。”“感谢上帝，至少不是我让他不高兴了！”你差点脱口而出。

的确，很多时候，我们以为会发生的事情只是我们的猜想而已。因此，不要以为你知道伴侣的想法或者感受，很有可能你猜错了，这会造成不必要的冲突。

第二，少点责备。

责备是剥夺对方权利的一种表现形式。从本质上说，在责备的时候我其实是在告诉伴侣——正是他控制了我的感情和行为。我们一旦责备对方，就剥夺了对方严肃思考问题和体贴回应的机会。我们没有说出应该说出的委屈和感受，而是谴责、威胁对方，结果只会引起对方一样的反应。这导致的不是小规模的争吵就是大规模的“战争”，最终只好痛苦地了解到无论是在爱情、战争还是婚姻里，大家都是平等的。

总之，经营爱情与婚姻，有时候，我们需要迷糊点，不要较真，千万别因自己的小聪明而把自己推向了痛苦的深渊。

无须强求，分分合合是常态

生活中无不存在着得与失、进与退、坚持与放弃、成功与失败，面临着一个个主动或被动，有意或无意的选择、巧合和错过。有得必有失，有失也会有得。有时候，得到的未必是不好的，或者说不是最适合你的，也未必长久；失去的也未必是好的，是你最想要的，也未必昙花一现。此谓“得失论”。看似简单的个中道理是生活学问，蕴涵奥妙的人生哲理。

人类最美好的情感——爱情也是如此。拿失恋来说，有时候，失恋也未必不是好事。也许，那段你以为刻骨铭心的恋情，其实并不是你所真正需要的爱情。有道是：强扭的瓜不甜。爱是两个人的事，不能一厢情愿。爱与被爱，彼此欣赏，相敬如宾，忠贞不渝，互悦互助互动，才是爱的真谛和最高要义与外在形式。那种单相思，独角戏，多角恋，朝三暮四，始乱终弃，见异思迁，喜新厌旧，或视爱情如游戏、婚姻如交易，恋爱动机不纯的现象，充斥神圣的爱情伊甸园，成了当今文明社会“情感市场”的一大景观，司空见惯。同时，真正地爱一个人，是会以对方的感受为第一考虑对象的。即使不能在一起，也会把爱放心底，不会将爱变成一种伤害。那种爱不成便生恨、走向报复毁灭他人或自己的说法与做法，是不懂爱、误解爱、曲解爱的荒谬行径。

涛和雯是大学同学，他们恋爱三年了。他们曾经相爱很深，但毕业以后，雯发现涛变了，他开始变得暴力，经常喝酒。雯曾经为此事跟他闹过几次分手，但每次都因舍不得那份感情还是重修于好。虽然每次复合时都好像感情又加深了似的，又哭又笑，发很多誓，说很多情话，但雯知道，有些裂痕是再多的甜言蜜语也修补不了的。即便还在努力挽救，可心底的寒凉和惶恐还是一点点扩大了。

恋爱第三年，一无所有的涛让雯觉得很没安全感，其实，雯只是想结婚，办一场婚礼，但这一点涛都做不到。雯对婚姻的向往和对未来的担忧达到了极点，她成日唠叨、数落，要求涛无论如何要想办法赚钱。后来，涛和朋友合伙揽下了一个小项目。他无钱投资，雯就把自己辛苦积攒的一万多元全部给了他，但最终涛还是亏了。

那件事后，雯对涛、对他们的感情彻底失去了信心，勉强维持着的信念也土崩瓦解。于是，雯正式向涛提出了分手，涛自然不肯，但雯还是单方面结束了这场感情。

后来，雯开始在亲戚朋友的帮助下接受相亲。有一次，她和一个公务员见面了。对方条件很好，对雯的印象不错，在茶座聊了一会儿后，又执意要请她吃午饭。雯觉得此人也很好，彬彬有礼的，素质很高。

可接下来的事情却让雯尴尬、窘迫、气愤。雯和这位先生刚走进一家餐厅，对方的手机响了，接听后他立即脸色大变。不知情的雯忙问："出了什么事？"他先是极力掩饰着说"没事"，但最终还是忍不住了，掏出手机，指着上面一个电话号码问雯："你知道这个号码吗？"雯一看，只觉得"轰"的一声头都大了，竟是涛的手机号。

原来，涛居然威胁对方："若你再和我老婆见面，我就对你不客气！"

随后有好几次，雯的生活都被涛骚扰，这让雯害怕极了，她觉得自己完全没了自由，似乎一举一动都在涛的监视之下。现在，雯对涛，已经不是愧疚，而是恐惧和讨厌。

一对曾经深爱的恋人闹到如此地步，实在让人叹惋，故事中的男主人公涛在面对失恋时的态度是错误的，失去了就失去了，要知道，一味地纠缠、干涉是不会唤回爱人的心的。只有正视失去的情感，才能走出过去，迎来新生活。

为此，我们必须正确认识失恋，情绪稳定以后，要对失恋有一个正确的认识。

第一，学会正确看待失恋。

爱情是否存在，都是选择的结果。失恋了，只能证明你们彼此不合适而已，并不能表明你一无是处。

第二，把失恋作为一种人生财富。

失恋是一种挫折，在受挫的过程中，可能我们的内心受到了强烈的冲击，但这个过程中我们所体会到内心的挣扎与痛苦却同时也能帮助我们成长，让我们的爱情观更加成熟。

第三，失恋给人再恋爱的机会。

一次失恋不等于整个爱情生命的结束，你失恋了，但还有再恋爱的机会，对方也是。尽管失恋是人生中一个很大的挫折，是一种重要关系、一种身份的丧失，但从另一个角度来看，它也是给人一个选择更适合自己的伴侣的机会。

有恋爱就有失恋。其实，任何人只有结束不适合自己的恋情，才能给自己机会，重新寻找新的幸福。分手，失恋，不必太在意，因为昨天即使再美好，也必将成为过去，今生还有很长的路要走，更重要的是过好今天，把握明天。

相聚是一种缘分，离散也该顺其自然

爱情是世间最美好的东西，它本来是无形的，所以不能刻意地给它总结答案。爱的自然性定了爱情首先要以宽松为基准，然后它才是快乐的。爱情源于自然，只有这种自然而生成的爱恋才会更持久。爱情会遁形于我们内心的深处，只有融入到我们心灵深处的爱才是最美丽的事物，所以，爱情来临时，我们不要爱的盲目，也不要爱的愚痴，然爱的轻松，境由心生，越是轻松的心情才会越快乐。然而当爱情不在时，也不要过于执著，任何失去自我的爱情都失去了爱原本的意义，要试着把自己的双手慢慢地放开。把双手放开时，才明白越是自然、越是随意的情感才会让人心情放松。

在生活中，很多人经常充当情感的导师，当周围的朋友遇到阻碍，即将放弃的时候，他们常常都会对他说坚持到底，坚持就是胜利等。但实际上，并不是所有的坚持都会等到最终的胜利，无谓的坚持就是执念。我们不妨先来看下面一段爱情故事。

“我认识我老公的时候，他当时正失恋。随后，他开始追我，那阵子我身体很不好，住在医院，他便天天去看我。但家里以及所有的朋友都反对我嫁给他，其中一个朋友对我说，穷男人不能嫁，花心男人更不能嫁，如果又穷又花心，那就是火坑。他们告诉我他在我之前至少跟5个女人同居过。我没有介意，因为他并没有瞒我。结婚一个月后我怀孕了，到那时我才知道，他为了娶我，欠了很多债。我跟他商量，以后他的工资做日常开销，我的工资存起来，以备不时之需。他同意了。但因为我的工资比他高出很多，结果每个月发薪水那天，他都会发脾气。再后来女儿落地，他却在那个时候辞了职，说是要做生意。我把我全部的积蓄都给了他。

不幸的是，他根本不是做生意的料，钱全部赔掉了。孩子出生三个月后，我就开始上班了，因为家里实在没钱了。而就在那个时候，我发现他有了外遇。他对我坦白，说他过去的那个女朋友来找他了。我当时就哭了，但他向我保证，以后不会再做对不起我的事情。但不久，我就撞到他们在一起，那一次，他竟然当着她的面对我说离婚。那件事情对我打击很大，我病了很长时间。大概两个月后，他来找我，诅咒发誓甚至跪在我面前求我，我相信了他。但不料，我又发现了他和那个女人的暧昧短信。最近我发现自己又怀孕了，我说‘等我把孩子流掉之后，咱们分开吧！’他说‘不要老说这些话，我跟她没有可能的，你永远是我的老婆。’他说想要这个孩子，但是被他伤了这么多次之后，真的很难再去相信他，我到底应该怎么办？”

当我们听完这个故事之后一定会说，这样的男人还有什么好留恋的？换句话说，如果这样的事情发生在她周围的任何一个朋友身上，估计她自己都会坚定地说：“离婚！”但有时候，面对情感，人们就是这样执著，也许你会认为，哪有那么容易做到？但你要记住，苦难是强者的垫脚石，是弱者的深渊。有很多著名的女人，是把坏男人当做“垫脚石”的，她们经历了不幸，把不幸变成了人生的财富。

爱是一种缘分，佛说前生千百次的回眸换来今生的擦肩而过。人生匆

匆，聚散离合，我们会遇到各种难以言喻的情况，我们常常将之归为缘分。那么，对于爱情中的离合聚散，我们也应该做到随缘。“有缘即住无缘去，一任清风送白云。”人生有所求，求而得之，我之所喜；求而不得，我亦无忧。若如此，人生哪里还会有什么烦恼可言？苦乐随缘，得失随缘，以“入世”的态度去耕耘，以“出世”的态度去收获，这就是随缘人生的最高境界。

的确，我们每个人都需要爱，爱是心灵最好的滋养品，是生活最强大的动力来源。很多人对爱情都充满着美好的憧憬，认为爱为的就是相聚，为的就是不再分离。然而，世事无常，人也无常，随着时间的流逝，众多因素的交合，往日的快乐也许烟消云散，心中不忘的却是曾有的承诺。于是，很多人企图挽回已经不存在的爱，而实际上，累了自己，也累了对方。心灵顺其自然，才会有幸福的感觉。

在生活中，常有人会有这样的感慨和迷惑：“为什么他（她）不喜欢我了？”“为什么要离开我？”“为什么会是这样？”若从随缘的角度看，不喜欢不需要任何理由，喜欢也不需要任何理由；理解不需要任何理由，不理解也不需要任何理由。缘分就是缘分，不需要任何理由。随缘不变，则是不违背真理。庄子妻死，他知道生死如春夏秋冬四季的变化运行，既不能改变，也不可抗拒，所以他能“顺天安命，鼓盆而歌”。因此，新时代的人们，不妨学学庄子的洒脱，坦然面对爱情带来的悲欢离合，经历成长，继续在美好的人生路上轻舞飞扬。

意见不合，不如先学会倾听

夫妻、恋人在一起相处，难免会有意见不合的时候，只要处理得当，很快便能和好如初。这里的方法莫过于倾听对方内心的想法，因为倾听是一种

尊重的表现，更是缓和彼此情绪的重要方法。相反，如果处理方法不当，各抒己见，互不相让，问题没有解决，反而又进入“你不理我，我不理你”的冷战状态。这是婚姻、爱情中的大忌，好多红杏出墙、丈夫出轨就由此而生。再者，长期冷战会导致双方情绪处于压抑和愤懑状态，久而久之，对身心健康也是百害而无一利的。

因此，你要明白，当你与爱人出现意见不合的时候，懂得倾听是避免家盾产生的重要一环。我们先来看看下面这位女士与丈夫的沟通经历。

“昨天跟老公吵架了，又是为些鸡毛蒜皮的小事儿。我俩挺奇怪的，遇到大事，都会为对方着想，可却会为些小事闹别扭。也许这样算是恩爱，多少夫妻平常看起来磕磕绊绊，但真遇到大事情终究也是齐心协力、不离不弃。但未必小事不能被吵成大事，又有多少夫妻不是在鸡毛蒜皮的小事里分崩离析的？

跟老公吵架，其实都不能算是吵架，几乎没有互动。因为我话太多了，对方往往只能顶我几句就默不作声了。而之后，我最起码要说上九十八句才算了事，迫不得已的时候我还要自问自答。九十八句可能还是不解气，主要是因为没有互动，对方已经躺床上蒙着被子睡去了。于是我索性也挤到被子里去。对方没动静，则仍然不解气，用胳膊肘子捅对方的后腰，补充道：‘今天不做饭了，你自己看着办。’

我想对方大概也是有点生气了，因为他什么都没说。于是乎，望着对方的背，我开始反省，老公的脾气真是好，无论我说什么，他总是包容我，即使吵架，他也只是生气，从不顶嘴；平时家里所有的衣服也都是他洗；每月的工资都交给我，这样的老公哪里找？

于是，冷静了个把钟头，我灰溜溜地从被窝里爬出来，到厨房里烧饭去了。

饭烧好了，闷在锅里，自己看电视，冷眼看对方起床、从锅里把饭端出来大口吃，与我说话我也不搭理，顺势给上几个白眼，对方不还，我也就算是占

了上风。

两个人闷头过上几个小时，单看电视不说话，遥控器在我手里，我看啥他看啥。我实在憋不住了，勾上对方脖子撒娇，道：'我错了。'

'真错了？'

'真错了！'

'错在哪里？'

'每次，我都只顾说自己的观点，忘了倾听你内心的感受。'

……"

估计这样的场景每对夫妻都遇到过，并且是温馨的、甜蜜的。事例中的女人也是聪明的、知进退的，她认识到自己在与丈夫沟通过程中存在的问题：她剥夺了丈夫的发言权，让对方只有默不作声的余地。然而，生活中，有多少人能发现这一问题呢？

因此，我们必须明白一点，沟通是为了解决问题而不是一争高下，很多时候，那些看似精明、能说会道的人往往会让情况更糟糕，因为他们不懂得倾听。

那么，在与丈夫争吵后，女人该如何认错呢？

第一，让对方说出内心感受。

在生活中，最怕的不是吵架，而是冷战，因为双方若都不开口，那么问题永远都解决不了。因此，你不妨主动一点："能告诉我为什么那样想吗？"当然，你还需要注意询问的语气，不能是咄咄逼人的。

第二，全神贯注。

好的聆听者可以让对方产生安全感——让他知道你真心愿意听他诉说。这并不意味一定要遵循"不打断对方"或"保持眼神接触"，关键是你注意力必须完全放在对方身上，倾听时不要做任何无关事。

第三，表达认同。

倾听后，你应该理解对方的情绪，比如，丈夫为什么总是想找朋友喝酒？

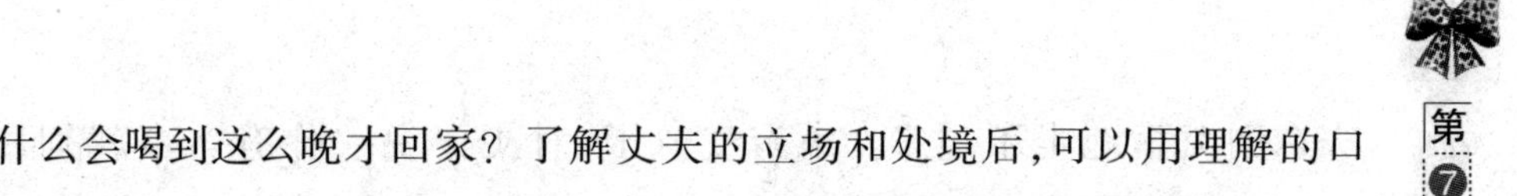

为什么会喝到这么晚才回家？了解丈夫的立场和处境后，可以用理解的口吻向对方表达：“我知道那种愉快的气氛下，你很难拒绝朋友的邀约”，或是“下次碰到这样让你为难的处境，你也许可以拨电话跟我讨论一下比较好”等。

当然，当你心情不痛快、感到压抑的时候，不要硬扛着，也要及时向爱人倾诉，把心里的郁闷、烦恼说出来，这是关系自己心理健康的一种积极行动，也是让自己婚姻、爱情幸福起来的最佳途径。

别总站在自己的角度，要理解对方的处境

有句英国谚语说：“要想知道别人的鞋子合不合脚，穿上别人的鞋子走一英里。”这就是让我们要能易地而处，能设身处地理解他人的情绪，感同身受地明白及体会他人的处境及感受，并可适宜地应其需要。在婚姻与爱情中，也是这个道理。不要以为两个人熟悉了，就可以感情用事，说话不顾对方感受，这也是引发很多家庭矛盾与危机的重要原因。而在争吵之前，先站在对方角度考虑问题，那么，你或许能看到事情的另外一面，也就能平心静气地坐下来将问题解决。

小雪是一名中学教师，平时生活比较有规律，下了班就回家做饭、照顾父母。和她不同的是，丈夫因为自己经营了一家公司，需要在客户和供应商之间周旋，常常应酬到深夜才回家。对此，小雪从没有怪丈夫不早点回家陪自己，而只是担心丈夫的身体。她知道，若这样长此以往下去，那么可能人到中年会有一些存款，但他的身体肯定也垮了。

这天晚上又到十二点多了，小雪还在等丈夫回来，锅里的小米粥热了一遍又一遍。终于，她清晰地听到楼下汽车的声音，她马上出去开门，果然，丈

夫东倒西歪地走了过来。小雪气急了，对丈夫说："你有本事就别回来了嘛！"

"你这是什么话，我辛辛苦苦在外面赚钱养家，你怎么这么说？"

小雪一听，知道自己话说重了，但她是在担心丈夫，于是她又说："老公，你知道吗？嫁给你好几年了，我很幸福，但随着你现在事业越做越大，我担心的就越来越多，尤其是你每天应酬，你的胃经常痛，你的健康状况也越来越差，你是家里的顶梁柱，千万要照顾好自己的身体。"

听完妻子的话，原本还不清醒的丈夫顿时眼眶湿润了，他一把搂住小雪，对小雪说："老婆，对不起，让你担心了，以后能不去应酬的话，我尽量推辞，你放心吧。"

小雪用力地点了点头。

生活中，可能很多妻子都遇到过这样的情况，你们是怎么做的？案例中的妻子小雪的做法是正确而有效的，面对应酬到半夜才回家的丈夫，她并没有多加责怪，而是从理解的角度，对丈夫说了一番动情的话，让丈夫认识到妻子对自己的关心和担心，于是，一场眼看即将开始的争吵就这样在一片温馨的氛围中平息了。

我们常规的思考问题的方式是：我们站在什么角度，就会做什么事，说什么话。而实际上，"横看成岭侧成峰，远近高低各不同"。当我们从不同的角度看待问题时，却又是另外一番光景。另外，不同的人看待不同的事，也是不同的观点。所谓"仁智见仁，智者见智"，有些事情并不一定是对或错，而是因为眼光不同，看法也就不一样。因此，如果我们要做好沟通，就最好要站在对方的角度考虑，不要认为自己永远是对的。

在夫妻之间，男人一般大大咧咧，常常会因为工作忙碌、事务缠身而忘记了结婚纪念日，或者在一些生活小事上不像结婚以前那么体贴，而敏感的妻子就会想当然地认为丈夫对自己不重视了，甚至多疑起来。其实，男女的观念不同，男人结了婚，就比较注重实际，他以为妻子也是如此，所以对一些

小事就不是很在意。这说不上谁是谁非，重要的是在沟通的基础上达成理解。

因此，有时候我们应注意避免这种心理，要学会换位思考，站在对方的立场上，想对方所想，理解对方的需要和情感。这样两个人才能在内心里实现真正的沟通，也更容易达成谅解和共识。

爱人间需要注意的是：时刻关注对方的感受；要互相礼让；要站在对方的角度思考问题。而爱人相处如何，并不在于性格是否相同、相近或不同，而是在于爱人之间如何相处。如果性格差异较大的双方，都能按以下几点去做，一定会相处得很好。

首先，也是最重要的一点，那就是对性格要有正确的认识，要尊重对方的性格。如果你明白你的爱人的性格，那么你就能理解他的行为。我们常听到有些夫妻在吵架后会对对方说："你又不是不知道我脾气暴躁，脾气上来了什么话都说得出口。"性格是人对事物所表现的经常的、比较稳定的理智和情绪倾向，并无优劣之分，不同于品德。不同性格的人在遇到一些急性情况时的表现是不同的。比如，性格直来直去的人在发脾气时往往更激烈，但也经不住别人的几句劝，就会消解；而脾气温和的人，虽然看起来不容易发脾气，但一旦发脾气，却更难消解。

其次，别过早地下结论。比如，当你在表达自己的观点时，你发现爱人一点动静也没有，此时你会想："他怎么了，难道是不想理会我吗？"其实，对方很可能在专心地想一件事而已。

总之，设身处地为对方着想，想人所想，理解至上，爱人之间就多了一点谅解，一种宽容。在现实生活中，如果我们都本着自我主义的原则，那么就容易产生误会，甚至会因此耿耿于怀，如果我们能深入体察对方的内心世界，或许能达成谅解。这样，爱人之间一定会和谐、美满。

别和你爱的人斗气，相爱不是相互伤害

每一对新人在踏进婚姻殿堂的时候，都会得到一句真诚的祝福：白头偕老，相爱永远。但爱一时容易，爱一生一世真的很不容易。家不是一个讲理的地方，这句话听起来很没有道理，但这句话是千真万确的真理。在婚姻中，当两个人开始据理力争的时候，家便开始布上了阴霾，两个人都会不自觉地各抱一堆面目全非的歪理，敌视对方，伤害对方，最后只能是两败俱伤；为了表明一个理，要么分手离婚，要么凑合一生。他们不知道，家是什么？家是一个讲爱的地方，不是一个讲理的地方，更不是一个算账的地方。因此，生活中的人们，你要记住，对方是你的爱人，而不是仇人，别和爱的人斗气。

我们常常会听到有人这样说：婚后我才发现他（她）原来是这么不讲理、这么不可理喻。其实，想想这也是很正常。谈恋爱时，大家总是把自己最好的一面展示给对方，极力掩饰自己的缺点，可一旦结婚，谁也不能长久掩饰。于是，大家开始“坦诚”相对，各自的缺点也就暴露出来了。其实，人本身并没有变，只是因为夫妻之间没有任何神秘感可言，再加上包容心慢慢变得麻木，于是，尊重的成分少了，苛刻的目光多了；宽容的心减弱了，好胜的心变强了。这时候，“讲道理”的战争也就接踵而至了。

我们先来看下面这位妻子是怎么处理与丈夫的争论的。

有位丈夫大男子主义非常严重，一天，他对妻子说：“这个家我说了算，你要听我的。”

妻子问：“为什么呢？难道上帝赋予了你这个权利吗？”

丈夫说：“我管他什么权利不权利，反正你得听我的。俗话说，男子汉大丈夫，大丈夫的话不听，你听谁的呢？”

妻子说：“好吧，我们意见一致时，我听你的；意见不一致时，你听我的。”其夫听后，不禁笑了起来。他们就在这笑声中结束了争辩。无疑，丈夫的大男子主义也在这笑声中“土崩瓦解”了。

在这场争辩中，由于妻子运用了幽默的语言，使冷漠的气氛变得活跃起来，同时使丈夫的大男子主义得以改变，可谓起到了一箭双雕的作用。

的确，在婚姻和爱情中最忌讳的就是据理力争，这句话听起来似乎很没有道理，但却是事实。这句话是多少恋人、夫妇和家庭用辛酸和眼泪，在你争我斗的混乱中总结出来的一个结论。当夫妻之间开始据理力争时，家庭将变成硝烟弥漫的战场，两人都会拿出自己的一大堆所谓的道理抨击对方，以求打倒对方，最后弄得两败俱伤。多少夫妻，为了争一个“理”，落得心情沮丧。他们忘记了，家不是讲理的地方，不是争辩谁是谁非的地方。

爱人之间，实在没有必要非得分出个对错来，许多不幸的家庭正因为忽视了这个道理，才搞得爱人之间矛盾不断。

那么，在婚姻与爱情中，我们该怎样避免与爱人斗气呢？

第一，多提醒自己有无吵架的必要。

我们虽然承认偶尔吵吵架有利于夫妻间的沟通，吵架并无坏处，但并不代表什么事情都有吵架的必要，架吵多了，会影响爱人之间的感情，彼此之间也会变得冷漠和生疏。因此，记得下次双方处在“剑拔弩张”争吵一触即发之际，提醒一下自己：“我要这样伤害最爱的人吗？”能这样理智地考虑问题，争吵很多时候就能避免。

第二，对事不对人，避开人身攻击。

无论吵架的原因是什么，都不要直接批评对方这个人。例如，“你就是这样不负责任的人”、“你自私自利”等话语，会让对方感觉受到了人身攻击，本能反应会想逃开或是反击，此为人之常情。而如果你针对事情本身进行批评或者表达自己的想法，那么对方才能领悟到自己在某件事上做得不足。

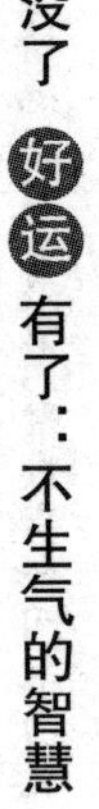

因此，你不妨直接告诉对方："做了什么事情，让我产生了怎样的感觉"，这样的表达方式等同告诉对方：我不舒服是因为事情所造成的结果，而不是你这个人。

第三，不踩对方痛处。

不要去试探对方爱不爱你而去不断地踩对方的痛处，要知道，这是对方的极限。

第四，了解对方与自己的诉求为何。

只有找出自己和对方的需求，才能找到问题的解决方案，才能达成共识！

第五，告知对方后离开战场。

若争吵有越演越烈的趋势，此时你不妨选择暂时离开现场，各自到不同的房间或者离开家冷静一下，如此可帮助对方与自己留点思考空间，未必一定要短时间内有结果。

因此，当双方试图在家庭中据理力争时，不妨学着好好调节一下自己的心态，用体谅和理解的态度来彼此相待。

懂得放手的爱也是美丽的

古老的中国，芍药一直是爱情的旋律，浪漫的山歌。"美丽动人"、"依依不舍，难舍难分"的花语，"将离草"的别称，彰显着悲剧结局的必然性。悲伤很容易，幸福却很难，琼瑶才会执笔写下一幕辛酸。爱复杂而又简单，浑浊而又清澈，自私而又纯洁。爱是单行道。爱如空气，更如乱麻。

生活中，有太多如芍药般对爱情执著的人。然而，爱是一种那么模糊的东西，你说不明白它到底是什么。它或许是你早晨睁开眼睛的一个微笑，或

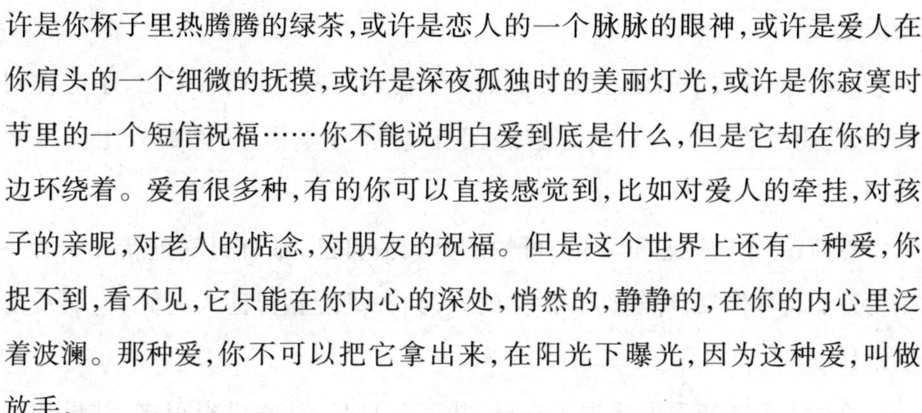

许是你杯子里热腾腾的绿茶，或许是恋人的一个脉脉的眼神，或许是爱人在你肩头的一个细微的抚摸，或许是深夜孤独时的美丽灯光，或许是你寂寞时节里的一个短信祝福……你不能说明白爱到底是什么，但是它却在你的身边环绕着。爱有很多种，有的你可以直接感觉到，比如对爱人的牵挂，对孩子的亲昵，对老人的惦念，对朋友的祝福。但是这个世界上还有一种爱，你捉不到，看不见，它只能在你内心的深处，悄然的，静静的，在你的内心里泛着波澜。那种爱，你不可以把它拿出来，在阳光下曝光，因为这种爱，叫做放手。

你对佛说："为什么属于我的爱我得不到，为什么让我那么悲伤。为什么执著的我那么受伤害。"佛说："有一些东西本不该属于你的，有一些东西只要你曾经拥有过，就应该叫做幸福。因为有一种爱叫做放手。"

曾经有一个男人，英俊潇洒，他原本的生活按部就班，很平静，很幸福。在他的内心世界里，只有家的温馨。年少时的梦已经在他的心里消失了。他很现实，很现实地过着和所有的普通人一样的生活。

有一天，他在网络中遇到了她，一个很安静的她。那个她曾经是他年少时候的梦。于是他们相爱了。爱得很悄然，爱得很真诚，爱得很糊涂，爱得很无奈。就这样悄悄地过了几年，他们因为爱着对方，经常感觉到莫名的痛苦。原来，爱也是痛苦的。他们曾经想到过牵手，但是不能，因为他们都有家。他们想到过分手，但是不能，因为他们都曾经是年少的那美丽的梦。他们苦痛，他们悲哀，他们感觉到命运的捉弄。因为这样的爱，他们不可以拥有。有时候他们感觉到幸福，因为他们彼此都爱着对方。他们觉得拥有爱，拥有一份真诚的爱恋，很满足。他们有时候感觉到绝望，因为他们不可以在一起，虽然相爱，但是却咫尺天涯。原来爱是这样的一种无奈。终于有一天，他们都感觉到了这一点，于是，他们在莫名中，慢慢地让自己消失，消失在对方的视线里。也许他们都顿悟到了一点：原来有一种爱叫做放手。无奈中，悲凉中，痛苦中，寂寞中，绝望中，他们分手了。不是因为不爱，而是因

为深爱着。

的确，能够放手的爱也是美丽的。不能拥有的爱，就放手吧，不能得到的爱，就让爱放手吧。只要你曾经拥有，你曾经幸福过，你的人生就是幸福的。

然而，一个人失恋不可怕，可怕的是失去自己，没有勇气重新开始。一个为爱而自怜伤叹，每晚伤心抽泣的人，到头只能赢得他人的耻笑，而不是同情！

许多人会在恋爱中迷失了自己，找不到自我，甘心付出很多，结果却是一败涂地。如果说杰克死后，露丝也跟着沉到海底，那么就没有了那感人至深、赚了观众无数泪水的《泰坦尼克号》。爱情的意义不是让一个人为另一个人牺牲，而是两个人共同付出，彼此幸福。你最需要的是从童话中走出来。

我们都是平凡的红尘男女，挣不出爱恨纠缠的情网，逃不出爱与被爱的旋涡。心碎神伤后，是漫无止境的寂寞。寂寞吗？或许吧。但是细细体会寂寞后的洒脱，想想除他以外的快乐，想想再也不用为了猜测他的心思而绞尽脑汁，会不会轻舒一口气，感觉轻松一点？

其实，在我们的生活中，有一些东西是不属于我们的，就如道路两边的行道树，只能远远地相望着，永远不能牵手。其实远远地相望也是美丽的，美丽的欣赏，美丽的相望，美丽的祝福，这就是爱。这种爱就叫做放手。

第8章

别为缺憾生气，不完美才最真实

我们都知道，事物总是循着自身的规律发展，即便不够理想，它也不会因为人的主观意识而发生改变。不完美的生活才是真实的，也才是美丽的，花开虽艳迟早要败，燕舞虽美却秋来南飞。完美的生活只会让生命失去意义，失去真实，失去意气风发的自我。所以，我们不能苛求自己的一切完美，容许生活存在缺陷，容许自己犯一次错，不要总是为自己无可挽回的过去忏悔，不要为那点缺憾而生气，凡事淡然，那么，快乐、幸福就会常伴我们左右。

过分追求完美会令自己陷入泥沼

人生不可能事事都如意，也不可能事事都完美。追求完美固然是一种积极的人生态度，但如果过分追求完美，而又达不到完美，就必然会产生浮躁。过分追求完美往往得不偿失，令自己陷入泥沼。

有一个笑话：一个人来到一家婚姻介绍所，进了大门后，迎面又见两扇小门，一扇写着：美丽的，另一扇写着：不太美丽的。这个人推开“美丽”的门，迎面又是两扇门，一扇写着“年轻”的，另一扇写着“不太年轻”的。他推开“年轻”的门——这样一路走下去，男人先后推开九道门，当他来到最后一道门时，门上写着一行字：您追求得过于完美了，到天上去找吧。

笑话当然是笑话，但是说明一个道理：真正十全十美的人是找不到的，我们不要过分追求完美。

的确，世界上的很多烦恼正是因为过分追求完美而产生的。值得我们追求的东西很多，如果我们苛求自己或别人把每一件事都做得完美无缺，那么我们将会失去很多东西。这个世上本来就没有完美的东西，如果一味地追求完美，最后得到的反而是不美。

久旱逢甘露，是不是美？是！但是，对于行进在原野上的跋涉者来说，道路从此变得泥泞，就不是美；顿顿有鸡鸭，是不是美，但是，对于营养过剩者来说，也许富贵病已经不远，这也不是美。

万事万物必然存在两面性，各有所长，也各有所短。圆物不稳，但滚动自如；方物平稳，但移动困难。但生活中的人们似乎就是不明白这个道理，总是希望任何事、任何物都变得完美起来。一旦事物的发展方向背离了自己完美的愿望时，他们就会感叹人生的不易，无病呻吟；一旦按他的想法追

求到了，仔细一看，原来并不是想象的那样完美，从此便自谓看破尘世之事。好端端的人生，竟被这样的心境破坏掉了。

难道不是这样吗？恋爱时，众里寻他千百度，挑了又挑，个头儿、长相、学历、家庭、财产、地位……尽善尽美，总希望有个王子或公主在等自己，成为与自己厮守终生的爱人，但时间却在等待中慢慢逝去；最终，选择了一个自认为一般般的人结了婚。于是，完美的恋人的形象打了折扣或彻底破灭，又开始新的一轮完美追求；生了孩子，又希望孩子成为一等一的天才，于是让孩子从小学钢琴、学绘画、学外语……从小学到大学，你都为孩子做好安排，希望他一步步完成，将来还要出国留学，哪怕自己省吃俭用，也要积攒下为孩子所用的一切钱……你把所有的希望都压在了孩子身上。但你想过吗，万一不是你理想的结局，你能承受得住吗？多少人就是这样不知道迂回，不知道变通，不知道及时而适时地调解自己的心态，心理就这样在一瞬间脆弱地垮掉。

有位渔夫从海里捞到一颗晶莹圆润的大珍珠爱不释手，但是美中不足的是珍珠的上面有个小黑点。渔夫想，如能将黑点去掉，珍珠将变成无价之宝。可是渔夫剥掉一层，黑点仍在；再剥一层，黑点还在；一层层剥到最后黑点没有了，珍珠也不复存在了。

其实，有黑点的珍珠不过是白璧微瑕，正是其浑然天成不着痕迹的可贵之处，如同“清水出芙蓉，天然去雕饰”。美在自然，美在朴实，美得真切。而渔夫想得到美的极致，在他消除了所谓的不足时，美也消失在他追求过于完美的过程中了。美真正的价值往往不在于它的完整，而在于那一点点的残缺——如同丧失双臂的维纳斯，给人无限遐思。

在现实生活中，我们对人、对事、对自己都不宜过于苛求，否则，最终会让自己成为孤独的人，生活在孤寂和焦灼之中。生活的目的在于发现美、创造美、享受美，而不善于发掘它的闪光点和长处，就难以找到真正的美。

人生是没有完美可言的，完美只是在理想中存在，生活中处处都有遗憾，这才是真实的人生。事实上，追求完美的人是盲目的。“完美”是什么？

是完全的美好。这可能吗？“凡事无绝对”，哪里来的“完全”？更不要提“完美”了。既然没有“完美”，那又为什么要去寻找它呢？

学会接受缺憾，让自己更坚强

天有阴晴，月有圆缺，人的一生总有遗憾和不尽如人意的地方，比如生老病死、前途渺茫的窘境、学业工作不顺、事业爱情冲突、婚姻家庭不美满等。这些方面不仅构成了我们不完美的人生，而且让我们常常在失意中挣扎。其实，追求完美的人生是一种美好愿望，而接纳不完美的人生更是一种崇高的境界。在生活中，我们不仅要从容对待打击和失意，还要学会接纳残缺，唯有从心底接纳一切，把这一切看成是人生的一个阶段而不是全部，我们才有可能创造更美好的未来。

人生旅途漫漫，难免会遇到很多困难，但幸福与否，绝对取决于我们的心态。如果你懂得接纳，那么，你会发现，活着就是一种幸福；而如果你苛求完美，那么，即使家财万贯也无法填满你的内心。

美国人克里斯托弗·里夫在电影《超人》中扮演超人而一举成名。但谁能料到，一场大祸会从天而降呢？

1995 年 5 月 27 日，里夫在弗吉尼亚一个马术比赛中发生了意外事故，以致头部着地，第一及第二颈椎全部折断。5 天后，当里夫醒来时，医生说不能够确保里夫能活着离开手术室。

那段日子里夫万念俱灰，许多次他甚至想轻生。出院后，为了平缓他肉体和精神上的伤痛，家人便推着轮椅上的他外出旅行。有一次，小车正穿行在落基山脉蜿蜒曲折的盘山公路上。克里斯托弗·里夫静静地望着窗外，发现每当车子行驶到无路的关头，路边都会出现一块交通指示牌：“前方转

弯!”或“注意！急转弯”。而拐过每一道弯之后，前方照例又是一片柳暗花明、豁然开朗。山路弯弯、峰回路转，“前方转弯”几个大字一次次地冲击着他的眼球，也渐渐叩醒了他的心扉：原来，不是路已到了尽头，而是该转弯了。他恍然大悟，冲着妻子大喊一声：“我要回去，我还有路要走。”

从此，他以轮椅代步，当起了导演，他首席执导的影片就荣获了金球奖。他还用牙关紧咬着笔，开始了艰难的写作，他的第一部书《依然是我》一问世就进入了畅销书排行榜。与此同时，他创立了一所瘫痪病人教育资源中心，并当选为全身瘫痪协会理事长。他还四处奔走，举办演唱会，为残障人的福利事业筹募善款，成了一个著名的社会活动家。

最近，美国《时代周刊》报道了克里斯托弗·里夫的事迹。在这篇文章中，他回顾自己的心路历程时说：“以前，我一直以为自己只能做一位演员；没想到今生我还能做导演、当作家，并成了一名慈善大使。原来，不幸降临的时候，并不是路已到了尽头，而是在提醒你：你该转弯了。”

一次偶然的事件，让原本几乎绝望的克里斯托弗·里夫重新选择了一条人生的路。在这条路上，他同样取得了成功甚至是辉煌。在面对身体上的巨大折磨时，和克里斯托弗·里夫一样，可能很多人都会有轻生的念头，但是，请想一下，如果选择了真正的绝望，向所谓的命运妥协了，那么你就真的彻底失败了。而如果你能接受残缺，继而选择坚强，放手一搏，即使微乎其微的机会，也有可能赢得成功。

的确，允许自己不完美乃至残缺，是一种坚强的表现，只有先接纳自己，才能接纳全世界。那么，你该怎样才能做到接纳整个世界呢？这包括以下三个方面。

第一，接纳自己的现状。

你不需要怀疑自己，即使你遇到了困难和问题，也不要否定自己，此时此刻的你是完美的，让这样的认知进入心中。你若真能如此，那么，所有的对自己的批判将会自动消除。

第二，接纳别人的现状。

你也不要怀疑别人，你目前的困难的出现和他人没有关系。因此，你不必委曲求全来得到他人的肯定。你和他人都是独立存在的。当你接纳了别人，你的心灵就开放了。当你接纳了别人，你对自己也会更加慈悲。

第三，接纳你目前的生活现状。

你并不需要改变你的现状，你的生活环境是完美无缺的。因此，不必设法诠释你的生活，否则你会发现有所缺失，其实你没有失落任何东西。但是，不论是正面或反面的诠释，都是你这一生必须突破的幻境。

接纳就是这么简单，但同时也是最难的一门学问。有了接纳，小我才会让路。这就是接纳之路。凡是你无法接纳的，你会抗拒到底，这种对立便成了你的束缚。凡是被你接纳的，就会轻轻地进入你的心房。没有任何东西强迫得了你，也没有任何东西牵绊得住你。这就是你接纳之后的心境。

用最真实的状态来面对自己

现今社会，各行各业竞争非常激烈，人与人之间的关系纷繁复杂。为了事业、为了前途，在领导、同事、朋友面前，有些人为了求平安，丢失了真实的自己，并美其名曰适应时代潮流。而事实上，长时间的伪装只会让自己身心俱疲。不难否认，那些能追求真实自我人往往生活、工作得更快乐、舒心。

陶渊明之所以归隐田园，就是因为他不愿伪装自己、屈尊与悭吝之流同流合污，李白的"仰天大笑出门去，我辈岂是蓬蒿人"也是一种写照。然而，也不乏那些以为伪装就能保全自己而最终玩火自焚的人。

当然，在现实生活中，人们偶尔戴着面具与人交往，有时候并不一定是恶意的，或者是自私的，某些时候是为了顾全大局，或者为了求得在夹缝中生存，或者为了所谓的面子。但无论哪种目的的伪装，都是对最本真的自我的一种掩饰，都是一种身心的折磨。可以说，那些长久伪装的人，必当是身心俱疲的。在生活中，许多人深感活着真不容易，大抵也就是这个原因。虽然现在不会有掉头的危险，也不用担心会留下千古骂名，但一个不会做自己的人，能有自己独到的见解吗？在碰到挫折时，能义无反顾往前走吗？这样的人，不仅会让人觉得没有原则，而且不会得到朋友、同事、领导的信任。

在生活中，我们常常听到大人们教育孩子："不要太有自我，要对什么人都好。"在这种情况下，许多人学会把自己包装起来。但这样做真的会有好处吗？

我们再来看一个好学生的日记。

聪明、听话、成绩超棒、老师们都喜欢……从小，我就是听着这样的赞扬长大的。周围的同学都很羡慕我，可又有多少人知道，我更羡慕他们。我知道自己并没有他们说的那么好，只是我不得不总是表现自己最好的一面。有时候，我多想做个无忧无虑的人，和其他同学一样疯玩一阵，直到大汗淋漓才停下来休息。小学里，下午第二节课后有长达半小时的课间，教室里只能留下值日生，其他人都在操场上活动。老师不允许我们剧烈运动，回教室若看到谁面红耳赤、气喘吁吁，便让他站在门口，直到恢复平静才能进教室。尽管如此，同学们依旧先疯玩 20 分钟，剩下 10 分钟休息。而我，每次捧一本书坐在一边，却看不进什么东西。其实我也想和他们一起玩，但是我害怕。我害怕同学们说"好同学也不过如此，只会在老师面前装乖"，我害怕老师说"一点好学生的样子也没有"。每次听着老师的表扬、同学们的羡慕或不屑之词，我一阵苦笑。

有时，我也想放下那些做不完的作业，好好在周末休息，不往返于各种提优班之间。从小学三年级起，妈妈就问我是否要去上英语提优班。我真的不想去，其实我的英语学习才刚刚开始，我可不想基础还未扎稳就拼命跑。但是，我"很高兴"地答应了，妈妈也很高兴地为我报了名。于是，我越来越多的时间花在上课和写作业之间。纵然心中很无奈，但我知道我没有拒绝的权利。与其被动接受，不如主动迎接，这样起码妈妈是开心的。

有时，我也想放下顾虑，轻轻松松地学习，无论成绩如何，不受其他人的过度关注。每次考试，我都会尽心尽力，我的成绩与名次受很多人的关注。我不敢有稍稍的懈怠，不敢让自己的成绩下滑。每次我考试成绩都很好，父母也很高兴，我看上去也很高兴，可只有我自己知道内心的苦涩。

可能这是很多学习成绩优异的孩子们的内心的声音，在荣誉光环的照耀下，他们不得不变成父母、老师眼中的乖孩子，但他们内心的苦涩、累、害怕失败，只有他们自己知道，也许，他们失去更多的是一个孩子真正的快乐。

诚然，在现实生活中，我们不可能毫无限制地做真实的自我，毕竟，人们常说，做人不能太单纯，应该懂得适度伪装自己。同样，不懂做人"心机"的人不仅没有内涵，还没有成功的欲望，只能是明里吃亏，暗里受气，千疮百孔，一辈子翻不了身。但为了让自己的心灵释压，让自己快乐，你不妨放下伪装，做回真实的自己，你会发现，原来，你也可以不受束缚！

放松心情，允许自己犯错

在生活中经常有这样一些人，他们做事谨小慎微，总是认为事情做得不到位。因为他们太过专注于小事而忽视全局，这主要是因为他们性格上的原因，他们对自己要求过于严格，同时又有些墨守成规。通常情况下，因为他们过于认真、拘谨，缺少灵活性，他们比其他人活得更累，更缺乏一种随遇而安的心态。

他们总有这种表现，如果一件事情没有做到自己满意的程度，那么必定是吃不好也睡不好，总觉得心里有个疙瘩，很不舒服。什么事情都会有个度，追求完美超过了这个度，心里就有可能系上解不开的疙瘩。我们常说的

心理疾病，往往就是这样不知不觉出现的。过分追求完美的人总是不想让人看到他们有任何瑕疵，他们常常过分控制敌意和愤怒，给人的感觉是过分宽容，看似开朗热情，其实活得很累。

其实，人生不可能事事都如意，也不可能事事都完美。追求完美固然是一种积极的人生态度，但如果过分追求完美，而又达不到完美，就必然会产生浮躁。过分追求完美往往不但得不偿失，反而会变得毫无完美可言。

一个被劈去了一小块的圆，想要找回一个完整的自己，到处寻找自己的碎片。由于它是不完整的，滚动得非常慢，从而领略了沿途美丽的景色，它和虫子们聊天，充分感受到阳光的温暖。它找到许多不同的碎片，但都不是原来的那一块，于是它坚持着寻找，直到有一天，它实现了自己的心愿。

然而，作为一个完美无缺的圆，它滚动得太快了，错过了花开的时节，忽略了虫子。当它意识到这一切时，它毅然舍弃了历尽千辛万苦才找到的碎片。

这个故事告诉我们：正视放弃，拒绝完美，才令我们完整。因此，日常生活中的人们，不要太苛求自己了，允许自己犯错，你会发现，你活得很轻松。

追求完美，这是一种追求进步的表现，如果人们都满足于现状，那我们将会止步不前。因此可以说，追求完美并没有什么不好，相反，很多时候，精益求精对我们的能力、知识、经验等方面都大有益处。

然而，当你已经形成一种追求完美的习惯后，你会发现，无论你做什么事情，你都可以追求极致：如果一件事情没有做到自己满意的地步，那么必定是吃不好，也睡不好，总觉得心里有个疙瘩，很不舒服。

可见，凡事都有个度，追求完美到了一定的地步就变成了吹毛求疵。如果不达到想象中的彻底完美誓不罢休，那就是和自己在较劲了，长此以往，心里就有可能系上解不开的疙瘩，我们自己也会渐渐承受不了这种越来越沉重的负担。

有一个富翁因为实在太富有了，所以凡事都要求最好的。

有一天他扁桃腺发炎，这不过是一个小毛病，一般内科大夫都可以看得好，但是由于他求好心切，他一定要找到一个最好的医生来为他诊治。

他花费了无数的金钱，走遍了各地寻找医病高手，他一地一区地走，每个地方都告诉他当地有名医，但是他认为别的地方一定还有更好的医生，所以他又继续再找。

直到有一天他来到一个偏僻的小村庄，扁桃腺已经化脓，病得非常严重，必须马上开刀，否则性命难保。但是当地却没有一个医生能给他做手术，这个富有的人，居然因为一个小小的扁桃腺发炎而一命呜呼！

然而，有时人们并不能正确对待自己的过失。很多人期望别人完美无瑕，常常念叨别人的缺点，因为他们希望别人能够改正。其实，一个人有一个人的处世方式，在很多问题上，我们没有必要苛求别人去改正。

要知道，我们不会因为一个错误而成为不合格的人。生命是一场球赛，最好的球队也有丢分的记录，最差的球队也有辉煌的一刻。我们的目标是——尽可能让自己得到的多于失去的。那么，过分追求完美的人该如何去调整呢？

第一，不要苛求自己。

你不要总是问自己，这样做到位吗？别人会怎么看呢？过分在乎别人的看法就是苛求自己，你会忽略自己的存在。

第二，要改变自己的观念。

你需要明白一点，世界上没有完美的事，保持一颗平常心并知足常乐，才是完美的心境。换一种新的思路，即尝试不完美。

第三，要改变释放方式。

当你心情压抑时，你要选择正确的方式发泄，比如唱歌、听音乐、运动等，并且你要抱着一种享受的心情发泄，这样，你很快会感受到快乐。

第四，让一切顺其自然。

不要对生活有对抗心理，过于较真的人，他们会活得很累，因此在思考问题时要学会接纳控制不了的局面，接纳自己所做的事，不要钻牛角尖。

人生亦有四季，花开花落保持平常心

《幽窗小记》当中有这么一副对联："宠辱不惊，看庭前花开花落；去留无意，望天空云卷云舒。"一幅寥寥数语的对联，却深刻地道出了人生对事对物、对名对利所应该具有的态度：得之不喜、失之不忧、宠辱不惊、去留无意。做到了如此才能有一颗平常心，心境平和、淡泊自然。

其实，人生就如四季的变化一样，有春夏秋冬的更替，才有不同的风景，不同的感受，因此，对于某个季节的美丽风景，就不要再牵挂。那路过的风景，只是为了丰富你人生的经历。对于人生的风雨坎坷，保持一颗淡定、从容的平常心吧。那样，每天都会有个好心情。

唐代有一位丰干禅师，住在天台山国清寺。一天，他在松林漫步，山道旁忽然传来小孩啼哭的声音，他循声望去，原来是一个稚龄的小孩，衣服虽不整，但相貌奇伟。丰干禅师问了附近村庄人家，没有人知道这是谁家的孩子。丰干禅师不得已，只好把这男孩带回国清寺，等待人家来认领。因为他是丰干禅师捡回来的，所以大家都叫他"拾得"。

拾得在国清寺安住下来，渐渐长大以后，上座就让他做添饭的工作。时间久后，拾得也交了不少道友，其中与一个名叫寒山的贫子相交最为莫逆。因为寒山贫困，拾得就将斋堂里吃剩的饭用一个竹筒装起来，给寒山背回去。

有一天，寒山问拾得："如果世间有人无端地诽谤我、欺负我、侮辱我、耻笑我、轻视我、鄙贱我、恶厌我、欺骗我，我要怎么做才好呢？"

拾得回答道："你不妨忍着他、谦让他、任由他、避开他、耐烦他、尊敬他、不要理会他。再过几年，你且看他。"

寒山再问道："除此之外，还有什么处世秘诀，可以躲避别人恶意的纠缠呢?”

拾得回答道:“弥勒菩萨偈语说——

老拙穿破袄,淡饭腹中饱,补破好遮寒,万事随缘了;

有人骂老拙,老拙只说好,有人打老拙,老拙自睡倒;

有人唾老拙,随他自干了,我也省力气,他也无烦恼;

这样波罗蜜,便是妙中宝,若知这消息,何愁道不了?

人弱心不弱,人贫道不贫,一心要修行,常在道中办。

如果能够体会偈中的精神,那就是无上的处世秘诀。”

有人说寒山、拾得乃文殊、普贤二大士化身。台州牧闾丘胤问丰干禅师:“何方有真身菩萨?”意指丰干乃弥陀化身,惜世人不识,二人隐身岩中,人不复见。寒山、拾得二大士不为世事缠缚,洒脱自在,其处世秘诀确实高人一等。

俗话说:“命里有时终须有,命里无时莫强求”。生活对于每个人来说,蕴藏着无限的哲理与深意,要做到不为世事缠缚,洒脱自在,就必须对生活的要求不能太多。

人生之路,不会总有枝繁叶茂的树、鲜艳夺目的花朵、蝶飞蜂舞的美好景色,也会有阻挡在前的高山和荒凉的沙漠;不会总有阳光照耀下缤纷的色彩,也会有阴天时的迷雾重重;生活不仅有灿烂的笑颜,还会有无言的泪水,任谁也无法轻松地跨越。只要拥有平淡的真实,才会真正懂得品味人生,才会拥有自我,心存淡泊。拥有平淡,那才是人生的至高境界,就是你坦坦荡荡、自自然然的快乐。生活中的点滴愉悦,都是生活中的原汁原味。

人活着不容易,而要保持平常的心境则更难。在漫漫的人生旅程中,我们会遇到许许多多的坎坷,遭受方方面面的挫折,迂回曲折地走过无尽的路途。

当你一度认为自己是竞争中的优胜者而事与愿违时,当你的生命中爱人背叛了你时,当你的挚友突然远去时,你或许会忧郁惆怅,你愤愤不平,总

认为上帝对你不公。

其实，所有人在上帝面前都是平等的。人生的许多困扰和烦恼都缘于己。人生原本很平淡，生命的过程本来也是一个平淡的过程。

如果你想活得辉煌，你就会活得痛苦些；如果你想活得随意，你就会活得快乐些。生活本身就是平淡的，花开花落，云卷云舒，花未动，云也未动，只是心在动。如果我们都以花开花落的平常心态，对个人的荣辱得失泰然处之，做到自然而不牵强，自重而不炫耀，自信而不傲慢，自强而不失谦逊，这是何等的境界！

站在美的角度去欣赏生活

我们任何一个人都知道，人无完人，但对于生活，人们却不能以同样的心态面对，他们总是希望生活可以过得更好，总是认为自己可以获得更多，总是苛求生活。而很多不快乐的人，他们痛苦的来源就是“站在了错误的角度看待生活”，总要按照一个不切实际的计划生活，总要跟自己过不去，总觉得生不逢时，机遇未到，所以整天郁闷不乐。而快乐的人明智地选择了美的角度去欣赏生活，在他们的眼里，总是透露着知足、开心，于是，工作得心应手，生活有滋有味。因为他们懂得生活的艺术，知道适时进退，取舍得当。快乐把握在今天，而不是等待将来。事实上，我们每天可以做自己喜欢的事情，不在乎表面上的虚荣，凡事淡然，不苛求，那么，快乐、幸福就会常伴我们左右。卡耐基曾经遇到过这样一个女士：

这位女士一见到卡耐基，就对他抱怨了很长时间，先是抱怨丈夫不好好工作，接着抱怨孩子学习不努力。总之，她有很多不满意的地方。等她抱怨完了，卡耐基对她说：“这位女士，您太追求完美了。”当她听到这句话后，非

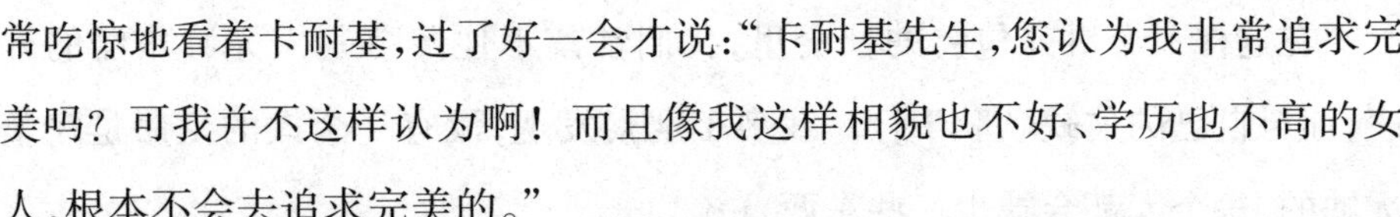

常吃惊地看着卡耐基，过了好一会才说：“卡耐基先生，您认为我非常追求完美吗？可我并不这样认为啊！而且像我这样相貌也不好、学历也不高的女人，根本不会去追求完美的。”

卡耐基说：“您刚才跟我说过，您的孩子现在上小学四年级，每次考试都能够考出一个不错的成绩。您想一想，这样已经很不错了，您为什么仍然不满足呢？这难道不是追求完美吗？还有您的丈夫，他现在才35岁，就已经有了属于自己的公司，这也很不错了，可您认为不够好，这不也是在追求完美吗？”听了卡耐基的话后，那位女士很长时间都没有说话，最后接受了卡耐基的说法。

其实，在生活中有很多这样的人，他们总是对生活现状不满，总是不断追求完美，有的人表现为对自己要求特别严格，而另外一些人则表现为对别人非常严格，但总体表现就是看不到生活中美的一面，他们的脸上总是愁云密布。其实，如果他们能转个角度，那么生活中便处处充满美好。就如上文中那位女士一样，在卡耐基的点拨下，她看到了“儿子学习成绩不错”、“丈夫事业有成”这两点。

我们都知道，世间万物、花花草草都有其一定的生长规律，人若也能像顺应花草的自然天性一样去顺应自己的能力和体力，不在自己力所不能及的事情上强出头，就能营造自己理想中的生活，做自己理想中的自我。而事实上，在生活中有太多的完美主义者，他们放不下执拗的对生活苛求的态度，他们对事物一味理想化的要求导致了内心的苛刻与紧张，因此，常常不能做到心态平和，总是对生活吹毛求疵，看不到生活阳光的一面。因此，他们在追求完美的同时也失去了很多美好的东西。

当然，有一颗追求美的心是好的，但是如果过于追求完美，则不会给自己带来任何好处。首先，一个人的要求越高，也越容易失望中，当自己付出很多努力仍然达不到自己的要求时，就会变得心灰意冷；其次，世界上本来就没有尽善尽美的事，如果我们总是想追求完美，那根本就是在追求一种不存在的事物，到最后得到的便是失望。

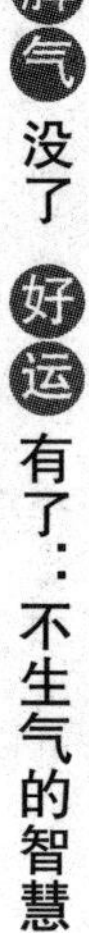

在这样一个讲究包装的社会里，我们常禁不住羡慕别人光鲜华丽的外表，而对自己的欠缺耿耿于怀。我多年观察发现，没有一个人的生命是完整无缺的，每个人都会缺少一些东西。

有的夫妻恩爱、月入数十万，却是有严重的不孕症；有的才貌双全、能干多财，情路上却是坎坷难行；有的家财万贯，却子孙不孝；有的看似好命，却是一辈子脑袋空空。每个人的生命，都被上苍加上了一个遗憾，你不想要它，它却如影随形。

人生的确有太多看似值得追求的东西，亦真亦假亦幻，令人难以取舍。正如地球都是由细小尘埃组成一样，平凡和琐碎才构成了生命的永恒！飞扬只不过是惊鸿一瞥，昙花一现。人生的点点滴滴，都始于平淡，终于平淡，平淡才是人生的真正况味。然而芸芸众生，有多少人能真正享受到这种远在天边、近在眼前的况味呢？

其实，美丽与丑陋其实有时就是一步之遥，美丽中有丑陋，丑陋中有美丽，我们要善于去发现。简简单单的一件事，只要我们站在美的角度，用心细细品味，你就会发现，其实，幸福早已存在，我们的心灵也得到了净化。

因此，对于生活中的缺失和不足，你不妨宽心接受，放下无谓的苛求和比较，并从美的角度去欣赏生活，这样反而更能珍惜自己所拥有的一切。

将缺憾当朋友，人生就会变得完美

生活中，人们常常祝福他人万事如意，然而，这只是人们的美好愿望，人生的道路崎岖不平，又有谁能说自己没有走过弯路，谁的人生绝对没有瑕疵呢！又有谁能说一切尽如意，人生没有任何遗憾呢！当然不是这样，因为很多人都在抱怨自己做着自己不喜欢的工作，兴趣和工作难以统一；抱怨自己

和不喜欢的人在一起生活，婚姻和爱情不能统一；还有人抱怨现在的友情没有真诚和忠诚相连，总是在关键的时候被朋友出卖；更有人抱怨命运对自己不公，自己的能力和潜力都无法得到充分发挥等等。所有这些抱怨，都说明了人们在极力追求着一种完美的人生。那么，怎样的人生才是完美的人生？我们无法得知，但实际上，完美的人生是不存在的，即便有，也不能让一个人全部占有，现实中总有太多的不完美、不如愿、不尽如人意。因此，我们不妨调整心态，正视这些遗憾，把缺憾当做朋友，这样，我们的人生才会圆满。

国王有七个女儿，这七位美丽的公主是国王的骄傲。她们那一头乌黑亮丽的长发远近皆知，所以国王送给她们每人一百个漂亮的发夹。

有一天早上，大公主醒来，一如往常地用发夹整理她的秀发，却发现少了一个发夹，于是她偷偷地到了二公主的房里，拿走了一个发夹。二公主发现少了一个发夹，便到三公主房里拿走一个发夹；三公主发现少了一个发夹，也偷偷地拿走四公主的一个发夹；四公主如法炮制拿走了五公主的发夹；五公主一样拿走六公主的发夹；六公主只好拿走七公主的发夹。于是，七公主的发夹只剩下九十九个。

隔天，邻国英俊的王子忽然来到皇宫，他对国王说：“昨天我养的百灵鸟叼回了一个发夹，我想这一定是属于公主们的，而这也真是一种奇妙的缘分，不晓得是哪位公主掉了发夹？”公主们听到了这件事，都在心里说：“是我掉的，是我掉的。”可是头上明明完整地别着一百个发夹，所以都懊恼得很，却说不出。只有七公主走出来说：“我掉了一个发夹。”话才说完，一头漂亮的长发因为少了一个发夹，全部披散了下来，王子不由得看呆了。故事的结局当然是王子与公主从此一起过着幸福快乐的日子。

为什么我们一有缺憾就想拼命去补足？一百个发夹，就像是完美圆满的人生，少了一个发夹，这个圆满就有了缺憾；但正因缺憾，未来就有了无限的转机、无限的可能性，何尝不是一件值得高兴的事！

同样，在现实生活中，我们的生活也是充满遗憾和不完美的。比如家，大

家都知道这是一处放纵自我的温馨、甜蜜、幸福、闲适的自由自在的空间，如果因自己的追求完美，而对家人增加了许多的限制，这不准那不行，令家人不开心，也会使自己不愉快；本来大家在外面一天言谈举止都受到多方面的限制，自己也会为了保持个人形象尽力做到最好，回到家再受到限制，当然都会不开心的。所以力求完美，也要看时间、地点、场所，过分要求完美反而不完美了。

再比如，很多男女双方在恋爱之初，都表现得极为完美，都极力把美好的一面表现给对方看，而另一方也会因为欣赏而用审美的心态接受了对方伪装的面貌，因达成的美感而步入婚姻。而一旦他们成为夫妻后，渐渐地发现，彼此不再是初识的那个人，于是便开始了失望、抱怨、争吵。其实，我们应该明白，人还是那个人，都是普通的人，并不是完美无缺的童话中的王子、公主，只是在婚前你看到的都是完美的一面而已。

生活毕竟是烦琐的，适度地放松实在比事事力求完美更重要，否则把自己和周围的人都弄得紧张兮兮的，就太不完美了。不完美就让它不完美吧！既然无法达到完美，一味地追求完美岂不是给自己增添许多烦恼？所以，学会与遗憾、不完美为伴吧。人生不可免除缺憾，该怎样面对呢？

逃避不一定躲得过，面对不一定最难受，孤单不一定不快乐，得到不一定能长久，失去不一定不再有，转身不一定最软弱。别急着说别无选择，别以为世上只有对与错，许多事情的答案都不是只有一个，所以我们永远有路可以走。

你能找个理由难过，你也一定能找到快乐的理由。

懂得放心的人找到轻松，懂得遗忘的人找到自由，懂得关怀的人找到朋友，天冷不是冷，心寒才是寒。人的成长伴随着一些失落，人的成熟附带着一些伤痕。好在有希望这东西，你总还可以去等；好在人与人之间，距离产生美感；好在生命里，快乐比痛苦多；好在这个世界，还有很多美丽；好在当你成熟的时候，你还不算一无所有。

第9章

抵制诱惑的糖衣，清心寡欲心境更开阔

在短短的人生旅途中，人人都有所求，但没有人能够拥有世间的一切。人们所求各不相同，但万涓细流，终将汇聚成海，归根结底，他们所求的乃是快乐。世上没有比快乐更可贵、更难得、更为人们所普遍追求的东西了。但在现实生活中，人们似乎总是颠倒了欲望与快乐在生命中的比重，一个人只有真正放下过多的欲望，抵制住诱惑的糖衣，清心寡欲，才会懂得快乐的真谛。

在灯红酒绿的世界里学会把握心态

现代高速运转的社会让生活中的我们变得浮躁起来，在灯红酒绿的都市生活中，到处充满着诱惑，然而能做到静下心来的有几人。在充斥着各种颜色的生活中，偶尔放下浮躁的心，而人本性中的单纯、朴实早已被我们甩在了身后。也许在这个快节奏的时代，我们真的走得太快了，是该停下脚步的时候了，等一等被我们丢远的灵魂。这样，才能让自己的心静下来，思索我们的人生；让心静下来，放下心中的浮躁。

南非的沙比亚丛林，至今生活着相当原始的西布罗族人。他们的捕猎方法极为简单，利用胶泥，在丛林的湿地上铺成大片的胶泥地，再在上面放一只鸡或一只野兔，然后他们开始等待。凡是吃肉的动物，只要走进丛林，便会被兔子或鸡吸引，一步步走入泥沼，越挣扎越深。而陷阱中的动物又会引来更多的动物。几天之后，西布罗族人抬来木板，铺在胶泥上，轻而易举地将猎物收入囊中。

这些动物为什么跑进陷阱去自寻死路？原因很简单，在欲望的陷阱面前，它们迷失了自己。作为人，面临这样简单的骗局，又会怎样呢？答案还是很简单，同样会迷失自己，步入陷阱而不能自拔。

两千多年前，古希腊有一位哲学家叫迪奥尼斯，大白天提着灯笼在雅典的大街小巷满处跑。有人问他找什么？他回答：我正在找人，人都迷失到哪里去了呢？原来，当时的雅典经济繁荣，不少人在物欲横流、荣华富贵、权势财富的攻击下，彻头彻尾地迷失了自己，出卖了自己，丢失了人的本质。所以哲学家奔走呼吁：人们哟，千万不要迷失自己。故此“认识你自己”这句话，便镌刻在古希腊德尔菲神庙顶上。

古人尚且深知要把握自己，不要迷失自己，然而，在逐步现代化的今天，我们生活的周围，却总是不断上演着“迷失自己、沦落陷阱”的悲剧。多少为官者在声色犬马中逐渐失去自己当初做人的原则，甚至不惜牺牲人民的利益，最终被绳之以法；又有多少年轻人经不住外界的诱惑，放纵自己，甚至以身试法，最终自食其果。的确，在这个纷嚷嘈杂的世界，金钱、美色、权力、地位、名声充斥了整个现实生活，给人们太多的诱惑，于是人们更多地注重对身外之物的关注和追求，迷失在物欲横流中。这个事实引人深思，发人深省。

不要迷失自己，就要认识自己。这并不意味着我们要放弃对物质生活的追求，相反，我们应该努力劳动、努力工作，去追求自己想要的生活。劳动与工作是一个人存在的价值。然而，有些人却在这过程中进入了误区——遗忘、迷失了自己。你始终不能忘记的是，自己才是主人公，是追求美好生活的主人公。因此，首先必须认识自己，好好地问一问自己：为这个世界做了什么？留下了什么？

不要迷失自己，就要树立正气。人们常说，心底无私天地宽，无论是社会还是个人，都需要正气，它指引我们正确做人、正确做事。有了正气，我们就能看穿欲望陷阱，就能不迷失自己。

不要迷失自己，还需要做到常反省自己。人虽然是不断前进的，但在前进的过程中，难免会出现一些阻碍、陷阱等，一个人想不迷失自己，就应时时反省自己，排除前进道路上的种种诱惑和阻碍，从而使人生之路越走越宽。

不要迷失自己，就要懂得享受宁静。脱下白领的衣服换上流行时装走进灯火酒绿的地方，好像是现在人们放松的一种方式，随着灯光的闪烁人们摇摆着头甩着头发，这真的是一种放松的方式吗？灯火酒绿下，不知今夜又有多少无辜的少女或者少男沉醉在此？这是一种解脱的方式吗？

让自己内心平静的方法莫过于独处，一支檀香，一壶水，一缕清茶，一盏杯。水从高处慢慢冲入杯中，一切仿佛慢了半拍，茶叶在水中的翻转腾挪，一缕香气弥漫出来，心境逐渐随之平静。实际上，人生本如茶，一泡洗净铅华，二泡三泡满品精华，四泡五泡回甘香灭。

坚守一份执著，在迷茫的水面稳驾一叶轻舟；不再迷失自我，在喧嚣的尘世保持一份静默。迢迢暗夜，望一柄北斗为我们引路；茫茫雾海，燃一盏心灯为我们导航。可以一无所有，不能失去的是可贵的自信与执著。

总之，在灯红酒绿的现代社会，我们不要迷失自己，要告诉自己，不管遇到什么事情都要冷静，不管遇到多大的风浪都要坚定自己的立场。

欲望的心没有围栏，别让它越界

在现代社会，放眼所及，在我们的周围充满着新奇、精彩的各种各样的人、事、物，甚至连人们的衣、食、住、行、育、乐等各个方面，也随时都有着丰富多彩的选择。然而，当我们习惯了过着奢侈、繁华的生活时，有一些人反而会因此迷失了自己，或者是失去了正确的价值观的判断，甚至有时候为了满足物质的欲望，使得自己的生活疲于奔命，或者心生为非作歹的念头，从而造成了在社会当中的不安气氛。

不管你是在温室中成长，还是在困苦中挣扎，欲望都会存在于你的心中，欲望可以成为我们的信念，支撑我们渡过难关，但是欲望也像鸦片，容易上瘾。皮埃尔·布尔古说过："人们常常听到这样一句话：'是欲望毁了他。'然而，这往往是错误的。并不是欲望毁了人，而是无能、懒惰或糊涂。"

曼谷的西郊有一座寺院，因为地处偏远，香火一直非常冷清。

原来的住持圆寂后，索提那克法师来到寺院做新住持。初来乍到，他绕着寺院四周巡视，发现寺院周围的山坡上到处长着灌木。那些灌木呈原生态生长，树形恣肆而张扬，看上去随心所欲，杂乱无章。索提那克找来一把

园林修剪用的剪子，不时去修剪一棵灌木。半年过去了，那棵灌木被修剪成一个半球形状。

僧侣们不知住持意欲何为，问索提那克，法师却笑而不答。

这天，寺院来了一个不速之客。来人衣衫光鲜，气宇不凡。法师接待了他。寒暄，让座，奉茶。对方说自己路过此地，汽车抛锚了，司机现在修车，他进寺院来看看。

法师陪来客四处转悠。行走间，客人向法师请教了一个问题："人怎样才能清除掉自己的欲望？"

索提那克法师微微一笑，折身进内室拿来那把剪子，对客人说："施主，请随我来！"

他把来客带到寺院外的山坡。客人看到了满山的灌木，也看到了法师修剪成型的那棵灌木。

法师把剪子交给客人，说道："您只要能经常像我这样反复修剪一棵树，您的欲望就会消除。"

客人疑惑地接过剪子，走向一丛灌木，咔嚓咔嚓地剪了起来。

一壶茶的工夫过去了，法师问他感觉如何。客人笑笑："感觉身体倒是舒展轻松了许多，可是日常堵塞心头的那些欲望好像并没有放下。"

法师颔首说道："刚开始是这样的，经常修剪就好了。"

来客走的时候，跟法师约定他十天后再来。

法师不知道，来客是曼谷最享有盛名的娱乐大亨，近来他遇到了以前从未经历过的生意上的难题。

十天后，大亨来了；十六天后，大亨又来了……三个月过去了，大亨已经将那棵灌木修剪成了一只初具规模的鸟。法师问他，现在是否懂得如何消除欲望。大亨面带愧色地回答说："可能是我太愚钝，眼下每次修剪的时候，能够气定神闲，心无挂碍。可是，从您这里离开，回到我的生活圈子之后，我的所有欲望依然像往常那样冒出来。"

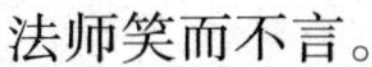

法师笑而不言。

当大亨的鸟完全成型之后，索提那克法师又向他问了同样的问题，他的回答依旧。

这次，法师对大亨说："施主，你知道为什么当初我建议你来修剪树木吗？我只是希望你每次修剪前都能发现，原来剪去的部分又会重新长出来。这就像我们的欲望，你别指望完全消除。我们能做的就是尽力把它修剪得更美观。放任欲望，它就会像这满坡疯长的灌木，丑恶不堪。但是，经常修剪，就能成为一道悦目的风景。对于名利，只要取之有道，用之有道，利己惠人，它就不应该被看做是心灵的枷锁。"

大亨恍然大悟。

此后，随着越来越多的香客的到来，寺院周围的灌木也一棵棵被修剪成各种形状。这里香火渐盛，日益闻名。

的确，我们心中的欲望有时就像树木长出的枝蔓，稍不留神就一个劲地疯长，遮盖我们的视野，甚至连心灵的光明也没淹没了，只有不断修剪，才能让我们的眼界豁然开朗！

我们都是平凡的人，我们并不能做到真正的摒弃功利，甚至连哲学家们自己似乎也极不愿意摈弃人性的这一弱点。但功名欲是人类一种不合情理的欲望，既然我们不能摆脱他，就要懂得用正确的方式来满足自己的欲望。虽然平凡，我们也依然可以追求不平凡的生活，只要经常修剪自己的欲望，任何环境中的人都可以走向成功。君子爱财，取之有道，对于名利，对于追求，只要是利己惠人的，就可以坦坦荡荡地去做！

当生活越简单时，生命反而越丰富，尤其是少了物质欲望的牵绊，我们越是能够从世俗名利的深渊中脱身，感受到自己内心深处的宽广和明净。因此，每一个人都应懂得修剪自己的欲望。

很多人都明白，贪欲会把人带向罪恶的深渊，让人失去理智。它可以使人相互摧残，甚至使最好的朋友都能反目成仇。贪字头上一把刀，一旦人的

内心被贪欲所吞蚀,那他必将被其毒害……

人生如同一条河流,有其源头,有其流程,当然也有其终点,而不管流程有多长,终究都会到达终点,流入海洋。那么在我们活着的时候,有什么欲望是一定非要满足呢?

贪念越大越无法快乐

在现代社会中人们经常抱怨活着真累。而人为什么活得累?就是因为要的东西太多。情感、物质、名利,不但要拥有,还要拥有最好的。于是乎,追求无止境,欲望无止境,好不容易得到了,又这山看着那山高。于是乎,还得追求,还要奋斗。好不好呢?好。人如果没有了追求,岂不成了行尸走肉!但凡事有度,如果因为追求更高更好而放弃了已经拥有的东西,如果因为奋斗失去了享受的过程,那就本末倒置了。毕竟,不是每个人都能成为比尔盖茨,也不是每个人都能成为商界精英、政界豪客。所以,要想活得轻松,就得学会放下。放下无止境的追逐,放下永不知足的欲望,那么,你收获的就是一颗平常心,一份淡然的快乐!

有一个学者出门寻找世界上最快乐的人,他走了很远的路,问了沿途碰到的所有人,他们都说自己不快乐。

有一天,学者终于来到皇帝的宫殿,皇帝坐在用黄金做成的椅子上,他身后是一座藏有数不尽金银财宝的巨大宝库。学者问皇帝:“你一定是世界上最快乐的人了!”皇帝愁眉苦脸地对学者说:“怎么会呢?我每天要考虑所有国家大事,外敌正在入侵我的领土,我怕我的大臣起来谋反,我怕小偷偷走我的珠宝,我怕生病,我怕死亡……哎!我是世界上最不快乐的人!”

学者垂头丧气地从皇宫里走出来,顺着原路往家赶。经过一片荒野时,

发现前边有人坐在一堆火旁边，一边唱歌，一边烤着什么东西，他走过去一看是一个乞丐，他奇怪地问道："看样子你一定很快乐了!?"乞丐答："我捡到了半根香肠，晚上不用挨饿了！我现在是世界上最快乐的人!"

大千世界，芸芸众生，各人有各人的活法，各人有各人的快乐。不同的人，对快乐的追求与体验是完全不同的：孩子们的快乐是小小的，由一串串小小的细节所组成：小游戏、小零食、小礼物、小鼓励；恋人们的快乐在于浪漫的约会、甜蜜的语言，出则牵手同行，入则相拥相亲；中年人的快乐是儿成女就，事业有成；老年人的快乐则是宁静、安详、平和……但所有的快乐都是建立在对现有生活的满足上的，一个已经陷入欲望的沟壑的人是永远不懂快乐的。

哲人说，欲望是人的痛苦根源，因为欲望永不能被满足。一个人离理想越远，自然就会离欲望越近。在现实生活中，我们常常迷失在理想与欲望之中，将欲望的东西当做理想，这是因为它们有时实在太近，近到只有一线之隔，或者说欲望是感性的，而理想是理性的。

可能很多人都曾经有过下面的经历：

很多年前你贫困潦倒，那时候你会想象，世界上最幸福的人会过着什么样的生活呢，于是，在迷茫中你为自己树立了目标：①能有自己的住房和一部私家车；②有一份高收入的工作，衣食无忧；③有一个年轻貌美的妻子和一个可爱的孩子；④实现了一个目标并取得一定的成绩。

可能这些对幸福的向往，在以后的工作和生活中一一实现，可你真的感到幸福了吗？你是不是觉得自己依然每日在不知所措的情况下活着？是不是觉得自己的目标还没有实现？那些短暂的喜悦过后，你是不是依然觉得自己所有的努力和奋斗并不能真的让你感受到快乐？

对此，你思考过吗？如果你没有那么多的追求，懂得享受当下的幸福，那么又会是什么样的心情呢？

哲人说过，生活中缺少的不是美，而是发现美的目光。同样，生活中缺

少的不是幸福，而是人们不懂得放下，只有放下无止境的欲望，保持一个平常心，学会享受阳光雨露，训练自己对幸福的敏感。

生命只有一次，而且时间是有限的，人生在世只有短短的几十年而已。所以，每个人都应该珍惜自己的生命，在有限的时间里不要让自己太疲惫，要让自己过得快乐一点。人活一世为了什么？就是为了快乐，快乐是人生最大的财富。

让心清澈，别被诱惑的糖衣击溃

在物质财富极大丰富、文化多元的现代社会，人们的需求和欲望不断地膨胀。人们很容易在追求物质的感官享受中逐渐迷失了自我，像一艘失去航向和动力的大船，或远离航道，或停滞不前。事过之后才清醒，却只有追悔莫及，抱憾终生。可见，我们只有远离了诱惑，才远离了危险，离成功的脚步也就近了一点。

有一家大公司准备用高薪雇用一名小车司机。经过层层筛选和考试之后，只剩下 3 名技术最优良的竞争者。主考官问他们："悬崖边有块金子，你们开着车去拿，觉得能距离悬崖多近而又不至于掉落呢？"

"二公尺。"第一位说。

"半公尺。"第二位很有把握地说。

"我会尽量远离悬崖，愈远愈好。"第三位说。

结果第三位竞争者被留了下来。

可见，对于诱惑，你没有必要去和它较劲，而应离得越远越好。

中国人常说："欲望无止境"。孔子也曾说过一句很有名的话："富与贵，是人之所欲也，不以其道得之，不处也。贫与贱，是人之所恶也，不以其道去

之，不去也。”意思是：富贵是每个人都想要的，但如果不是用光明的手段得到的，就不要它；贫贱是每个人所厌恶的，但如果不是以正大光明的手段摆脱的，就不摆脱它。也就是说，我们每个人都有追求成功和幸福的欲望，但不能被欲望控制。

对某些人来说，生命是一团欲望，欲望不能满足便痛苦，满足便无聊，人生就在痛苦和无聊之间摇摆。这样的人生无疑是可悲的。

尼采说：人最终喜爱的是自己的欲望，不是自己想要的东西！能够控制欲望而不被欲望征服的人，无疑是个智者。被欲望控制的人，在失去理智的同时，往往会葬送自己。

我们先来看下面这样一则寓言故事。

一只正在偷食的老鼠被猫逮住。老鼠哀求：“请放过我吧，我会送给你一条大肥鱼。”猫说：“不行。”老鼠继续说：“我会送给你五条大肥鱼。”猫还是不答应。老鼠仍不死心：“你放了我，以后我每天送给你一条大肥鱼。逢年过节，我还会拜访你。”

猫眯起眼睛，不语。

老鼠认为有门儿了，又不失时机地说：“你平常很少吃到鱼，只要肯放我一马，以后就可以天天吃鱼。这件事情只有天知地知，你知我知，其他人都不知道，何乐而不为呢？”

猫依然不语，心里却在犹豫：老鼠的主意的确不错，放了它，我能天天吃到鱼。但放了它，它肯定还会偷主人的东西，胆子越来越大。我再次抓住它，怎么办？放还是不放？如果放，它就会继续为非作歹，主人会迁怒于我，把我撵出家门。那时，别说吃到鱼，就连一日三餐都没了着落。如果不放，老鼠或其同伙就会向主人告发这次交易，主人照样会将我扫地出门。如果睁只眼闭只眼，主人会认为我不尽职守，同样会将我驱逐出去。一天一条鱼固然不错，但弄不好会丢掉一日三餐，这样的交易不划算。

想到这些，猫突然睁大眼睛，伸出利爪，猛扑上去，将老鼠吃掉了。

猫是聪明的，它的选择也是正确的。面对老鼠的许诺，它最终还是选择了一日三餐。一日三餐便是它的底线。猫当然希望一日一鱼，但连起码的一日三餐都保不住的话，一日一鱼便成了水中月、镜中花。

可悲的是，现实生活中的一些人总是不安于现状的，他们并不是被那些"一日一鱼"所诱惑到，而是总有无止境的追求，于是，便在这所谓的追逐中失去了原本快乐的自我。

古人云：壁立千仞，无欲则刚。在诱惑面前，我们只有做到"无欲"，做到心理平衡，才能抵挡住诱惑。具体来说，我们应做到以下几点。

第一，坚定信念。

信念是一股强大的精神力量，它能起到支持我们行动的作用，是我们不断努力的力量源泉，还可以让我们的内心穿上一层保护衣，从而屏蔽诱惑。所以，在遇到诱惑的时候，尤其不要放弃你心中的信念，因为它是你继续前进的动力和生存下去的支柱。

第二，认清不良诱惑的危害。

面对纷繁复杂的诱惑，人们必须保持足够的定力，认清它背后存在的各种危险，因此，当你彷徨的时候，不妨问问自己："如果我做了这件事，会有什么后果？""它是不是真的能带来成功呢？""为此，我会失去什么？"多问自己几次，你就能权衡出利弊得失了。

第三，做到专注于本职工作与慎微并行。

抵制诱惑是一种意志和信念的较量，这需要掌握一种有力的心智盾牌——专注，唯有专注才能抵御诱惑。俗话说："勿以善小而不为，勿以恶小而为之"。如果小事不注意，小节不检点，久而久之，必然会出大格。

高贵的精神世界比奢侈的物质世界更重要

当今社会,也许很多人都有一个追求的目标,那就是物质名利,有的人为出大名获大利,追求了一生一世。可以说,当今世人没有谁能回避得了名利二字！因此,人们常认为,一个人只要拥有名利地位,就是快乐的,其实未必如此。我们不妨看看历史,那些皇亲贵胄,每天山珍海味、出入八抬大轿、左拥右护,但却胆战心惊,因为“伴君如伴虎”,他们恐怕没有真正快乐过。

事实上,人的灵魂不能浅薄、庸俗、无聊,它永远在追求最高尚的东西。一个人,如果只把精力放在追逐虚无的名利上,那么,他的精神世界将会逐步掏空,自然毫无快乐可言。

公元405年秋天,陶渊明为了养家糊口,来到离家乡不远的彭泽当县令。这年冬天,他的上司派一名官员来视察。这位官员是一个粗俗而又傲慢的人,他一到彭泽县的地界,就派人叫县令来拜见他。陶渊明得到消息,虽然心里对这种假借上司名义发号施令的人很瞧不起,但也只得马上动身。不料他的下属拦住陶渊明说:“参见这位官员要十分注意小节,衣服要穿得整齐,态度要谦恭,不然的话,他会在上司面前说你的坏话。”一向正直清高的陶渊明再也忍不住了,他长叹一声说:“我宁肯饿死,也不能因为五斗米的官饷,向这样差劲的人折腰。”他马上写了一封辞职信,离开了只当了八十多天的县令职位,从此再也没有做过官。

这就是不为五斗米折腰的故事,这就是一种气度,一种追求真实自我的洒脱！的确,生命只有一次,而且时间是有限的,人生在世只有短短的几十年而已。所以,每个人都应该珍惜自己的生命,在有限的时间里不要让自己太疲惫,要让自己过得快乐一点。人活一世为了什么？就是为了快乐,快乐是人生最大的财富。再奢侈的物质，都不能弥补精神世界的空虚所带来的遗憾。

可能自从你走出学校后，就一直在努力奋斗，而现在的你也已经有了自己的事业，甚至日进斗金，腰缠万贯，但你却很难快乐起来。那么，你要反省一下，你的生活中可能缺少了点什么，那就是一份平和的心态。要知道，金钱的拥有和生活的快乐无因果关系。一个人只要心地平和，就可以活得快乐；一个人积极向上，虽苦犹甜。

的确，人类最大的悲哀莫过于拿自己有限的生命去追逐无限的欲望，这个世界上有太多美好的事物，我们每个人都不可能得到所有，所以一定要学会知足。只有知足，才能长乐。一个人若是被欲望所左右，就会变得可怕，或许他们的物质条件会越来越好，但是却在永无止境的追求当中迷失了许多宝贵的东西，从来没有享受过真正的快乐，绚丽的外表下藏着一颗空虚的心灵，而且他的一生注定要被痛苦纠缠。

美国街头有一名男子，弹着吉它，为过路的人弹唱。有一个中国姑娘路过，很吃惊地问这男子："你这么年轻为什么在这街头卖唱。"这男子说道："我觉得这样很好呀！这样能给大家带来幸福！我每天过得很充实，并不觉得低贱。难道金钱就可以决定幸福与否吗！"

从这件事可以看出。价值不是用金钱与物质衡量的！幸福不是金钱带来的。只有放下对物质的追求，注重精神世界的充盈，人们才能真正活出自我，会得到真正的幸福！然而，这种好虚荣、要面子的心理焦虑具有一定的普遍性，要调整这种心理状态，应该客观地认识自己，认识面子问题，不要对自己提出超出自己实际能力的期望值。

当然，现代社会中的人们是不可能真正做到摒弃物质而单纯追求精神丰富的精神世界的，但我们可以做到平衡二者，读书便是重要的渠道之一。书是使人类进步的阶梯；书是智慧的殿堂，珍藏着人生思想的精英，是金玉良言的宝库。"和书籍生活在一起，永远不会叹息。"罗曼·罗兰忠告所有人，要想做一个有主见、有内涵、不为物质世界的诱惑所迷惑的人，读书绝对是必由之路。

淡定一些，越想得到就越易失去

在现实生活中，我们常常为一日三餐疲于奔命，也常常为薪酬待遇而斤斤计较。如果我们能静下心来清理一下自己迷乱的心灵，你会发现，对于名利，只要你看淡一点，你就会拥有一个好的心境；天雨人悲、月黯神伤的困惑便会离你而去；无论何时，你都会平平淡淡开开心心。淡泊名利了，你会感到人生的美好和生活的温馨！

其实，越想得到的多，就越会失去的多。我们每个人从出生的那一刻起，就注定了不可能得到所有东西，感情上的不如意，事业上的不顺心，总是会让我们花费很多精力来寻求平衡。但毕竟一个人的能力是有限的，他不可能追寻并得到所有他希望得到的东西，因此，我们不必苛求，过于在意，这样只会平添烦恼，得到和失去只是在一瞬间，心态才最重要。所以，每个人都要学会“知足”，知足者常乐，快乐就是建立在这两个字上。如果你一辈子都在不停地满足自己一个又一个目标，却没有一丝一毫的幸福可言，那这样的人生又有什么意义呢？

的确，人之所以不快乐，就是不知足。实际上，人类自身的需求是很低的，远远低于欲望。房子再怎么大，也只能住一间；衣服再高贵，身上也只能穿一套；汽车再多，也只能开一辆在街上跑。能够认清楚这一点，那么我们就能够活得更加从容一点，更加豁达一点。更重要的是，我们将会有更多的时间和精力，来进行一些精神层次的追求和享受。

老子的道德经提倡“无为而治”，就是“无为而无不为”的意思。“无为”

并不是什么都不做，而是放下对物质世界一味地追求，放下攀比之心。因为有了盲目的追求之心，人们不能按自己的方式去生活，去做事，会变成大致相同的人。人都有自己的特长，有自己的才能，有自己的价值观。以平淡的心态去做，会做得很好，才会发挥自己最大的价值。

然而，从古至今，有多少人挣扎在名利场上，正所谓，“天下熙熙，皆为利来，天下攘攘，皆为利往。”能有多少人真正做到淡泊名利、笑看人生呢？司马迁说得好：“君子疾没世而名不称焉，名利本为浮世重，古今能有几人抛？”由此可知，淡泊名利甚难，笑看人生亦难，说起轻松做起难，就连儒家大师朱熹也感叹道：“世上无如人陷欲，几人到此无误平生。”没有一定的身心修养和良好的心里素质，就不要去想淡泊名利，笑看人生的做人哲理了。众多的学问家都是淡泊名利的佼佼者，他们对个人的名利常常采取漠然冷淡和不屑一顾的态度，而把主要精力放在对理想、事业的追求上，居里夫人便是如此。

居里夫人获得第一次诺贝尔奖之后，毅然将原来的100多个荣誉称号统统辞掉，专心研究，终于又荣获了第二次诺贝尔奖。有一天，一位朋友来她家做客，看见其小女儿正在玩英国皇家学会刚刚颁发给她的一枚金质奖章，大惊道：“居里夫人，现在能得到一枚英国皇家学会的奖章是极高的荣誉，你怎么能给孩子玩呢？”居里夫人笑了笑说：“我是想让孩子从小就知道，荣誉就像玩具，只能玩玩而已，绝不能永远守着它，否则就将一事无成。”居里夫人对待荣誉的这种态度，成为后人学习的楷模。

而相反，把目光盯在名利上，其害无穷。名利不至，烦恼倍生。名利如同大山压于心头，再无继续前进的勇气；名利已取，烦恼不减，还有更大的诱惑刺激，永远不会有满足的时候。恼恨如海之大潮，一浪高过一浪，激人肝火，动人心性，以至不知路该怎样走，人该怎样做。为谋名利，甚至会背弃做人的准则。正如古人所说：“利旁有倚刀，贪人还自贼（自害）”。

生活在这个世界上是很不容易的，而生命却是有限的，所以我们要把有限的生命投入到无限的快乐生活中去。因此，从现在起，你不妨放下无止境的欲望，学会知足吧：

当你每天为了养家糊口而奔走工作的时候，你应该感谢上苍，因为你拥有家人；

当你和你的那个他发生矛盾争吵的时候，你应该庆幸，你已经寻找到了那个即将与你相守一生的人；

当你听到父母的唠叨而飞奔出门的时候，你应该感谢上苍，因为你还有老人可以尽孝；

当你没有汽车代步而骑自行车的时候，你应该感谢上苍，让你拥有健康。

总之，无论在什么时候，无论在什么地方，我们都要学会知足、学会感恩。假如你没有惊天动地的大事情可以做，那么就做一个小人物，做慈祥的父母，做孝顺的儿女，做忠贞的爱人！

刻意追求人为的繁复，不如拥抱自然

生活，就是由各种大大小小的事组成的，按照世俗的标准，人们在做事的时候，有成功，就有失败；有得意之作，也就有失意之作；有过艰辛，当然也伴随着快乐。成功如何？失败如何？其实，这些都是生活的插曲而已。“凡事顺其自然；遇事处之泰然；得意之时淡然；失意之时坦然；艰辛曲折必然；历尽沧桑悟然。”这“六然”的句子，凝集了人生的处世智慧。然而，人们更愿意相信事在人为，当然，相信人的力量是积极向上的一种表现，但刻意的追求可能会带来失落、沮丧、遗憾等，以自然的心态面对，反而收获满满！

据史书记载，距今1400多年前，我国南北朝时期的北魏有一位名叫罗结

的大将军，是个罕见的长寿者，终年120岁。他在谈长寿秘诀时说："饮食有节，起居有常，作息有时，清心寡欲，少说多做，无忧无虑。"当时的太武帝听后欣喜地说："大将军所言极是，世上许多美事，人们顺其自然，即不欲而得。"他用"顺其自然"四个字概括了一个大道理。

据官网消息：截止到2009年9月1日，中国（不包括港澳台）健在的百岁老人40592名，约占全国人口总数的3.06/10万；占世界百岁老人的11.94%。

中国十大寿星的长寿秘诀：一是饮食节制；二是起居规律；三是心胸宽广；四是家庭和睦；五是勤劳好动；六是遗传基因。

强扭的瓜不甜，强求的事难成，一切要尽量顺其自然，追求水到渠成。谁不想生活中事事都称心如意，但是实际上主客观往往是有差距的。千万不可把自己的主观意愿强加于客观的现实中，我们应该学会随时调整主观与客观之间的差距。

有一对夫妻恩爱有加，很多人都羡慕。然而他们有一块心病，一直挥之不去：结婚五六年了，还一直没有属于自己的爱情结晶。小两口很着急，一有空就四处寻医问药，但几年过去了，仍不见有怀孕的迹象。更为严重的是，以前身体健壮如牛的妻子，竟然和各种莫名其妙的疾病结上了缘、攀下了亲，经常肚子痛，痛得是常常满身虚汗，痛得是常常在床上打滚，痛得是常常大呼小叫。于是，他们到处求医问药，但都不见好转，连续的奔波搞得他们身心俱疲。

父母流泪了，劝他们想开点；朋友们伤心了，劝他们顺其自然。小两口不表示拒绝，也不进行辩驳，均一笑了之。

有一天，小两口到医院打点滴，一个护士看着他们青一块紫一块的胳膊，还有胳膊上密密麻麻针头扎过的小红点，不禁落泪了：顺其自然吧，是自己的别人抢不走，不是自己的莫强求……

听着这温柔的、天使般的声音，小两口陷入了沉思：是啊，小护士和我们素不相识,她为什么要劝我们？还不是看到我们身心俱疲的样子产生悲悯之情了吗？顺其自然,是自己的别人抢不走,不是自己的莫强求……说得多好啊！

回到家,小两口像换了个人似的,把医院买来的各种中药、西药统统扔进了垃圾堆。小两口相视一笑,顿时浑身轻松。

一个周末,妻子翻翻日历,发现例假很久没来,然后拿出试纸检测了一下,发现居然怀孕了,小两口紧紧地相拥在一起,激动的泪水夺眶而出……

后来,丈夫向朋友说:“真的,自从思想放松后,妻子的什么小烧不断、肌肉乱颤、大肠易激、夜间失眠,统统地不治而愈。”他在叙述这一切的时候,我发现,他的脸色很平静,似乎在说一件与自己毫不相干的故事。

凡事顺其自然,确实至为重要。有些事情就是奇怪,你越努力渴求的,它越反而迟迟不来,让你等得心急火燎、烂额焦头。终于,你等得不耐烦了,它却又如从天降,给你个惊喜满怀。

任何事情的发生、发展都是有一定的规律的,因此,我们不必急于求成、急功近利。凡事在开始之前都思考,可能效果更好。假如不按客观规律办事,只能瞎忙活。如果我们在生活中学会按客观规律办事,就会获得事半功倍的效果。

当然,凡事追求顺其自然,并不是消极避世,而是站在更高层次来俯视生活的一种睿智。当你看到电视剧中一些人为名利、地位争得头破血流时,你有什么感慨？当你的邻居们为了一点点小小的利益而拳脚相向时,你会怎么看？是可怜！是可笑！是可悲！还是可爱！也许我们能从中有所收获吧。当人们都顺其自然了,那淡然、泰然、必然、坦然、悟然也就水到渠成了。

第10章

耐得住寂寞与喧嚣，以平和心态品味人生

人是群居动物，只有在与人交往中才能体现自己的价值，然而，人生又总是要面对寂寞的，日常生活中，我们常常需要独处，独处能激发我们的思维，帮助我们寻找到生活的真谛，探索人生的奥秘，让你的性格更沉稳，让你的心情更宁静，让你的选择更理性。它还能沉淀你的思想，使你获得大智慧，能升华你的体验，使你懂得生命的意义。因此，面对寂寞，与其忍受，不如去享受吧，一个真正耐得住寂寞的人，才能以平和的心态体味百味人生！

不要烦躁，世间本就充满喧嚣

有人说，生命就像一艘船，穿过了一个个春秋，经历过风风雨雨，才驶向了宁静的港湾。然而，没有真正所谓的安宁，人世间本身就充满喧嚣，我们的心也应该像这艘船，无论遇到什么，都始终坚持最终的航向，不焦躁，不迟疑。

他是一位总统，住在寺庙的一间小禅堂里，没有重大问题等着决策，没有重要文件需要批阅，没有外国使节催着接待。他每天的工作只剩下两件事，拜佛和念经。

一天，寺庙的住持来探望他，他放下手中的经书，指着房前的一棵桂花树，说："师父，庙里的桂花为什么这样香？"

住持说："哪儿的桂花不香呢？"他说："总统府的桂花就没有香味！"住持有些奇怪，说："总统府的桂花全是从雪岳山移过去的，怎会没有香味呢？"言毕，唤一童子进来，说："冬天快来了，送一盆夜来香，伴总统念佛。"

住持离去，一年后又来。总统指着小茶桌上的夜来香，说："这盆夜来香一定是名品吧？"住持不解其意，问："何以见得？"总统说："它不仅夜里香，白天也香！"住持说："这是从房前随便挖来的一棵，他不是名品，是不能再普通的一种。"总统说："过去我家也有一盆夜来香，可是，白天从没有人闻到过香味。这盆不同。"

住持说："过去一位禅师说过：'夜来香其实白天也很香，人们之所以闻不着，是因为白天心太躁了！'现在你能闻到香味，可能是心境不一样了。"

有位记者采访这位总统后，写了一篇题为《宁静安详，始知花香》的文章，最后有这么一段感慨：假如你现在感觉到吃什么都不香了；看再美的景致都不激动了；住再大的房子，坐再好的车，都没有幸福感了，一定是你变

了，变得离真实的生活愈来愈远了。

两年后，总统离开寺庙前往首都服刑。这位总统的名字叫全斗焕，1980年至1988年任韩国总统。现在他住在陕川老家，过着平民的日子，品味着桂花的芳香。

这位住持的话让我们深有感悟，的确，当我们心情浮躁的时候，又怎能感受到那份宁静的幸福呢？曾经有一个百岁老人谈起他的长寿秘诀："我每活一天，就是赚一天，我一直在赚"，这就是生命的真谛：豁达，坦然。

尘世中的我们，又是否有这样一种安然、宁静的心呢？你是否深思过自己是否已被这纷乱的世界扰乱了思绪呢？你还是原本的那个自己吗？

时间是人生真正的资产，学问是人生真正的财富，健康是人生真正的幸福，智慧是人生真正的力量。《庄子》中有一句话，叫做"乘物以游心"，只五个字，却是偌大的洒脱。内心的安宁才是真正的洒脱，戒骄戒躁，我们才能将狂傲和不羁敛成平淡与朴实，重拾那个最本真的自我，进而远离尘世的喧嚣，以一颗平常的心过好属于自己的生活。

然而，人世间有太多会扰乱我们心绪的因素，对此，我们要懂得调节。

第一，静下心来。要学会独处，然后去思考，把自己的心放空，这样，你每天都会以全新的心态和精神面貌去生活、工作。同时，你需要降低对事物的欲望，淡然一点，你会获得更多的机会。

第二，学会关爱自己，爱自己才能爱他人。多帮助他人，善待自己，也是让自己宁静下来的一种方式。

第三，心情烦躁时，多做一些安静的事。比如，喝一杯白开水，放一曲舒缓的轻音乐，闭眼，回味身边的人与事，对新的未来可以慢慢地梳理，既是一种休息，也是一种冷静的思考。

第四，和自己比较，不和别人争。你没有必要嫉妒别人，也没必要羡慕别人。你要相信，只要你去做，你也可以的，要为自己的每一次进步而开心。

第五，多读书。阅读实际就是一个吸收养料的过程，你的求知欲在呼喊你，要活着就需要这样的养分。

第六，珍惜身边的人。无论你喜不喜欢对方，都不要用语言伤害对方，而应该尽量迂回表达。

第七，热爱生命，每天吸收新的养料，每天要有不同的思维。多学会换位思考，尽量找新的事物满足对世界的新奇感、神秘感。

第八，只有用真心、用爱、用人格去面对你的生活，你的人生才会更精彩！

总之，每天保持一份乐观的心态，如果遇到烦心事，要学会哄自己开心，让自己坚强自信。只有保持良好的心态，才能让自己心情愉快！

平和一点，理解吵吵闹闹的人生

幸福，就是平淡生活中的温暖，就是和相爱的人过一辈子。然而，生活毕竟是生活，生活中免不了吵吵闹闹。的确，有些家庭，有些夫妻，一路走来，“平淡”得很，没有吵吵闹闹，彼此尊重，他们的生活也比较幸福。我们当然希望家庭成员间和睦相处，但这样的家庭似乎总缺少点什么，好像一道没有放盐的菜，吃起来寡然无味；也就像一杯白开水，固然我们每天都需要，但如果偶尔来点酒或者饮料，我们的感觉会更好。

因此，对待生活中的吵吵闹闹，我们不妨平和一点，这正是沟通感情、表达内心需求的一种方式。然而，现实生活中，很多人一旦和爱人、家人吵架，就大发脾气，大动干戈，因为他们以为，这与她们内心所想象的婚姻是不一样的。而实际上，这只是你的心态问题。看那些幸福美满的婚姻、家庭，哪个不是三天一小吵、五天一大吵？

小雨和丈夫结婚已经三个月了。她和丈夫是相亲认识的，谈恋爱的时候，她对这个男人实在太中意了，他潇洒大方、事业成功、家世殷实，以至于

他在向小雨求婚时，小雨想都没想就答应了。但婚后，小雨发现原来婚姻并没有她想象中那么幸福。她一下子由一个美丽的女人变成了整天和锅碗瓢盆打交道的妇女，每天都要面对丈夫的臭袜子，最可恨的是，丈夫是个大男子主义者，他希望小雨什么都听他的，这哪里是小雨的风格？于是，吵架开始了，一气之下，小雨带着怨气回了娘家。

椅子还没坐热，小雨就一股脑儿把自己的委屈都说了出来。母亲一直很宠小雨，就安慰自己的女儿："不是吧？结婚前我看他挺好的，怎么是这样的人？太小心眼了吧？"

"是啊！哎，要是知道结婚后天天会吵架，我打死也不结婚啊，我现在想离婚了。"听到女儿这么说，在一旁看报纸的父亲急了，赶紧也凑过来，说："你这傻孩子，别动不动就说离婚，夫妻双方吵架是很正常的事，小李人不错，你在路上的时候，他就打电话来了，还跟我们道歉，只要没有原则性问题，吵吵架也没什么啊，越吵越热闹啊！"

听到父亲这么说，小雨噗嗤一声笑了："合着您的意思就是鼓励我们吵架？"

"那肯定不是嘛！我的意思是，你别还像没结婚时一样，希望周围的人都围着你转，男朋友哄，爸妈疼着。结了婚，你就为人妻了，要调整好心态，不要动不动就提离婚，说多了会伤害夫妻感情的。"父亲的话似乎很有道理，小雨听完后，收拾了东西，洗了把脸就回家了。

在这则事例中，已为人妻的小雨因为和丈夫吵架而回到娘家，但最终被父亲劝服。的确，任何一个女人都应该明白，夫妻吵架在所难免，万不可抱着吵架就离婚的心态。当然，这并不是鼓励所有的女人和丈夫吵架，而是应该调节自己在婚姻中的心态。

事实上，绝大部分家庭，男人与女人、长辈与晚辈之间吵架的原因无非与厕所马桶盖是敞开还是合上，或者是轮到谁去倒垃圾这样的问题有关，一旦你明白了这一点，你就可以接受生活中最令人吃惊的一个事实：家庭成员间的吵吵闹闹是无法解决的，我们都试图想改变别人，但动气毫无作用，这就是生活。

的确，人们往往说"平平淡淡就是真"，然而，在现代社会中，"平淡"之中往往隐藏着危机，没有争吵就没有知根知底的透露，没有透露就会隐藏着秘密。现代社会的浸染没有太多的"心照不宣"，即使有不吵闹，那就是"各怀鬼胎"，这样的"平淡"还不如"吵闹"来得更坦率，更直接。坦白了各人的秘密，要么就是疾风骤雨后的平静，要么就是各走各的路，分道扬镳。

生命是一个过程，不是一个结果，吵吵闹闹的人生才是真实的，因此，不妨平和一点，用心对待，珍惜身边的人。

寂寞不意味着孤独，别压抑自己

有人说，生命是一个括号，左边括号是出生，右边括号是死亡，我们要做的事情就是填括号，要争取用精彩的生活、良好的心情把括号填满。因此，我们所说的耐得住寂寞并不是说要追求孤独的生活，更不要压抑自己的天性，失去自我地去做人。人就是要活出自我，活出自己的风格，多给自己一点点爱，多珍惜自我，像季羡林老先生一样"快乐地活在当下"。因为不懂得珍爱自己的人，也不会真正懂得去爱别人。学会给自己亮丽的心灵画上会飞的羽翼，即使不能飞翔，至少证明我曾爱过自己，推己及人地爱过他人，我的心地是洁净的。不要不惹尘埃，而是应该把净土留在心底，将爱留给人间。

我们可以试着学会接纳自己，学会宽容自己，以一颗包容他人的心境去宽慰自我，踩着时光的留声机，记录属于自我的那片灿烂星空。

有一个年轻人似乎看破红尘了，每天什么都不干，懒洋洋地坐在树底下晒太阳。有一个智者问他："年轻人，这么大好的时光，你怎么不去赚钱?"年

轻人说:“没意思,赚了钱还得花。”智者又问:“你怎么不结婚?”年轻人说:“没意思,弄不好还得离婚。”智者说:“你怎么不交朋友?”年轻人说:“没意思,交了朋友弄不好会反目成仇。”智者给年轻人一根绳子说:“干脆你上吊吧,反正也得死,还不如现在死了算了。”年轻人说:“我不想死。”智者于是说:“生命是一个过程,不是一个结果。”年轻人幡然醒悟。

这就叫“一句话点醒梦中人”。是啊,生命是一个过程。怎么享受生命这个过程呢?把注意力放在积极的事情上。懂得享受寂寞的人是淡定的,但他们绝不是看破红尘,不思进取,这是经过岁月磨砺后的沉稳含蓄,看淡世俗名利。

有甲、乙两个人看风景,开始的时候你看我也看,两人都很开心。后来甲要了一个小聪明,走得快一点,比乙早看一眼风景。乙一看,怎么能让你比我早看一眼,就走得更快一点超过甲。于是两人越走越快,最后跑起来了。原来是来看风景的,现在变成赛跑了,后面一段路程的沿途风景两人一眼也没看到,到了终点两人都很后悔。这就是不会享受生命这个过程。

不仅仅是看风景,对待生活何尝不是如此呢?享受一份独立于世俗之外的宁静,也不是追风,不是为了寂寞而选择孤独。然而,我们生活的周围,为了彰显自己超然于物外,他们宁愿独处,不交朋友,他们以“自我为中心”与“被动”,等着别人先关心自己,建立关系。事实上,久而久之,他们便真的失去了朋友,内心世界也真的孤独了。其实,在喧嚣的人世间,我们要保持内心的宁静,只要静下心来,坚定自己的信念,而不是把自己孤立起来。因此,从现在起,不妨大胆地走出自我限制吧。

第一,交几个知心朋友。

“千里难寻是朋友,朋友多了路好走”、“朋友是成功的阶梯”、“朋友是人生中宝贵的财富”,这些话都说明了朋友对人们的重要性,也说明了人们对友情的渴望。两个亲密的朋友会无话不谈,即使是在很远的地方也能够感觉到彼此之间的存在,会互相帮助,共同成长。当你遇到什么不开心的事情的时候，你肯定是需要有人在旁边支持你，给你打气。要很好地处理好压力，那你必须要有强大的“后备力量”。也就是说，我们只有具备几个可以掏心掏肺的知己，才能在需要他们时让他们挺身而出。

第二，心情不好时最好找能帮助你排遣压力的知己倾诉。

如果你把你的压力和困扰告诉朋友，可以让你觉得舒服些的话，这未尝不是个好方法。把你的困扰说出来，也许你会觉得舒服很多。那么你也可以找一些可以信任的朋友，一起出去喝喝咖啡，把你的困扰告诉他们。

当然，当一个人独处的时候，如果发现情绪不好，还可以离开家门，强迫自己转移注意力，可以随意散散步，找一个热闹的地方看看风景，把糟糕的心情调整过来。

事实上，日常生活中也充满了交友的机会。例如在每天上班搭乘的公车里、在图书馆中、在公园中遛狗时……我们经常可以在合适的时刻与人交谈。若有机会(例如两人每天上班必须搭同一班车)，双方就可以进一步成为朋友。即使没有机会，一个微笑、一句问候的话，都可以带给自己和别人一些温暖，让这世界变得美好些。

不要愤懑，学会享受一个人的寂寞

你曾经是否有过这样的感受：夜晚下班回家，远离了应酬，远离了工作，你倒头躺在沙发上，将双脚任意的放在某一位置，跷起二郎腿，没有人会说你不礼貌、不雅观。然后，你将音响打开，放一首自己最喜欢的轻音乐，白天所有的烦恼都抛之九霄云外，没有上司的唠叨，没有孩子的吵闹，你觉得舒心极了。接下来，你开始回忆，回忆那曾经逝去的一段初恋，回忆少时朋友们间的嬉闹，想到忘情之处，脸上有温热的液体慢慢滑下，说不清是幸福还

痛苦，但明显自己已深深陷入迷宫深处，由不得自己。徜徉在记忆的迷宫里，享受着亲情友情爱情，正如炊烟袅袅升起。

然而，这看似简单的快乐，又有多少城市人能懂得品味呢？

朱自清先生在散文《荷塘月色》中写过这样一段话："我爱热闹，也爱冷静；我爱群居，也爱独处。"人在独处之时可以想许多事情，可以不受他物的牵绊，让自己的思想尽情遨游，在深思熟虑中获得生命的体验与感悟。这便是孤独的妙处吧。

李白说："古来圣贤皆寂寞，唯有饮者留其名"。圣贤之所以成为圣贤，是他们能够耐得住寂寞，享受得了寂寞，在一片清净中凝聚心志，汇集精力，终于感悟天地，读懂人生，留下不朽的思想。当初的寂寞，换来的是身后的巍峨的思想高峰和登峰造极的人格魅力，几百年、几千年后仍让人敬仰，叹为观止，这不能不说是寂寞的造化。

寂寞二字究竟是褒义词还是贬义词？我们不需要追究，但我们需要明白，寂寞不等于孤独。一个人孤独，那是因为身边没有朋友而言；而一个人寂寞，那是自己给自己的独有空间。人生很多时候不尽如人意，失望、颓废、空虚。在迷茫的岁月长河中，又有多少人是春风得意的呢？生活坎坷，岁月蹉跎，在岁月的长河浪尖上，学会享受寂寞也是人生对自己的一种挑战。

其实孤独也是美丽的，孤独的是影，实在的是心，孤独的人能在孤独寂寞中完成他的使命。如果一个人兴趣无比的广泛而又浓烈，而自己又感觉到自己的精力无比的旺盛，那么，你就不必去考虑你已经活了多少年这种纯数字的统计学，更不需要去考虑你那不是很久的未来。

有人说：孤独是一种人生旅途上美轮美奂的境界。的确，孤独常使我们陷入一种冥想的状态。我听说过这样一个故事。有一个人迷失在森林里，饥饿和虚弱让他倒在了一棵大树下，这个时候，他脑海里出现了一些奇妙的幻想：面包、牛奶。他以为这些都是真实的，于是，他走出了森林，获得了重生。

孔子说：德不孤，必有邻。一个人如果专注于自己手上的事、努力工作

的话，他是不会觉得寂寞的。举个很简单的例子，农夫一心要把麦子割完、学生一心要读完一本书，他们都是不孤独的，只有无所事事的人，才会觉得内心空虚、寂寞，需要与人为伴。

寂寞，有的时候是有益健康的。一个人静静地待在一处，放飞盛满梦的风筝，让自己在孤独中摘回一个美丽的青春，在岁月的长河浪尖上回味着自己的往事，遐想着自己的未来，默默的守望自己那一份情怀。

“孤独和寂寞是一种远离人间的美丽”。这样说似乎有一定的道理，人不能过分地沉湎于往事的回忆中去，人不能仅仅生活在回忆中，把心放到未来，放到自己需要做点什么事情上来，这样，你的生活就会永远的有追求，有理想，有兴趣。

我们常常会感到寂寞，因为知己难逢。寂寞的时候，你是觉得享受，还是觉得孤独呢？你是一个人独自享受轻轻的音乐，或者喝喝茶、看看书呢？还是赶紧打电话给朋友、同事，或者去酒吧、广场这些人群聚集的地方来寻求一种心灵的慰藉呢？你认为自己是个耐得住寂寞的人吗？寂寞的时候，你是自怨自艾还是选择像太阳一样把孤独射在自己生命的光辉里、去充实自己、反省自己呢？耐得住寂寞的人或者排遣寂寞的人一定懂得生活，忍受得住孤独的人或者会享受孤独的人，即使成不了伟大的人物也必然会有一颗伟大的心灵。

学会自我调节，学会享受一个人的寂寞，有一颗平静的心，做好你自己，我们的生活就会更加成熟，更加深沉，更加充实。

不要羡慕他人呼朋唤友的生活

我们都知道，友情是世界上最最珍贵的东西。生活中，当快乐到来时，我们需要和朋友一起分享，没有朋友的人像一片孤独的枫叶，随风一起飞

散，心在飘荡，永远没有港湾，永远没有回头的路。然而，人生得一知己足矣，不是所有人都适合做朋友。有这样的一个故事：

沙子觉得自己不够漂亮，它的朋友蚌想帮助它，蚌让沙子躺在自己柔软的身体上，每天让沙子在身上来回滚动，沙子不忍心看到朋友身上被自己刮得遍体鳞伤。不知不觉中，沙子成了一刻耀眼的珍珠，它看着奄奄一息的蚌，说是自己对不起蚌，想把一切都还给蚌，蚌却说："朋友，你永远在我心中。"于是合起贝壳，再也没有开过。

的确，如果你能珍惜，就不怕没有真正的友情，每个人的机会是均等的，但是每个人把握机会的能力是不同的，要能够抓住身边的友谊不放手。你一定可以找到一份真正的友情，一份纯洁不被污染的友情！因此，生活中，我们不必要刻意地、以呼朋唤友的方式来结交友谊，事实上，这种友谊是不可靠的。因此，真正睿智的人往往在没有知音的情况下，宁愿独处。我们再来看下面一个白领女性的微博：

夜幕扫去炎夏的热浪，父母与孩儿渐沉入美妙的梦乡，清水洗漱后的清凉，已赶跑了睡意与倦怠，于是打开电脑沉浸于网络聊天室及博客空间，看别人的稀嘘感怀，品味有共鸣的悲欢与得失的文字，渐渐地厌倦了与陌生人无聊的沟通，任由打招呼的声音响起，直到一个个变为不动的头像或变灰。熟悉挂念的朋友、同学，互相问候，慢慢谈论的话题也趋于各自关注或熟悉的议题，感觉乍浓渐淡。

白天紧张的工作和孩子的需要充斥着脑部，只有静坐时才觉得心早已沉浸在了黑暗之中，再也看不见天空、田野，看不见花儿在阳光下婀娜多姿的美，心中感到了不安。忽一日，听到老公的同学说出了自己的散文集，不禁惊讶，本来觉得他只是个很精明的小商人，看见他时总在卖些小玩意儿，没想到，他居然出了自己的书了，用他的话说"人总要有自己的爱好，不然生活就只剩下挣钱、吃饭、睡觉。"是啊，我们总是在青春时，有自己的梦想，直到被生活做了种种选择，无奈地去适应、接受了之后，才发现自己的梦想真成了做梦的想法，

可是有几个人又能甘心于生活的无奈和平淡，谁的内心不在苦苦地坚持或追求自己快乐的根基，哪怕随波逐流，也不忘在静下来时面对自己，只不过有的人以抱怨发泄不满与无奈，有的人悄悄找到了寄托，有的人有点感悟后去改变自己，有的人任由习惯或环境的压力让自己不喜欢的生活继续……

幻想已泯灭，开始忘却之际，本我已蜷缩到最狭小的角落，生命没有张力，人生没有飞跃，我感到了恐惧。但是回到原点，理清自己的追求，事业不正是自己喜欢且合适的吗？本来希望的就是在工作中学习、提升自己，让自己不断地超越自我，有所创造，用爱心去唤醒或贡献社会，那又有什么必要跟着别人抱怨薪水的微薄？家庭是最为普通的市民生活，慈爱的双方父母，可爱精灵的宝贝儿子，虽然有点嗜酒但有责任感的老公，他们给了我安宁幸福的小窝，又为什么要去羡慕别人的大房、小车、小资的生活呢？自己本来就内敛、少语，多思多于行动，人生的每个阶段只有极少的几个好朋友，为什么要去羡慕善于交际的别人呼朋唤友杯畴猜令的潇洒？不如回归自我，生存生活之外，做点自己感兴趣的事情。不要期望笔下的文字能带来别人羡慕的眼光，只求笔能记录下人生的感悟、生活的态度，可以让自我内心得到宁静和满足……

诸葛亮说："非淡泊无以明志，非宁静无以致远"。人何以宁静？何以淡泊？处于纷繁的世俗中，身在充满诱惑的社会里，若不让自己的心沉静下来，那么必定流于俗套，随波而逐流，为了眼前的浮华而拼命去追逐，去求索，这样的人生非但不能宁静，而且不能淡泊。处于喧嚣的尘世中久了，你会习惯众人聚集的生活，这个时候，你已经再也忍受不了孤独，更谈不上享受孤独了。

有本书上曾经这样说："能够忍受孤独的，是低段位选手；能够享受孤独的，才是高段位选手"。诚哉斯言！不同的人生态度，成就了不同的人生高度。一个真正有内涵的人，不在于他能说出多少部跑车的名字，而是应该懂得怎么修理好一个柜子，养活一缸鱼，下厨煲一锅汤，会照料受伤的小动物等等。这一切远胜于在酒吧呼朋唤友，左拥右抱。他应该有自我内心的坚定

和认知，专注工作和学习，并且独具一格。

面对闹与静，学会调适自己的心态

现代社会，随着生活节奏的加快，竞争的日趋激烈，经济压力逐渐增大，人们穿梭于闹市之间，面临生活中的许多危机，以至于无法平静自己的内心，甚至而有些人难以调适自己的内心而产生生理或心理问题。长此以往的消极应对及负性情绪会使个体出现诸如焦虑、抑郁、神经衰弱、轻度躁狂等心理疾患，不但影响自己的生活、工作，也会对家人造成不必要的“伤害”。

的确，纷纷扰扰的尘世中，每个人都应该给自己一个静下来的理由。生活中，我们要扮演好很多角色，很多时候我们焦头烂额，手足无措。面对闹与静，我们一定要懂得调节。例如，一天繁琐的工作结束之后，你可以听听轻音乐，通过音乐，你可以发现生命的意义原来是感受生活中点点滴滴的美好。失落会在音乐中消散，沮丧会在音乐的荡涤中溶解，怀疑会在音乐中清除。也可以看看书，它会帮你寻找心灵的安顿，闯过生命的种种关卡，抵达心灵平静的彼岸，你便能保持心灵的宁静，多一份圣洁与执著！

吴女士经营着自己的一家公司，目前，公司虽然已经有了一定的规模，但很多事情还必须吴女士亲力亲为。为此，每天她都必须游走于各个谈判桌、饭桌之间，不停地出差、坐飞机，不停地化妆、卸妆，她已经厌烦了这种生活，甚至是恐惧。她开始失眠，开始厌食，脾气也变得暴躁起来。

有一天晚上，她好不容易睡着，谁知道半夜丈夫居然听到她说梦话：“张总，我真喝不了了。”听到妻子的话，丈夫心疼地搂住妻子，她醒了。

“老婆，你太辛苦了，我心疼你，放下手上的工作，我们出去旅游一段时间，好不好。”

“那怎么行？手上还有很多事情呢？”吴女士说。

“这次，说什么也得听我的，你才三十几岁，你看，头上都有白发了。”

“好吧……”看到丈夫如此爱护自己，吴女士答应了。

休整一段时间后，吴女士又打起了精神，面对纷繁复杂的工作。

生活中，可能有很多人都有吴女士的烦恼，因为工作、生活，不得不四处奔波，硬着头皮在喧嚣的尘世中闯荡，长时间下来，他们疲惫不堪、精神紧张，却不知如何调节。事实上，调适心态的方法有很多，我们可以学习、掌握一些自我调适心理的方法，及时调整、疏导自己的情绪、心理，走出心理的阴天。

第一，旅行。

旅行可以增长知识，我们在增长更多见识的时候可以发现某些更符合自己内心愿望的爱好，而且见过的比只在书上看过或者听人说过更有触动性。另外，一个爱好旅游的人往往心胸更广阔，更有解决问题的弹性。

第二，音乐。

音乐作为一种艺术，它之所以能打动人，是因为它能以动感的声音方式表现出一种情感，它所蕴涵的宁静致远、清淡平和，可以使终日奔忙、身心俱疲的现代人得到彻底的放松。

在音乐的圣殿中，我们能暂时忘记生活的繁琐以及工作生活的不顺心，能获得音乐给予我们的心灵滋养。音乐能够影响人的情绪、调节生理状况，经常听一些旋律优美、节奏轻快的音乐，不仅可以调节情绪，而且还可以稳定内环境，达到镇静、降压、催眠等效果。

第三，舞蹈。

当你随着音乐起舞的时候，你的音乐感、音准、韵律、节拍的敏感度和数学逻辑都得到了提高，脑部及身体协调能力也得到了锻炼。

第四，读书。

书是人类进步的阶梯，女孩“腹有诗书气自华”。俗语“读万卷书，行万里路”也是这个道理，读书可以让人们见闻广博。

当然，除了以上方法外，我们还可以通过以下方法调适自己的心态。

一是宁静调适法。找一个僻静的地方，让自己的身体、心理完全放松，尤其是要放松思想，做到宁静、愉悦自得，恬淡虚无，少思、少念、少欲、少事、少语、少乐、少喜、少怒、少好、少恶行。

二是主动休息。主动休息可消除疲劳，增加机体免疫水平和抗病能力，保持旺盛的工作精力。

三是改善睡眠。躺在床上，闭眼、自然呼吸，把注意力集中在双手或双脚上，全身肌肉放松，每天坚持练习，会有良好的效果。

四是巧用镜子。站在镜子面前做三四次深呼吸，凝神眼睛深处，告诉自己会得到所要的东西。

好心情是自己调整出来的，良好心态是对各种生活的适应。作为一个在繁华闹市中生活的人，关键是要把自己的心境、快乐锁定在现在，注重当下对生活的体验，而不要一味地沉迷过去，也不要担心未来。

拥有自己的生活，别因寂寞而纠缠别人

苹果 CEO 乔布斯曾经说过："你的时间有限，所以不要为别人而活。不要被教条所限，不要活在别人的观念里。不要让别人的意见左右自己内心的声音。最重要的是，勇敢地追随自己的心灵和直觉，只有自己的心灵和直觉才知道你的真实想法，其他一切都是次要的。"的确，现代社会，人们都强调个性与追求自我，然而，现代人又是一群害怕寂寞与孤独的群居动物，他们常常会因为孤单、寂寞而去纠缠别人，他们似乎只有和他人相处才能感受到自我的存在。实际上，这不仅会影响他人的生活，还会加剧损害人与人之间的情感，因为每个人都渴望拥有独立的空间，不希望被打扰。

上大学时，红是个浪漫的诗人，在男友面前总是小鸟依人，撒娇撒痴，让男友爱得如火如荼。毕业后，她去深圳闯荡了几年，由于丈夫的经济条件不错，婚后不久，她就选择了现在非常时髦的一个角色——全职太太。刚做全职太太的时候，红很幸福，天天逛时装店，定期去美容，日日围着庸俗的电视连续剧以及柴米油盐酱醋茶转悠。转悠了才两年，她自己心里变得很慌张，她说："我与男人的话题越来越少，已没有什么新鲜的东西对他说，只好天天眼睛充满好奇地听男人说一些外面的事情；我发现自己对男人的爱恋还更小鸟依人、撒娇撒痴地缠人，和男人聊天成了一天中最重要的内容；而且经常患得患失，一天不挂3个电话给男人，心里就空落落的。"结果呢？有一天，男人挽着另一个女人的手对她说："我爱上了别人，咱们离婚吧。"

红真是欲哭无泪。她对朋友说："女人，真的不能没有自己的空间呀。""其实，这也真的怪不得那个男人，结了婚，还像恋爱时那样小鸟依人、撒娇撒痴，是长不大的，更不用说风雨共同承担。记得你刚做全职太太时，我们都劝你不要放弃自己的追求，希望你能积极上进，成为一名真正的诗人。当时你听不进去……"朋友劝导她。

因为没有自己的空间，太过依赖丈夫，红失去了原本幸福的婚姻。爱情是好东西，但不能一起成长的爱情，在你眼中曾经是再美丽的童话爱情也会在眨眼间灰飞烟灭。男人喜欢说：女人要有"女人的味道"。而这女人的味道中少不了的应该有一点：在婚姻中与男人风雨同舟，一同成长。女性主义作家伍尔芙说：女人要有一间"自己的屋子"，意思是女人应该有自己的空间。实际上，生活中的每个人都应该有自己的生活。一个人只有专注于自己的生活，倾注自己的情感，才能耐得住寂寞，才不会因为孤单而纠缠别人。

其实，拥有自己的生活，就意味着以下几点。

第一，要拥有自己的爱好。

一个有自己爱好的人，他的生活绝不是枯燥无味的。闲暇时，一本小说就能带你进入不一样的世界；沏一壶咖啡，看一部影碟，也会让你的精神为之放松。周末时间，朋友可能也希望独处，因此，不要去烦扰他。你的爱人也可能因工作繁忙而无法顾及到你，但专注于自己的爱好，你就能独处。

第二，不要总是指望朋友帮你做决定。

一两次倒也无妨，但你若长时间期望朋友为你做决定，那么，对方也会产生心理压力，因为在保证决定正确的情况下，他也要承担后果。所以，真正的好朋友是在你自己下完决定后，或在下决定时，他在旁边给你建议，而不是决定你该怎么做。

第三，不要让任何人的意见淹没了你内在的心声。

如果你有经验，你会发现，有时候那些看似聪明的人给你的意见却是错误的，为什么呢？因为他并没有你了解事情的方方面面。更重要的是，每一个人的意见都是出于他自身的价值观。而你不应该活在别人的价值观里。

另外，也不要在意别人对你的看法。“一千个作者，就有一千个哈姆雷特”，不同的人所处的位置、价值观的不同，你永远不可能调整自己让所有的人都接受你。你应该倾听自己内在的良知的声音，寻找到属于自己的人生意义，然后勇往直前坚持到底。

第四，不要充当你朋友的保护伞。

你跟朋友不是连体婴儿，不要以为朋友的所有事情就是你的事情，尤其在某些你不宜干涉的问题上，你应该让朋友自己去处理。

我们又不得不承认，很多时候我们自己赶走了朋友，毁灭了友谊，究其原因，我们说朋友之所以不能永久，是因为我们往往“情不自禁”地干涉了朋友的生活。真心的朋友之间，是没有隔膜的，彼此之间以互相畅谈心声，诉苦，分享，游玩，联系，共同经历挫折——都会有的。但无论如何，我们都要记住一点，每个人都有自己的生活方式，无论多好的朋友，都不要因为寂寞而纠缠别人。

第11章

轻视所谓的困难，自然会心情愉悦

人生就如同一次航行，不会永远风平浪静，要经受住大的考验，才能不断磨炼自己。天空为何这般宽广蔚蓝，因为它包容了亿万年的风霜雨雪；大海为何这般博大深邃，因为它集怒水为心花……不经历风雨，怎么见彩虹？没有人能随随便便成功。只要勇敢地去面对磨难，轻视所谓的困难，你就会猛然发现，原来所谓的困难，只不过是天空飘过的一朵浮云，你的人生依旧如此美丽！

把磨难当成人生的小插曲

几乎每个人都期望一帆风顺。人们希望的是,哪怕没有鲜花和掌声,也不要荆棘密布,也不要狂风暴雨。其实,这是不可能的。人生,本身就是一场旅途,这场旅途中,人活尘世,既有宽敞的阳关道,也有狭窄的独木桥;既有醉人的风景,也有恼人的苦难。贫穷、疾病、天灾人祸等,你都必须承受;已尽力而为却事业失败,你得承受挫折的磨难;被友人无情背叛,甚或污蔑诽谤,你得承受非议的磨难;真情付出却不能"抱得佳人归",你得承受失意的磨难……

每当这时,你也许会无比惶惑,你也许会绝望,想到过轻生,想到过放弃,想到过破罐破摔、得过且过……

其是,我们的一生正是因为磨难的出现才精彩。百无聊赖的人生,感受不到成功的喜悦,最终得到的是冰冷的失落。不曾遭遇失意和痛苦,欢乐和幸福只能是表面的、脆弱的;经历磨难,而不能泰然处之,也就永远不会真正地、深沉地实现辉煌的人生。因此,我们应该学会接受人生的磨难和挑战,当我们困于这种"不如意"之中,终日惴惴不安,那生活就会索然无味。与之相反,如果我们能以平和的心态面对,把那些磨难当成人生中的小插曲,那么,灿烂的主旋律必定会为你弹奏。

古人说:"哀莫大于心死"。一个人最可怕的莫过于心存放弃,这种灵魂的死亡比起躯体的死亡更为可怕。而唯有激励自我,方可以焕发青春,扬起生命的希望之帆。

古希腊神话中有一个西齐弗的故事很能说明这个问题。西齐弗因触犯了天庭之法,被惩罚到人间受苦。他每天必须推一块石头上山。当他将石

头推上山顶回家休息时，石头又自动地滚下来，于是西齐弗第二天又得去推。这是天神想让他在“永无止境的失败”中遭受惩罚，以此来折磨他的心灵。

可是，西齐弗偏偏不吃这一套，他不认为这就是受苦受难的命运安排。他一心想，推石头上山是我的责任；至于石头是否滚下来，不是我的失败。因此，心中始终平静异常，从不丧失信心。从而始终不放弃自己的职责，每天都满怀希望。天神见折磨西齐弗心灵的企图无法奏效，只好放他回了天庭。

用这个故事对照现实生活，我们可以得到有益的启示：磨难之中，我们的态度决定了我们的命运。只要始终自我激励，相信自己是能行的，永不放弃追求，那么我们就是命运的主人。因此，当我们受挫时，一定要告诉自己：“摔倒了还要漂亮地爬起来。”

“天将降大任于斯人也，必先苦其心志，劳其筋骨，饿其体肤……”磨难，是人生乐曲中一个不可缺少的插曲。一个人要想有所作为就必须经历一番磨难，而且是比正常人更多的磨难。磨难，能启迪人的智慧，锻造出成功。没有了磨难的人生是枯燥的，是不完整的。然而，并不是所有人都能正视磨难的作用，也就不能真正从磨难中有所收获。有的更坚强，更富有战斗力，而有的则会因此消沉，甚至堕落，变得麻木不仁。正如一位哲人说过的：磨难对强者是垫脚石，对弱者却是万丈深渊。那么，你的态度呢？

首先，你要选择你的态度。

当逆境到来之时，你可以选择两种截然不同的态度，消极被动地害怕和逃避，或者积极主动地面对和接受。

若心存消极态度，那么，你将被局面控制，而积极主动，则能反过来控制局面。如果你希望能够通过自己的努力使自己的能量一点点变得强大，同时让自己变得更完美，就必须选择积极主动的态度，那么，逆境这朵“浮云”自然会被你驱赶出心灵的天空。

其次，反省自己。

事实已经如此，你无法控制，但你可以控制自己的内心，让自己内心强大起来的方法就是反省自己。你需要问自己的是，为什么这件事不发生在别人身上，而发生在自己身上？我有哪些做得不足的地方？我应该怎样从自己出发，找到一个适当的、合理的方法去改进，从而去影响它？

怀着反省和觉悟的以及积极的心态看回自己，你就能带着耐心和勇气，一点点地拆开这包裹严实的包装纸，发现里面珍藏的真正的生命礼物。

说到底，决定人心态的是人的理想、人生观、世界观。一个大气的人就会具有远大的目标和正确的人生观，就是要胸怀宽广，执著进取，挑战自我，不屈命运，坚信自己，积极思考。那么，我们一定能保持良好的心态，即使生活给予我们挫折，我们也要怀着理解的心态给它一个微笑！

积极地考虑问题，凡事学会看开

生活中，我们经常听到有些人说“点头微笑，低头数钞票”、“和气生财”、“家和万事兴”之类的经验真谛，这些都充分说明了一个道理：因果联系，只有时时保持一种积极的人生态度才有获取成功的希望。因为任何人的一生，都需要我们用心来描绘，无论自己处于多么严酷的境遇之中，心头都不应为悲观的思想所萦绕，应该让自己的心灵变得通达乐观。

可见，当人生的不幸来临时，积极的心态是一个人战胜一切艰难困苦而走向成功的推进器。积极的心态能够激发我们自身的所有聪明才智；而消极的心态就像蛛网缠住昆虫的翅膀、脚足一样，来束缚人们才华的光辉。

雨后，一只蜘蛛艰难地向墙上已经支离破碎的网爬去，由于墙壁潮湿，它爬到一定的高度，就会掉下来。它一次次地向上爬，一次次地又掉下

来……第一个人看到了，他叹了一口气，自言自语："我的一生不正如这只蜘蛛吗？忙忙碌碌而无所得。"于是，他日渐消沉。第二个人看到了，他说："这只蜘蛛真愚蠢，为什么不从旁边干燥的地方绕一下爬上去？我以后可不能像它那样愚蠢。"于是，他变得聪明起来。第三个人看到了，他立刻被蜘蛛屡败屡战的精神感动了。于是，他变得坚强起来。

的确，对待同一样事物，几个人的看法不同是很正常的事。就像人也有两面性一样，问题在于我们自己怎样去审视，怎样去选择。面对太阳，你眼前是一片光明；背对太阳，你看到的是自己的阴影。

成功和失败之间的区别在于心态的差异：成功者着意亮化积极的一面，失败者总是沉迷消极的一面。心态是个人的选择，有成功心态者处处都能发觉成功的力量。一个人有了积极的心态，成功就变得容易了。

积极是生活的一味良药，伤心的时候乐观一点儿，孤独的时候去寻找快乐，热情而积极地拥抱生活，幸福就会像天使一般无声地降临到每个人的身边。

积极的心态使人看到希望，保持进取的旺盛斗志。消极心态使人沮丧、失望，限制和扼杀自己的潜能。积极的心态创造人生，消极的心态消耗人生。积极的心态是成功的起点，消极的心态是失败的源泉。选择了积极的心态，就等于选择了成功的希望；选择消极的心态，就注定要走入失败的沼泽。如果你想成功，想把美梦变成现实，就必须摒弃这种扼杀你的潜能、摧毁你的希望的消极心态。

智者懂得将困难置身于渺小的境地

在人生道路上，困难和挫折是难免的，人生起起落落也无法预料，但是

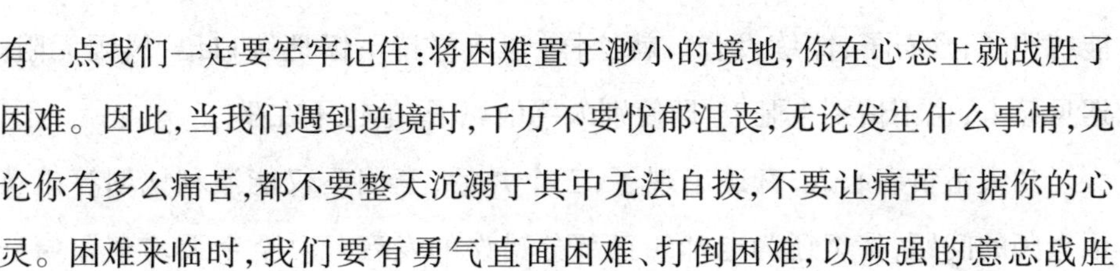

有一点我们一定要牢牢记住:将困难置于渺小的境地,你在心态上就战胜了困难。因此,当我们遇到逆境时,千万不要忧郁沮丧,无论发生什么事情,无论你有多么痛苦,都不要整天沉溺于其中无法自拔,不要让痛苦占据你的心灵。困难来临时,我们要有勇气直面困难、打倒困难,以顽强的意志战胜困难。

“要战胜别人,首先须战胜自己。”这是智者的座右铭。有时候,我们的敌人不是挫折,不是失败,而是我们自己。如果你认为你会失败,那你就已经失败了。说自己不行的人,爱自己先说丧气话,遇到困难和挫折,他们总是为自己寻找退却的借口,殊不知,这些话正是自己打败自己的最强有力的武器。一个人,只有把潜藏在身上的自信挖掘出来,时刻保持着强烈的自信心,困难才会被我们打败。成功者之所以成功,是因为他与别人共处逆境时,别人失去了信心,他却下决心实现自己的目标。

有人说,李阳是中国教育产业里的比尔·盖茨,因为“李阳疯狂英语”让世界语言教学界为之疯狂。但没有人会想到,“疯狂英语”的创始人李阳,是一个从小自闭、怕说话、连电话都不敢接的人。

李阳在读大学时,英语成绩一塌糊涂,尤其是听力和口语。一次,李阳被老师叫起来回答一个简单的问题,李阳知道这个问题的答案,可就是说不出来。于是他对老师说:“我可以写在纸上给你看吗?”同学们都哄堂大笑。老师生气地说:“这么简单的句子都说不出来,你还是大学生吗?”接着老师又转过身去对同学们说:“如果你们不好好学习口语就像李阳这样。”“就像李阳这样”这句话深深地刺激了他。从那时起,他就下定决心,非要把口语练好不可!

于是,他想到了一个办法,开始了练习英语。他每天早晨坚持到学校后面的小山上去练习口语,练习的时候,不是说,而是大声地喊出来,更让人不可思议的是,他的嘴里竟然含着石头。李阳认为,口语不好,主要是两个原因:一是胆子小,不敢说;二是发音不准,说出来别人也听不清楚。喊英语,

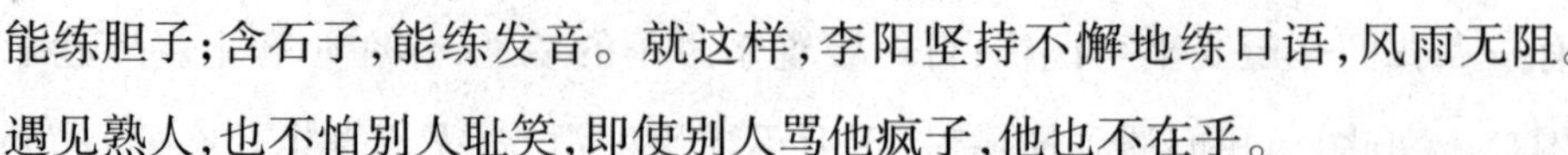

能练胆子；含石子，能练发音。就这样，李阳坚持不懈地练口语，风雨无阻。遇见熟人，也不怕别人耻笑，即使别人骂他疯子，他也不在乎。

功夫不负有心人，奇迹出现了，三个月后，李阳不仅能流利地回答出英语老师的问题，甚至还为老师纠正部分错误的发音。时至今天，“李阳疯狂英语”成了英语学习产品当中最响亮的一块牌子。

“无论是目前找工作，还是工作后，都会面对更多想象不到的困难，只有自己有信心面对才能常胜。”成功后的李阳这样说。

李阳说得对，只有自己有信心面对，才能常胜。当我们身处逆境或者困难中时，只要我们满怀信心地面对，我们就是巨人，我们就不会被打倒。而自我责备、自我贬低是最具破坏力的习惯之一。

马克思说：“自暴自弃，这是一条永远腐蚀和啃噬着心灵的毒蛇，它吸走心灵的新鲜血液，并在其中注入厌世和绝望的毒汁。”自信心的确具有无可比拟的重要作用，许多人之所以失败，不是因为失败打败了他们，而是他们自己打败了自己，失败后的自卑心使得他们不敢争取，他们让自己陷入了自卑的情绪之中。这正如莎士比亚所说：“假使我们自己将自己比作泥土，那就真要成为别人践踏的东西了。”如果你认为你会失败，那你就已经失败了。

的确，任何事情都不是一帆风顺的，生活工作中难免碰到这样或那样的困难，我们应该如何正确面对呢？

一要有良好的心态。人们常说。心态决定一切，的确，一个人如果一遇到困难就畏惧，一碰到挫折就退缩，那么他必将一事无成。困难就像一个纸老虎，你弱它就强，你强它就弱，你要相信的是，你能战胜它，你能找出解决问题的方法，把困难看轻一点，不放在眼里，认为它只是我们工作中的一个小插曲，才会不怕事，才能把困难踩在脚下。

二要有创新的思维。在拥有良好心态的基础上，必须思考如何积极应对，用创新的思维来破解困难。例如，在办公室冥思苦想、闭门造车的情况下，不妨走出大楼，去寻找创新思维的火花和灵感。

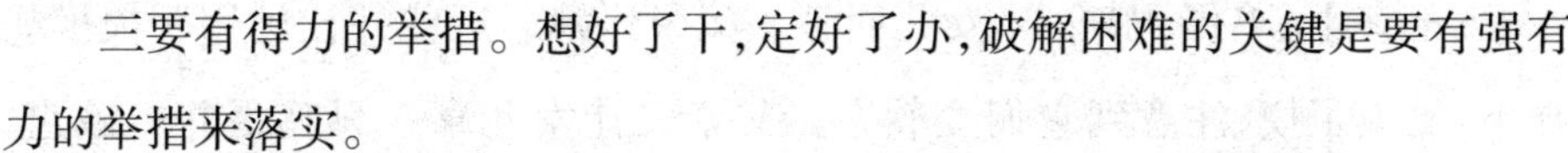

三要有得力的举措。想好了干，定好了办，破解困难的关键是要有强有力的举措来落实。

困难是弹簧，你弱它就强

生活中，困难无处不在，而很多时候，打到的我们的不是这些困难，而是被我们内心放大的恐惧。事实上，困难如弹簧，你弱它就强。我们只有内心强大起来，才能克服困难。

有这样一个小故事：有两个孩子比赛谁先跑到各自的妈妈身边。可在途中，两个孩子先后摔倒。其中一个妈妈立刻跑过去安慰那个孩子，摸摸头又抱在怀里，那孩子反而哭得更凶。而另一个妈妈呢？她只是站在原地鼓励着孩子继续跑来。孩子摇摇晃晃站起来，终于跑到了妈妈身边，露出甜甜的笑。这两个母亲的做法孰是孰非？前者是放大了困难，后者则鼓励孩子克服了困难。

的确，困难就是一条欺软怕硬的走狗。你越畏惧它，它越威吓你；你越不将它放在眼里，它越对你表示恭顺。这个简单的道理我们每个人都懂，但说到畏惧困难，似乎那些刚出世没多久的小孩反倒比大人勇敢。孩子们敢和鳄鱼拥抱，和巨蟒共舞。因为无惧，所以无畏。

一个女儿向做厨师的父亲抱怨她的生活，抱怨事事都那么艰难。她的父亲把她带进厨房。他先烧开三锅的水，然后往第一只锅里放些胡萝卜，第二只锅里放一只鸡蛋，最后一只锅里放入碾成粉末状的咖啡豆。他将它们浸入开水中煮，一句话也没有说。大约20分钟后，他把火闭了，把胡萝卜捞出来放入一个碗内，把鸡蛋捞出来放入另一个碗内，然后又把咖啡舀到一个杯子里。做完这些后，他才转过身问女儿，“孩子，你看见什么了？”

“胡萝卜、鸡蛋、咖啡”，女儿回答。父亲让她靠近些并让她用手摸摸胡萝卜，她摸了摸，注意到它们变软了。父亲又让女儿拿一只鸡蛋并打破它，将壳剥掉后，他看到了是只煮熟的鸡蛋。最后，他让她喝了咖啡，品尝到香浓的咖啡，女儿笑了。她问道：“父亲，这意味着什么？”

父亲解释说，这三样东西面临同样的逆境——煮沸的开水，但其反应各不相同。胡萝卜入锅之前是强壮的、结实的，毫不示弱；但进入开水之后，它变软了，变弱了。鸡蛋原来是易碎的，它薄薄的外壳保护着它呈液体的内脏，但是经开水一煮，它的内脏变硬了。而粉状咖啡豆则很独特，进入沸水之后，它们倒改变了水。“哪个是你呢？”父亲问女儿。“当逆境找上门来时，你该如何反应？你是胡萝卜，是鸡蛋，还是咖啡豆？”

一个人不可能做什么事都一帆风顺，困难和挫折是在所难免的。但是，我们绝不能在挫折面前被吓倒，而是要理智地面对它，冷静地找到战胜它的办法。心理承受能力差的人面对突如其来的挫折或是后退，或是消极抵抗。只有那些敢于挑战困难，能够审时度势，采取积极进取的态度面对挫折的人，才会成就一番事业。

现实中的恐怖，远比不上想象中的恐怖那么可怕。当你遇到困难时，理所当然，你会考虑到事情的难度所在，如此，你便会产生恐惧，会将原本的困难放大。但实际上，假如你能减少思考困难的时间，并着手解决手上的困难，你会发现，事情远比你想象中简单得多。那些成功的人士，都是靠勇敢面对多数人所畏惧的事物，才能出人头地的。美国著名拳击教练达马托曾经说过：“英雄和懦夫同样会感到畏惧，只是英雄对畏惧的反应不同而已。”麦克阿瑟在西点军校的演讲中也曾说过这样一句话：“不正面面对恐惧，就得一生一世躲着它。”

要克服困难带给我们的恐惧，我们应当做到以下几点。

第一，阶段性克服困难。

你可以将一个大困难分成几个小困难逐一解决。也许一个大困难不好解决，但一个又一个小困难却不难克服。当你在不经意间克服了许多小困难后，你会发现，一个大困难也就迎刃而解了。

第二，树立信心。

缺乏自信也一向是困扰人们的大问题。有项针对某大学选修心理学的学生所做的调查，其中有一道问题是“个人最感困扰的事”，调查结果显示，缺乏自信的人占75%。

欠缺自信的人，将终日和恐怖结伴为邻。而越是被恐怖的乌云所笼罩，自我肯定的机会也就越是渺茫。美国总统罗斯福曾说过一句名言：“我们唯一值得恐惧的就是恐惧本身，那会让我们莫名其妙地胆怯，会让我们为前进所付出的努力付诸东流。”

总之，我们所谓的困难并没有那么可怕，我们之所以不敢勇敢跨出一步，是因为我们内心的恐惧在作怪。恐惧将困难放大，就会压倒我们自己；而如果我们勇敢一点，打倒恐惧，我们会发现，原来，所谓的困难只不过是只纸老虎。

在磨难中砥砺，让自己更强大

人生之路，就如细流入海，不会是一帆风顺、一路坦荡，总是要经历风风雨雨、坎坎坷坷。那些成功的人在面对人生低谷的时候，总是能够心底坦然，不会屈服于挫折，而是勇于做一个承受痛苦、奋斗不息的人，以百折不挠的精神，继续奋力前行。

著名哲学家苏格拉底说过：这个世界上有两种人，一种是快乐的猪，一种是痛苦的人。意思就是说这个世界上有许多人，他的人生就希望享受，有一天过一天，今朝有酒今朝醉。但是渴望成功的每一个人都必须做好痛苦

的准备，要获得幸福，获得快乐，没有痛苦的思想准备是很难实现的。

事实上，人们驾驭生活的能力是从困境生活中磨砺出来的。和世间任何事件一样，苦难也具有两重性。一方面它是障碍，要排除它必须花费更多的力量和时间；另一方面它又是一种肥料，在解决它的过程中能够使人更好地锻炼提高。

很久很久以前，有一个养蚌人，他想培育一颗世界上最大、最美的珍珠。

他去大海的沙滩上挑选沙粒，并且一颗一颗地问它们，愿不愿意变成珍珠。那些被问的沙粒，一颗一颗都摇头说不愿意。养蚌人从清晨问到黄昏，得到的都是同样的结果，他快要绝望了。

就在这时，有一粒沙子答应了。因为，它一直想成为一颗珍珠。

旁边的沙粒都嘲笑它，说它太傻，去蚌壳里住，远离亲人朋友，见不到阳光、雨露、明月、清风，甚至还缺少空气，只能与黑暗、潮湿、寒冷、孤寂为伍，多么不值得！

那颗沙子还是无怨无悔地随养蚌人去了。

斗转星移，几年过去了，那粒沙子已经长成了一颗晶莹剔透、价值连城的珍珠，而曾经嘲笑它的那些伙伴们，有的依然是海滩上平凡的沙粒，有的已化为尘埃。

如果说这世上有“点石成金术”的话，那就是“艰辛”。你忍耐着，坚持着，当走完黑暗与苦难的隧道之后，就会惊讶地发现，平凡如沙子的你，不知不觉中已长成了一颗珍珠。

因此，我们每一个人都应该记住：逆境总是吞噬意志薄弱的失败者，而常常造就毅力超群的事业成功者。磨难是魔鬼，它夺走了你的光明。磨难也是天使，它是一座深不可测的宝藏。要在逆境中赶走魔鬼、拥抱天使，最重要的美德就是坚韧。

约翰·库缇斯是澳大利亚人，他天生严重残疾，骶骨没有正常发育，出生时双腿像青蛙般细小。连医生都被他生命最初的这个形态吓住了，医生给了约翰的父亲一个残酷的预言,他最多也活不过一年。可是,35 年后的今天,他仍然自由自在地做他想做的事。约翰·库缇斯用百折不挠的精神创造了生命史上的奇迹。

可是,不难想象,天生的残疾注定了约翰·库缇斯要经受多少磨难,他说他能生存下来的原因就在于敢于面地现实,主动迎击生活。他坚定地说:“一个人一旦确定了自己的目标,就要去努力实现它。不要怕失败。1000 次摔倒,可以 1001 次地站起来。摔倒多少次也不要退缩。”

约翰学会了用手走路;摔倒一次又一次后,他又成了一个滑板高手;他还学会了开车并考取了驾照;他学会了潜水、游泳;他拿到了澳大利亚残疾人网球赛的冠军和全国举重亚军……

他梦想当演说家:“我要在 10 年内成为历史上最伟大的演说家。”现在,世界上至少已有超过 350 万的观众听过他的演讲。2004 年约翰的“中国年”,他在 15 个省市做巡回演讲。他说“如果我可以做到,你为什么不能做到?”

1999 年,约翰在巡回演讲途中被查出又患了癌症。可是约翰不信,他开始阅读关于癌症的资料,并积极配合医生的手术和治疗。果然,奇迹再次发生了,2000 年 5 月,他被正式列入癌症痊愈者行列。

百折不挠、勇往直前是约翰战胜一个个磨难的利器,这种精神是取得成功的基础。没有这种精神,再强悍的人也不能体味到成功的喜悦,而只有羡慕别人的成功,只能慨叹自己命不如人。

库雷曾说:“许多人的失败都可以归咎于缺乏百折不挠、永不放弃的战斗精神。”的确,我们发现,一些人或满腹经纶,或能力超群,但他们却同时拥有一个致命的弱点,那就是缺乏一种抗打击的能力,往往一遇到微不足道的困难与阻力,就立刻裹足不前,没有韧性,遇硬就回,遇难就退,遇险就逃。因此,终其一生,他们只能从事一些平庸的工作。一个人跌倒并不可怕,可怕的是跌倒之后爬不起来,尤其是在多次跌倒以后失去了继续前进的信心

和勇气。不管经历多少不幸和挫折，内心依然要火热、镇定和自信，以屡败屡战和永不放弃的精神去对付挫折和困境。那么，你会不断强大起来。

将磨难当成财富

人生中有许许多多我们始料不及的事情，正是"欲渡黄河冰塞川，将登太行雪满山"。但是如果不能承受磨难，跌倒后爬不起来了，就绝不会涌出"长风破浪会有时，直挂云帆济沧海"的凌云壮志、万千豪气！而若要成功克服困难，除了要有坚强的毅力外，还要对磨难和折磨报有感恩的心态。

心灵大师彼尚曾言："不论我们见到什么，都只是整幅图像的一个细小部分。"因为我们不能看见整幅图像，表面上看起来是对我们好的事，可能并不是；反而：我们认为的逆境，事实上对我们却有帮助。

敞开心扉去了解，你能发现，逆境并不是你必须去除和消灭的敌人，而是你最真诚的朋友。因为，它们给你带来的是最可遇而不可求的生命领悟，当你把这些带来礼物的朋友当成敌人，你就收不到它馈赠的珍贵礼物。

如果我们拥有一颗感恩的心，善于发现事物的美好，感受平凡中的美丽，那我们就会以坦荡的心境、豁达的胸怀来应对生活中的每一份酸甜苦辣，让原本平淡乏味的生活焕发出迷人的色彩，那么，你会发现，磨难与逆境也不过是飘来的"浮云"。

新东方总裁俞敏洪在他的博客里讲过一个关于捡砖头的故事。俞敏洪的父亲是个木工，常帮别人建房子，每次建完房子，他都会把别人废弃不要的碎砖瓦捡回来，有时候父亲在路上走，看见路边有砖头或石块，他也会捡起来放在篮子里带回家。

久而久之，家里的院子就多出了一个乱七八糟的砖头碎瓦堆。直到有

一天，俞敏洪的父亲在院子一角的小空地上开始左右测量，开沟挖槽，和泥砌墙，用那堆乱砖左拼右凑，建成了一个让全村人都羡慕的院子和猪舍。

当时俞敏洪只觉得父亲一个人就盖了一间房子，很了不起。长大后，俞敏洪才从"一块砖头到一堆砖头，最后变成一间小房子"中体悟到做成一件事情的全部奥秘。

"一块砖没有什么用，一堆砖也没有什么用，如果你心中没有一个造房子的梦想，拥有天下所有的砖头也是一堆废物；但如果只有造房子的梦想，而没有砖头，梦想也没法实现。"家里穷得揭不开锅的时候，要不急不躁，学会忍耐，要积攒足够的砖头来造心中的房子。捡砖头的精神后来就成为俞敏洪做事的指导思想。

或许你仍在向往一帆风顺，可是面对现实的曲折的人生，所谓的一帆风顺只能是心灵的一种慰藉。坚信唯有奋斗不息才能够成为命运的主人，而在这一步步的努力中，你必须学会忍耐。

罗曼·罗丹曾说："只有把抱怨别人和环境的心情，化为上进的力量才是成功的保证。"经受别人的考验、提升自身的张力，你才会在人头攒动的人海中脱颖而出。

礁石，想要展现浑然天成的光滑弧度，就必须接受海水无数次的冲撞；河蚌，想要孕育出晶莹的珍珠，就必须接受沙烁残忍的侵蚀；雄鹰，想要搏击长空，就必须忍受一次次试飞的跌落；人，也是一样，庸人把磨难当做"命运多舛"，而智者却把磨难当成一种财富。

然而，你不明白的是，挫折和磨难对于我们来说，更是一笔宝贵的财富。生活原本就是平淡的，如果再没有一些磨砺，那么，我们的生活还有何滋味可言呢？挫折与磨难会让我们变得更坚强、聪明、成熟、完美。当然，这首先需要我们经得住挫折。很多人在种种经历后，回望身后的辛酸血泪之路，都会对磨难心生感激，因为是磨难让他们学会了如何坚强，也让他们感受到了人生是如此美丽。

不必慌乱愤恨，船到桥头自然直

人生在世，不管你愿意与否，都会与形形色色的磨难不期而遇。磨难的表现五花八门，千姿百态：渴望有一个安稳的生活，却不得不四处飘零；落花有意，却苦于流水无情；渴望一份纯洁的友谊，却被欺骗……清贫、寂寞、误解、蔑视甚至侮辱，凡此种种，皆为磨难的表现。很多时候，我们并不能阻止磨难的出现；焦躁无用，生气无用，那么，不妨平和一点，凡事顺其自然，船到桥头自然直。

王勇是一个优秀青年，几年前，他从家乡偏远的小城镇考到了北京一所名牌大学的物理系。毕业以后，很多同学都留在了北京，并且落户北京，而那个时候，王勇时运不济，不巧在毕业前夕准备考研时病倒了，考研及毕业联系就业单位的事情全耽误了。随后他一路不顺，在北京尝试到几家公司去应聘，均遭到失败。最后，他回到了老家的啤酒厂就职。他在大学学的是物理专业，回到家乡起初哪个单位也不愿意接收他，一个名牌大学的高材生在家乡小地方根本就容不下他。在游荡了很长一段时间后，在镇政府召开的大学生分配工作会议上，大家讨论他的去向问题时，各个单位的领导都表现为难，最后啤酒厂的领导说："我们总不能让名牌大学的高材生长时间待业在家吧，我们厂新引进了两台电脑控制机，没有懂得操作和维修的人，要不让他来我们啤酒厂吧。"就这样，王勇去了啤酒厂上班。

刚开始时，王勇对于工作很不适应，这里的人也与他格格不入。他不与人交往，工作懒散，但经过一段时间以后，他想通了，已经走到这步了，就不妨放宽心。后来，他利用业余时间继续学习，一年以后，他成功考上了北京的一所高校的研究生，并继续攻读博士，而现在的他已经在他所攻读的领域里很有成就。

的确，命运就是这么捉弄人，人总有得志和失意的时候。失意之时，我们不要抱怨给予了太多的磨难，不必抱怨生命中有太多的曲折，慌乱和愤恨都无济于事。我们不妨把每一次的失败都归结为一次尝试，不去自卑；把每一次的成功都想象成一种幸运，不去自傲。就这样，微笑着弹奏从容的弦乐，去面对挫折，去接受，去品味孤独，去战胜忧伤，微笑面对生活带给我们的一切。

其实，那些看似是麻烦的烦恼，有时候只需要我们换个角度、换种心态，就完全是另外一番光明。所以，即使你遇到了挫折，你不妨告诉自己，这只不过是黎明前的黑暗而已，忍忍就过去了。这样一想，事情就没有那么糟糕了。换个角度去观察，世界会更美。

现在，很多人活得很累，过得很不快乐。其实，人只要生活在这个世界上，就有很多烦恼。痛苦或是快乐，取决于你的内心。人不是战胜痛苦的强者，便是向痛苦屈服的弱者。再重的担子，笑着也是挑，哭着也是挑。再不顺的生活，微笑着撑过去了，就是胜利。

生活的快乐与否，完全取决于个人对人、事、物的看法如何。你的态度决定了你一生的高度。你认为自己贫穷，并且无可救药，那么你的一生将会在穷困潦倒中度过；你认为贫穷是可以改变的，你将会积极、主动地面对贫困。心态决定我们的生活，有什么样的心态，就有什么样的人生。

面对人生的烦恼与挫折，最重要的是摆正自己的心态，积极面对一切。再苦再累，也要保持微笑。笑一笑，你的人生会更美好。

若没有苦难，我们会骄傲；没有挫折，成功不再有喜悦；没有沧桑，我们不会有同情心。因此，不要幻想生活总是那么圆满，生活的四季不可能只有春天。每个人的一生都注定要经历沟沟坎坎，品尝苦涩与无奈，经历挫折和失意。

因此，在漫长的人生旅途中，苦难并不可怕，受挫折也无需忧伤。只要

心中的信念没有萎缩，你的人生旅途就不会中断。艰难险阻是人生对你另一种形式的馈赠，坑坑洼洼也是对意志的磨炼和考验——大海如果缺少了巨浪的汹涌，就会失去其雄浑；沙漠如果缺少了飞沙的狂舞，就会失去其壮观；如果维纳斯没有断臂，那么就不会因为残缺美闻名天下。生活如果都是两点一线般地顺利，就会如白开水一样平淡无味。只有酸甜苦辣咸五味俱全才是生活的全部，只有悲喜哀痛七情六欲全部经历才算是完整的人生……

所以，你要从现在开始，微笑着面对生活，不要抱怨生活给了你太多的磨难，不要抱怨生活中有太多的曲折，更不要抱怨生活中存在的不公。当你走过世间的繁华与喧嚣，阅尽世事，你会幡然明白：人生不会太圆满，再苦也要笑一笑！学会坚强，忍受，承担！

第12章

别在名利中沉沦，还幸福简单的形状

幸福、美满的人生，是每一个人生来就追求的。然而，人们常把幸福感的有无和多少与名利联系在一起。诚然，没有人能回避得了名利二字，但金钱买不来健康，名声更换不来幸福与快乐。在名利面前，英雄岳飞仰天长叹："三十功名尘与土"，把功名视为尘土；唐代大诗人杜牧歌曰："莫言名与利，名利是身仇"，都可谓淡然与洒脱。那么，我们又何尝做不到放缓脚步，愉快悠闲地过日子，继而体味生活的美好滋味与乐趣，享受简单的幸福呢？

为了名利斗气，只能与“气”入土

自古以来，名利就像一个明星一般，有数不清的追随者，可以说，当今世人没有谁能回避得了名利二字！只不过有的人名小，有的人名大；有的人利少，有的人利多。有的人为出大名获大利，追求了一生一世。也许人们觉得，只有获得了名利，才会感觉到快乐，但果真如此吗？答案是否定的，适度地追求名利是可取的，但如果为了名利而斗“气”，超出了理智，那么就会常常会迷失自我，甚至葬送生命，哪来的幸福可言？

清乾隆时期的和珅，一生疯狂追求名利。他贪婪无度，官居宰相后丧心病狂地掠夺金钱。据史书记载，他拥有土地 80 万亩、房屋 2790 间、当铺 75 座、银号 42 座、古玩铺 13 座、玉器库 2 间。另外还有其他店铺几十种。仅从和珅家抄没的财产就值银九亿两。最终，和珅被处以极刑，落得个一命呜呼的下场。

在追逐成功的道路上，和珅是很好的榜样。但对于名利过分看重，过分敛财，最终让他落得一个丧命的结局。

我们所说的淡泊名利，并不是说完全“出于世”、“与世隔绝”，完全不要名利，而是希望人们把名利看得清淡一些，千万不要斤斤计较、患得患失；而是让人们要本分一些，不要浮躁难耐、寝食难安。

的确，名利是一把双刃剑，关键看我们怎么掌握。掌握好了我们会一路光明，风光无限好；而掌握不好，也可令智昏损人亦损己。因此，没有名利，我们也不可太过焦躁；有了名利应当加倍珍惜，如果过分得看重它，往往就会为其所累，以致身疲力竭得不偿失。毕竟人活着不是为了名利，而是为了人生的幸福和快乐。什么是幸福呢？

幸福说到底就是一种感觉，也就是说，是否幸福关键在于你是否觉得自己幸福。然而，我们似乎忽略了这一点，我们把自己的幸福与否建立在别人对我们的评判上，甚至一直在追逐那些虚无缥缈的、自己并不需要的东西，你真的幸福吗？

有个成功的企业家，他的成功可谓是一路艰辛。他从十几岁就开始给别人帮工，每天都是早起晚睡的，整天都是忙忙碌碌，好像他就没有休息过，也没有参加过任何的娱乐活动。那段日子，他的梦想是将来自己有一间铺子就好了。

几年后，他终于开了一间铺子。生意不错，此时，他告诫自己，自己的生意更不能放松，于是仍然起早贪黑，匆匆忙忙，休息时间更少了。他想，等将来生意做大了就好了。

又过了几年，他的生意果然做大，拥有了数间很大的门市，每天货进货出几百万元的资金流动，他更不敢放手给别人去做，还是自己苦拼，联系货源，接待客户，管理账目……没黑没白，忙得如有狼在后面追一般。看他真的好辛苦，有人就劝他："你放一放可以吗？好好地休息一天，看看世界会不会大变！"

他回答："不行，我不做时，别人会做的，前面的那些大户们我会追不上的，后面一些中小户又逼上来，放一放，我会落在后面的。"

终于有一天，他累倒了，被迫躺在病床上。有一次，他看到一个病人被抬进手术室再也没回来，那个病人很年轻，曾经还与自己谈过出院后要去旅行。他看着对面空空的病床，心不由一震，顿时大彻大悟了：人由生到死其实只是一步的事，这一步，自己却走得太过沉重啊！一直以来，自己的名利心太重，想要的太多，然而真正得到的却很少。如果不是这次病倒，他会一直拼到五十岁、六十岁，甚至更久，没有娱乐，没有休息，最后两手空空地离开这个世界，这是一件多么可悲的事啊！康复后，他像换了一个人似的，生意还在做，只是不那么拼命了，他不再去追前面的大户，也不怕后面的小户追上来，甚至错过一笔很有赚头的生意也不会在意，人们还经常可以在高尔夫球场上看到他，有时他也与他的家人坐飞机到外地旅游。

他终于懂得了生活的意义。

生命如此般的脆弱，人生苦短，除了名利外，我们还有很多值得追求的东西，如健康、幸福等。和故事中的企业家一样，及早幡然悔悟，才能收获一份最本真的快乐。如果一辈子为名利奔波而不知疲倦，那么，到头来，也只能与“气”入土。

的确，“家有黄金万两，每日不过三顿；纵有大厦千座，每晚只占一间”。轻看名利淡如水。人生于世，若能学水的清澈本性和“利万物而不争”的品格，则不仅精神居于高处，人生也将进入开阔处。要达到如此境界，最需摆脱名缰利锁的束缚。雁过留声，人过留名，想留个好名声，无可厚非，但不能为名所累。若淡泊名利，不为名利而争，人生必甚畅意。

提升自己，但不要为了名利

古人云：“君子之行，静以修身，俭以养德，非淡泊无以明志，非宁静无以致远”，意思就是要以淡泊名利的平常心来提升自己的人格魅力，这也是古人一直追寻的人生境界，他们以书为友，以自然为友，无论外界变化如何，他们都能保持一个安静、淡定的心。然而，也有一些人，他们提升自己，并不是为了砥砺心智，而是为了所谓的名利，不惜付出生命中最为珍贵的代价。

吴起是战国时代的名将，谋略超人，但同时他也痴迷于名利。为了求名，他不择手段。曾经，为了赢得鲁国的信任，他竟然杀了与自己共患难、携带大量金银珠宝与自己私奔的妻子，就因为他的妻子是鲁国的敌国——齐国人。事后，他终于成名，但不幸的是，他却总遭小人暗算，跌下神坛，三起

三落。因求名而得名，他做到了；然而，盛名之下其实难副，因名丧命，他最终失败了。

然而，现代社会，类似于吴起一般的人并不少见。诚然，社会竞争之激烈要求我们做到不断充实自己，否则，将会被社会淘汰，但如果一味地以追名逐利为目的，那么，在不断的追逐中，我们终将会失去自我而成为名利的奴隶。因此，我们需要常常自省，检查自己的行为与思想是否偏离了人生的轨道。我们再来看下面一个人民教师的日记：

看着同学们一个个高升，自己也曾做过美梦，但很快成为一种遐想，因为我属于没钱没权的那一类。曾经一位老师对我说：将目光转向内心世界，我们不一定会成为“名”师，但有可能成为“明”师。是啊，我们不一定成为“名”师，但我们可以成为“明”师。校园本是一方净土，我们不但是知识的传播者，更是美好灵魂的传递者。

让我们审视自我，自己的灵魂是否曾被玷污。淡泊名利，提升自我，是否已成为我们成长的选择？

自己曾经为了职称的评定而四处奔波，打分、证书、年度考核等等无一不有着不可见光的一面。一年的奔波，让我变得“聪明”，让我变得那么渺小，让我看清了这个世界，终于打破了儿时那种天真烂漫的纯洁。看着自己随波逐流，看着自己被同化，内心不禁有一种伤感。

淡泊名利，提升自我。为了成为一名“明”师，自己正在像蜗牛一样慢慢地爬行，在前进中我结识了好多朋友。豁然间，我感觉天真的很蓝很蓝；空气是那么的新鲜；阳光是那么的明媚……

的确，在现实生活中，有多少人和这位教师一样，考尽了证书，为了各种考核，不得不废寝忘食地学习，这种充实自我的精神是值得学习的，但我们学习、奋斗的动机决不能是名利，而是更好地发挥自我价值，丰盈自己的内心。

实际上，我们的生活中还有另外一类人，他们抱怨没有机遇，抱怨工作

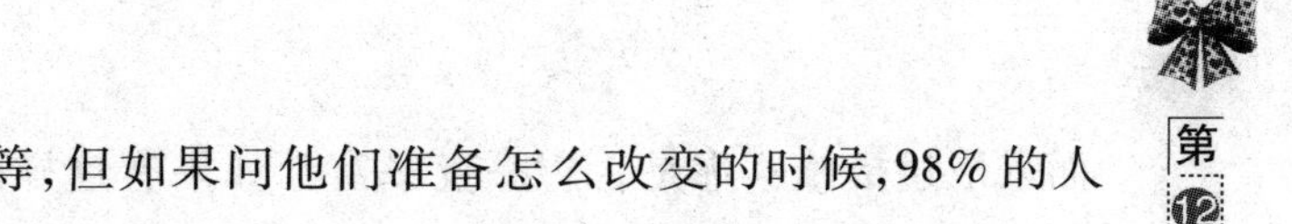

忙碌，抱怨工作没有前途等，但如果问他们准备怎么改变的时候，98%的人就会哑口无言，不能说出具体的方案，或者干脆悲观地说："没办法，过一天算一天吧。"为什么会这样？因为他们没有付出汗水，没有鞭策自己的动力，结果只能生活在他们无意改变的世界上，忍受着失意的折磨，靠发牢骚打发无聊的时光。

那么，现实生活中的人们，该如何以正确的心态提升自己呢？

第一，为自己制定一个合适的计划和目标。

不追名逐利，并不意味着我们要庸庸碌碌，放弃自己的梦想。的确，任何一个人都有梦想，但并不是所有人都实现了梦想，这其中一个重要的原因就是他们并没有规定自己要在一定的期限内完成自己的目标。于是，随着时间的推移，我们的梦想只能逐渐搁浅。我们常说没有做不到，只有想不到。也就是说，没有不合理的目标，只有不合理的期限。所以，在你设立目标的同时，一定不能忘了为你的目标设定一个期限。

比如，如果你的目标是写一本书，但是你并没有给自己一个期限，那么，你就会无限制地拖延下去，直到生命的终结。而如果你给自己定一个期限，比如一年，或者两年、三年，那么你就会按照这个期限来约束自己，在规定的时间内完成任务。

当然，我们所设置的这个期限需要有一定的紧迫性，才能鞭策我们；但同时还得合理，任何一件事的完成都不可能一步登天。

第二，经常为自己充电。

"活到老，学到老"这句话对于现代社会人而言是必须有的意念。无论是拿出业余时间去深造，还是在工作中不断学习，我们都应该展开思索与行动，为自己量身打造一个充电计划，并最终拥有纵横职场的能力。要做好职业定位再去充电。

第三，常自省。

你是否因为周围人的升迁、财富的获得而触动？你是否为了赶超他们

而采取过措施？你是否想一夜暴富？如果有这样的想法，那么，你最好停下脚步，告诫自己，不要迷失了人生的方向。那么，你定当能潇洒地看待人生。

真诚地追求梦想，别在名利中沉沦

在生活中，人们常开玩笑说："梦想很丰满，现实很骨感。"的确，我们每个人来到这个世界上，都想在这个世界上留下点什么，我们都历经了艰辛、困难、挫折、失败，变得沮丧，变得没有自信，从而放弃了原本的努力和追求，我们是如此的无奈。但是，成功的能有几个，大部分人都是平凡的人，碌碌无为地渡过这漫长的一生，只是我们每个人都有着属于自己的梦想，但是为了生活，为了生计，却与当初的梦想背道而驰。这应该是大部分人的成长轨迹。然而，也有一部分人，年少时他们也曾有着自己的梦想，但在梦想的不断地追求过程中，他们经受不住来自外界的诱惑，逐渐被尘世中的名与利迷乱了双眼，并在名利中沉沦下去，而当他们回首过去，却发现，自己已经远离当初的梦想了。

王强和李瑞是两个很好的朋友，他们一起从偏远家乡的小城镇考到了上海数一数二名牌大学的建筑系。在高中时代，王强的成绩明显地胜过李瑞一筹，但这种现象在大学时期并不是很突出。在四季的更替中，四年的大学生活很快就结束了，李瑞由于善于交往，有着不错的人际关系，毕业后落脚在上海，而且还捞到了一纸上海户口。而王强由于毕业之前父亲病重而回了趟家，考研及毕业联系就业单位的事情全耽误了。随后他一路不顺，在上海尝试到几家公司去应聘，均遭到失败。最后，他回到了老家的食品厂就职。

刚开始时，王强对工作很不适应，这里的人也与他格格不入。他仍然保

有考研的志向，并坚持学习着。但离下次研究生考试还近一年的时间，他在这漫长的等待中煎熬着。

在接连收到单位发放的还算不错的工资和奖金后，王强似乎觉得有些满足了，他渐渐地适应了小镇的环境和单位的境况，而且也学会了揩油，时不时也能尝到在这里工作的甜头。后来，考研的话越来越少地被他提起，他似乎开始享受这种不愁吃喝的生活。没多久，有人开始给他做媒，单位也决定给他分房，涨工资……

就这样，一晃十多年过去了，他依旧在食品厂工作着，但不同的是，现在他的生活安逸多了，他晋升成了厂子里的副总，开着名车，住着别墅，他风光极了。可是一起事件结束了这一切，原来，他为了扩充食品厂的厂房基地，看中了市郊的某片地，在投标的过程中，他使用了一些非法手段，当然，这些被曝光后，他只得身陷囹圄。

其实，在生活中，和故事中的王强一样，因为一些蝇头小利而放弃自己当初的梦想，甚至自甘堕落者并不少见。

的确，从小到大，每个人都会有许多梦想。有人说，“年少时，梦想往往很远大；成年后，梦想常常会缩小。步入盛年，我们的梦想或许越来越少；但是，我们的梦想不再不切实际，而是可以通过努力去实现的。”但实际上，年少时的梦想本来同样可以实现，只是很多时候，在名利的追逐中，我们把它搁浅了。的确，名利的车轮沉重缓慢地碾碎了许多人的梦想。

那么，我们如何做到在追求梦想的同时不在名利中沉沦呢？

第一，树立正确的人生态度。

人生态度，是贯穿于人的一生的，它具体表现在人们对于人生所遇到的每个问题上的态度，这种态度决定了人们的行为。当然，人们的人生态度不同，在人生的每个阶段上的态度也有所不同，但正是因为人生的态度的不同，从而引发了不同的人生结果。

一个人只有拥有正确的人生态度，才能正确处理好人生道路上的种种

问题，才能获得成功、圆满的一生。否则，他不仅在每个具体问题上失败，而且他的一生也不会有一个好的结局。

第二，坚信自己的梦想。

据说，有一次，爱因斯坦上物理实验课时，不慎弄伤了右手。教授看到后叹口气说："唉，你为什么非要学物理呢？为什么不去学医学、法律或语言呢？"爱因斯坦回答说："我觉得自己对物理学有一种特别的爱好和才能。"

这句话在当时听似乎有点自负，但却真实地说明了爱因斯坦对自己有充分的认识和把握。

人说，人生路漫漫，人生路奇妙，因为各种突如其来的选择，使我们与许多本来有缘的道路绝缘，又会走上本来不应产生关系的道路。你需要做的是，选择正确的人生道路，赶快企划自己的人生，永远给自己一个新的机会，才能离属于你的舞台越来越近！

别让名利扭曲简单的幸福

幸福、美满的人生是每一个人生来就追求的。但大多数人却认为，拥有名利地位、拥有奢华的生活就是幸福。而实际上，幸福是简单的，有时候，夏日里的一丝凉风、冬日里的一件棉衣就是幸福。也就是说，幸福并不是某种固定的实体，而是一种精神与物质的统一，更多地表现在精神体验上。

有一项统计显示，在美国抑郁症的患病率比起 20 世纪 60 年代高出 10 倍，抑郁症的发病年龄也从上世纪 60 年代的 29.5 岁下降到今天的 14.5 岁。而许多国家也正在步美国后尘。1957 年，英国有 52% 的人表示自己感到非常幸福，而到了 2005 年，只剩下 36%。但在这段时间里，英国国民的平均收入却提高了 3 倍。

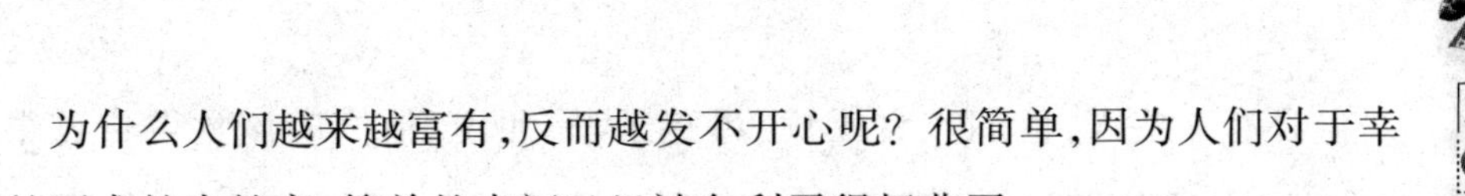

为什么人们越来越富有,反而越发不开心呢?很简单,因为人们对于幸福的要求越来越高,简单的幸福已经被名利弄得扭曲了。

的确,人是一个欲望和需求不断膨胀的动物,也正是由于不断增长的渴望,才使得一个人不断成长。在满足需求和追求的过程中,如果你的眼里只有名利,那你的幸福感永远不会有一个底线。

一天,一只鸡啄来啄去满地寻找食物,它要给自己和自己的孩子寻找可以填饱肚子的东西。突然间,它从一堆废弃的树叶中发现了一颗珍珠,它惋惜地说:"如果你的主人找到了你,他会非常高兴地把你捡起来,把你当成宝贵的财富,可我要寻找的是米粒,而不是你,对于我来说,你毫无用处,一文不值啊!世界上所有的珍珠,都不如一颗米粒对我有吸引力。"

又一天,一只精明的猎狗在森林里寻找主人打下来的猎物,在偶然间看到了一袋黄金。它跑上前去嗅一嗅,懊丧地说:"哎,我还以为找到了主人打下来的猎物呢!不过,我相信主人肯定会非常喜欢,说不定他一高兴就每天赏赐我几根骨头呢!"猎狗这样想着,叼起那个口袋跑到主人身边。

"你真是太伟大了!我要用其中的一块黄金给你配一身最好的行头!"主人抚摸着猎狗说。

猎狗连忙恳求道:"不,如果您不介意的话,我想每顿享用几根骨头。"笑逐颜开的主人爽快地答应了,猎狗从此每天都可以吃到骨头。

幸福不是获得更多的财富与地位,而是得到最适合自己的东西。幸福是可以选择的,我们在选择之前,首先要弄明白自己内心真正需要的是什么,得到你所需要的,你就能获得简单的幸福。

然而,在现实生活中,有一些人,他们随着年龄的增长,各方面的需求不断增加,找工作、买房子、结婚等。为了尽早实现一个个愿望,他们不停地奔波劳碌,在一个又一个目标前奋力冲刺,这成了某些人最习惯的生活方式。纵然实现一个小目标的成就感会让自己得到暂时且短暂的喜悦感,而第二天一起床,这种感觉很快就消失得无影无踪。

还有一些人，他们衣食无忧、母慈子孝，照说，他们应该觉得自己很幸福，可为什么他们总是羡慕别人的生活和快乐，而感受不到自己的幸福呢？其实，幸福的本质不在于追求什么，获得什么，而在于珍惜你所拥有的一点一滴，让心懂得享受，学会满足。

总之，如果我们在每个清晨都能清地爽醒来，我们就是幸福的人，就应对生命的赐予给予感恩。

德国哲学家叔本华曾说过："我们很少想到自己拥有什么，却总是想着自己还缺少什么！不要感慨你失去或是尚未得到的事物，你应该珍惜你已经拥有的一切。"

懂得珍惜，最为可贵，善于知足，最为幸福。当一个人珍惜了生命，生命便会长久；当他珍惜了家人、朋友之间的情感，他便能在友善的交流中，获得快乐与更多的幸福。真正的幸福不是你每天得到了一些什么，而是每天你都能对自己拥有的一切，怀抱着一颗满足、感恩、珍惜的心。如果我们能够保持着这种态度来对待生活中的每一天、每件事，那么，即使人生中有摆脱不了的悲苦、辛酸，我们也能让它们转化成有价值、有意义的事。

贪图钱财者终将无福消受他的财产

人人都企盼生活的幸福，只有感到幸福了，生活才有滋有味。谁也不愿意生活在阴霾里，那样心情会感到很郁闷。追求幸福，谁也没有错，但方向错了，或者说追求的幸福是建立在别人痛苦之上，那是盲目的、片面的，甚至是不仁不义的。那么，怎样才能获得幸福？一些人认为，有钱花就是幸福。其实不然，钱财是生不带来死不带去的东西，一个人一生真正需要的物质财富是有限的，过于贪图财富的人，他终将无福消受他的财产。

一天傍晚，两个非常要好的朋友在林中散步。这时，有位僧人从林中惊慌失措地跑了出来，两人见状，便拉住那个僧人问道："你为什么如此惊慌，到底发生了什么事情？"

僧人忐忑不安地说："我正在移植一棵小树，却忽然发现了一坛子黄金。"

两个人感到好笑，说："这僧人真蠢，挖出了黄金还被吓得魂不附体，真是太好笑了。"然后，他们问道："你是在哪里发现的，告诉我们吧，我们不害怕。"

僧人说："还是不要去了，这东西会吃人的。"

两个人异口同声地说："我们不怕，你就告诉我们黄金在哪里吧。"

僧人告诉了他们具体的地点，两个人跑进树林，果然在那个地方找到了黄金。好大的一坛子黄金！

其中一个人说："我们要是现在把黄金运回去，不太安全，还是等天黑再往回运吧。这样吧，现在我留在这里看着，你先回去拿点饭菜来，我们在这里吃完饭，等半夜时再把黄金运回去。"

于是，另一个人就回去取饭菜去了。

留下的人心想："要是这些黄金都归我，那该多好呀！等他回来，我就一棒子把他打死，那么，这些黄金不就都归我了？"

回去的那个人也在想："我回去先吃饭，然后在他的饭里下些毒药。他一死，黄金不就都归我了吗？"

回去的人提着饭菜刚到树林里，就被另一个人从背后用木棒狠狠地打了一下，当场毙命了。然后，那个人拿起饭菜，狼吞虎咽地吃了起来。没过多久，他的肚子里就像火烧一样的疼，这才知道自己中毒了。临死前，他想起了僧人的话："僧人的话真是应验了，我当初怎么就没有明白呢？"

这个故事警醒世人，对于钱财的贪念会把人带向罪恶的深渊，让人失去理智。它可以使人相互摧残，甚至使最好的朋友都能反目成仇。当生命都

不存在的情况下，聚敛巨额的财富又有何用呢？

求知上进、有所追求是一件好事，但让欲望占据了内心，便给人生的悲剧拉开了序幕。尼采说，人最终喜爱的是自己的欲望，不是自己想要的东西！能够控制欲望而不被欲望征服的人，无疑是个智者。被欲望控制的人，在失去理智的同时，往往会葬送自己。

在生活中，绝大多数人为了生存而拼命工作，但有些人却能轻易地或者不择手段地得到所谓的幸福——钱财，这样的幸福不敢苟同。比如，有的贪官为了聚敛钱财，不择手段，腰包愈来愈鼓，胆子愈来愈大。这种人觉得钞票越多越幸福，幸福得已经麻木了，直到走上被告席，才知道拿自己的生命和前途换来的幸福一文不值，后悔晚矣。

君子爱财应该是取之有道，用之有度。因此，千万不要为了几个小钱而去偷盗，千万别为了财富积累而伤天害理。

实际上，一个人的人生坐标定在什么位置，就有什么样的幸福。最大的幸福莫过于好好活着，珍惜今天，珍惜当下。人生在世，会经历许多事情，坎坎坷坷，酸甜苦辣，人皆有之。一帆风顺，只是祝福语，是一种愿望。其实，幸福就在我们身边，是要寻找和创造的。遵守法律和道德的幸福，要好好珍惜；反之，离得越远越好。

渴望名声者无法从容面对人生

我们都知道，人们都是渴望被尊重的，而名人比一般人更易获得人们的重视。于是，几千年来，多少人在“逐利”的同时还“追名”，从原始人的部落到今天高度发达的信息社会，名声无处不在。在未来的一千年内，名声也将在社会中占据重要地位。就名声本身而言，有好名声，也有坏名声，还有不

好不坏的名声。喜欢好名声，鄙视坏名声，这是人之常情。有人认为，名声的丧失有如生命的死亡。蒙古族还有一句谚语：宁可折断骨头，也不损坏名声。名声是一个追求理想、完善自我的必然结果，但不是人生的目标。一个人如果把追求名声作为自己的人生目标，处处卖弄自己，显示自己，就会超出限度和理智。人一旦超出限度，超出理智时，常常会迷失自我，不是你想干什么就干什么，而是名声要你干什么你就得去干什么。

20世纪初，法国巴黎举行过一次十分有趣的小提琴演奏会，这个滑稽可笑的演奏会是对追求名声的人的莫大讽刺。

巴黎有一个水平高的小提琴演奏家准备开独奏会，为了出名，他想了一个主意，请乔治·艾涅斯库为他伴奏。

乔治·艾涅斯库是罗马尼亚的著名作曲家、小提琴家、指挥家、钢琴家——被人们誉为"音乐大师"。大师经不住他的哀求，终于答应了他的要求，并且还请了一位著名钢琴家临时帮忙在台上翻谱。小提琴演奏会如期在音乐厅举行。

可是，第二天巴黎有家报纸用了地道的法兰西式的俏皮口气写道：

"昨天晚上进行了一场十分有趣的音乐会，那个应该拉小提琴的人不知道为什么在弹钢琴；那个应该弹钢琴的人却在翻谱子；那人顶多只能翻谱子的人，却在拉小提琴！"

这个真实的故事告诉世人，一味追求名声的人，想让人家看到他的长处，结果人家却偏偏看到了他的短处，这样的人又怎么能从容面对人生、享受人生呢？

德国生命哲学的先驱者叔本华说："凡是为野心所驱使，不顾自身的兴趣与快乐而拼命苦干的人，多半不会留下不朽的遗物。反而是那些追求真理与美善，避开邪想，公然向公意挑战并且蔑视它们的错误之人，往往得以不朽。"

谚语云："名声躲避追求它的人，却追求躲避它的人。"在现实生活当中，

有一部分人，追名逐利，处处钻营，不惜血本地去溜须拍马，阿谀奉承，为满足自己的一官、一事、一职之贪。比如，有些人靠金钱开路，买官青云直上。官越大，自己觉得越幸福，可以出人头地，可以吆五喝六，也可以把损失捞回来。这种投机钻营得来的所谓幸福，迟早一天会搬起石头砸自己的脚。

被欲望控制的人，在失去理智的同时，往往会葬送自己。因为，他们用钻营谋得来的权势，对上不得不唯唯诺诺，言听计从；对下虽能专横跋扈，逞一时之威，可是不受百姓拥戴，就像无源之水易于干涸，无本之木易于腐朽一样。

功名可求不可贪，还是把精力放在干些实事上吧。切记不要用钱去谋取权力，也不要用权换取金钱的侵蚀。它于己无益，于社会更是有害。

挣脱名利的枷锁，才能了解幸福的真谛

很多人认为，幸福最简单的模式就是拼命挣钱，当积蓄能够满足自己的挥霍后，再拥有一官半职或者一定的社会地位，那么，享受的人生就此拉开序幕。在这之前，不停地拼搏和奋斗，才是有志向、有抱负的表现。现实果真如此吗？当然不是！享受真正的人生之旅比直到那旅程结束时还没有感受到快乐重要得多。有钱有权的富贵们，不一定人人都开心，个个都能领略生活的乐趣。

曾经有个大富翁，家有良田万顷，身边妻妾成群，可日子过得并不开心。挨着他家高墙的外面住着一户穷铁匠，夫妻俩整天有说有笑，日子过得很开心。

一天，富翁小老婆听见隔壁夫妻俩唱歌，便对富翁说：“我们虽然有万贯家产，还不如穷铁匠开心！”富翁想了想笑着说：“我能叫他们明天唱不出声

来!”于是拿了两根金条,从墙头上扔过去。打铁的夫妻俩第二天打扫院子时发现不明不白的两根金条,心里又高兴又紧张,为了这两根金条,他们连铁匠炉子上的活也丢下不干了。男的说:“咱们用金条置些好田地。”女的说,“不行!金条让人发现,别人会怀疑我们是偷来的。”男的说:“你先把金条藏在炕洞里。”女的摇头说:“藏在炕洞里会叫贼娃子偷去。”他俩商量来,讨论去,谁也想不出好办法。从此,夫妻俩饭吃不香,觉也睡不安稳,当然再也听不到他俩的笑声和歌声了。富翁对他太太说:“你看,他们不再说笑,不再唱歌了吧!办法就这么简单。”

铁匠夫妻俩之所以失去了往日的开心,是因为得了不明不白的两根金条。为了这不义之财,他们既怕被人发现怀疑,又怕被人偷去,有了金条不知如何处置,所以终日寝食难安。

在现实生活中也是如此,有些大款虽然守着一堆花花绿绿的票子,守着一幢豪华的洋房,守着一位貌合神离的天仙,却未必能咀嚼到人生的真趣味。幸福不幸福,同样也不能用手中的“权”来衡量。有了权,未必就能天天开心。我们时常看见,有些弄权者为了保住自己的“乌纱帽”,处处阿谀逢迎,事事言听计从,失去了做人的尊严,哪里还有什么真正的开心?

有的人利用手中的权,拿公款大吃大喝,游山玩水,上歌厅舞厅“泡妞”,虽然获得了一时的感官刺激,找到了一时的开心,但却给自己带来了诉不完的懊悔。他们就像歌德笔下的浮士德,拿自己的灵魂去换取一段开心快乐的时刻,结果变成了傻瓜,他们最后失去的不仅仅是快乐和开心,甚至连生命也一起失去了。

在俄国诗人涅克拉索夫的长诗《在俄罗斯,谁能幸福和快乐》中,诗人找遍俄国,最终找到的快乐人物竟是枕锄瞌睡的农夫。是的,这位农夫有强壮的身体,能吃、能喝、能睡,从他打瞌睡的倦态中以及打呼噜的声音中,无不飞扬和流露出由衷的开心。这位农夫为什么能开心?不外乎两个原因,一是知足常乐,二是劳动能给人带来快乐和开心。

法国杰出作家罗曼·罗兰说得好，“一个人快乐与否，绝不依据获得了或是丧失了什么，而只能在于自身感觉怎样。”

曾经有一名律师，他很年轻，在纽约一家知名公司上班，并即将成为合伙人。他的办公室宽敞明亮，坐在他的高级公寓里，中央公园的美景一览无余。年轻人非常努力地工作，一周至少干60个小时。早上，他挣扎着起床，把自己拖到办公室，与客户和同事的会议、法律报告与合约事项，占据了他的每一天。当本·沙哈尔问他，在一个理想世界里还想做什么时，这名律师说最想去一家画廊工作。

“难道说，现实世界里找不到画廊的工作吗？”年轻人说不是的。但如果选择去画廊工作，收入就会少很多，生活水平也会下降。他虽对律师楼里的人很反感，但觉得没其他选择。

的确，在现实生活中，有很多人，为了金钱的保障，被一个不喜欢的工作所捆绑，他们每天并不开心。据有关机构统计，在美国，有50%的人对自己的工作不甚满意。这些人之所以不开心，并不是因为他们别无选择，而是他们自己做出的决定让他们不开心。因为他们首先看重的是物质与财富，随后才是快乐和意义。实际上，我们虽然无法改变自己的境况，但我们可以改变自己的心态。没了工作不要紧，但不能没有快乐，如果连快乐都失去了，那活着还有什么意义。快乐是人的天性的追求，开心是生命中最顽强、最执著的律动。

可见，不管富贵与贫穷，在物质世界和精神世界中，只要开开心心，生活的趣味就会更浓厚，恐惧和压抑感就会自然从内心深处消失。坦坦荡荡地做人，开开心心地生活，美好的日子就会处处飘满幸福的花香。

第13章

释放无形的压力，别在痛苦中压抑

我们每个人每天都要为生计奔波，都要面临繁重的工作压力，我们常常需要周旋于各种应酬场合中，立身于尘世中太久，你是否经常有种孤独、寂寞、窒息的感觉？你是否觉得压力大？你是否觉得不如人？你不知道自己要的到底是什么样的生活？你的心是否曾经被一些自私自利的狭隘思想笼罩过？你是否已经变得人云亦云？如果有，那么，你应该停下脚步，给自己一段独立思考的时间，适当调整工作、学习与休息的时间，经常散散心，放松绷紧的神经，清除内心的情绪垃圾，释放无形的压力，才能重新起航！

欣赏自己，别被自卑压垮

我们身处一个开放和竞争的年代，人际交往越发频繁，要求我们拥有驾驭自我情绪的一种能力，然而，一些人时不时地会感到自卑。这样的人，即使有再多的才华，恐怕也难能获得广阔的施展空间。心理学教授说，自卑是一种消极的自我评价或自我意识，即个体认为自己在某些方面不如他人而产生的消极情感。自卑感就是个体把自己的能力、品质评价偏低的一种消极的自我意识。具有自卑感的人总认为自己事事不如人，自惭形秽，丧失信心，进而悲观失望，不思进取。

被自卑感所控制，其精神生活将会受到严重的束缚，聪明才智和创造力也会因此受到影响而无法正常发挥作用。自卑更是人们寻求幸福的一条绳索。

下面是一个离异女人在追求人生幸福路上的一段心事。

“2004 年，我结束了 12 年的婚姻，并且要了女儿的抚养权。离婚后我的生活仍然积极，以致很多同事根本不知道我离婚这回事。我一直以为，婚姻只是生活的一部分，并不是全部。后来，在一个偶然的机会，我认识了一个比我小 10 岁的男生。正是因为年龄的差距，我和他聊天没有什么顾忌，彼此很谈得来。从小我是受着很正统的教育长大的，根本没有想到姐弟恋之类的事情会发生在我身上。可随着彼此了解的加深，他不顾年龄的差距，开始追求我。

开始，我也是犹豫不定。虽然我觉得他也不错，可我感觉世俗的压力太大，不肯接受他。在他锲而不舍的追求下，我们开始了恋爱。说真的，我觉得很甜蜜。周围很多人不看好我们，我家人也都不同意，因为他年龄小，怕以后变数大。这种担心，我自己也不是没有，但我想的更多的是：他能这样爱我，是因为我本身很优秀，起码有很多优秀的品质。

为什么女人离了婚，就老要怀疑自己的魅力呢？女人一定要自信，特别是离婚女人。我觉得，很多离了婚的女性，是自己降低了自己的标准，总觉得自己是离过婚，便低人一等。感情是需要经营的，在我们确定了一段时间的恋爱关系后，我们便结婚了。现在我们很幸福。对于我们之间的这种年纪差距，我并不自卑。而且，我放平了自己的心态，我不觉得比他大，就要像个妈妈样姐姐样，事事关心。希望所有的离异女人都能和我一样再次找到幸福婚姻吧，希望女人们都要自信起来吧……”

从这段心事表白中我们发现，这个女人是自信的、勇敢的，她并不因为自己离异、年纪大而自卑，她的努力获得了回报，她找到了属于自己新的一段婚姻。

自卑并不是一种情绪，而是一种长期存在的心理状态。有自卑心理的人，在行走于世的过程中，他们的心理包袱会越来越重，直至压得人喘不过气。它会让人心情低沉，郁郁寡欢。因为不能正确看待自己、评价自己，他们常害怕别人看不起自己而不愿与人交往，也不愿参与竞争，只想远离人群。他们缺少朋友，甚至自疚、自责；他们做事缺乏信心，没有自信，优柔寡断，毫无竞争意识，享受不到成功的喜悦和欢乐，因而感到疲惫，心灰意懒。

那么，如果你是个自卑的人，你怎样才能摒除自卑，重新找回自信的自己呢？

第一，注意自己的仪表，树立自信的外表。

走路正视前方，说话正视别人的眼睛。注意锻炼，保持健美的身材、健康的身体和积极的心理状态。什么场合穿什么样的服装也是有讲究的。在比较正式的场合你穿得很随意，看看周围人你就会感觉不自在，这样的不自在就会让你感觉紧张，总去想别人怎么笑我穿得这个样子，所以也就没有了心情怎么去和别人交流。相反，一个很随意的场合你穿得很正式，反而显得你的做作。总之，要适合场合，适合自己的身份。

第二，看到自己的长处。

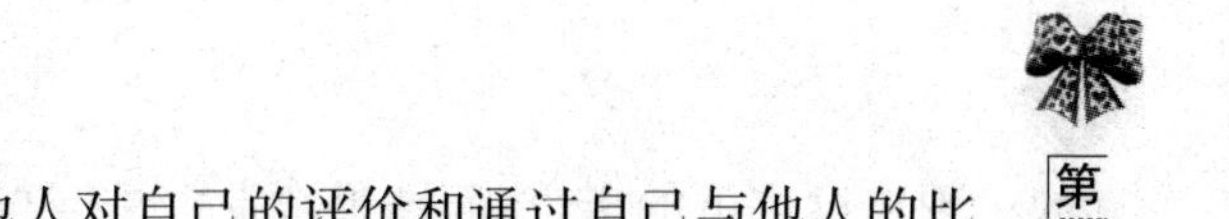

一般情况下，每个人都是根据他人对自己的评价和通过自己与他人的比较来认识自己的长处和短处的。有的人，在与他人比较的过程中，多习惯用自己的短处与他人的长处相比较。结果，越比较越觉得自己不如人，越比越泄气。只看到自己的不足，而忽视自己的长处，久而久之就会产生自卑感。

第三，要正视挫折。

在人生的旅途中，人们都会经历各种挫折，如遭受失败打击、失恋、学习及工作不如意、不顺心等。挫折会使你有各种反应，有的人从挫折中经受锻炼，增强了对环境的适应能力，有的人则变得消沉、冷漠。更有甚者，对微弱的挫折也难以忍受，这就很容易给自己蒙上自卑的阴影。

自卑的心理促使一个人在人生道路上常走下坡路。其实，战胜自卑并非难事，不要过于看重一次的失败与丢丑，不要因先天的缺陷而抬不起头，在生活中报以平和的心态对待周围的人和事情，慢慢地，当你鼓起自信的风帆，划动奋斗的双桨，你一定会发现一个生气勃勃的你，一个潇洒自如的你，一个成功的你！

自负心理会让自己背上更多压力

我们任何一个人都知道，自信就是自己信得过自己，自己看得起自己。别人看得起自己，不如自己看得起自己。美国作家爱默生说：“自信是成功的第一秘诀。”又说：“自信是英雄主义的本质。”人们常常把自信比作发挥主观能动性的闸门，启动聪明才智的马达，这是很有道理的。确立自信心，就要正确地评价自己，发现自己的长处，肯定自己的能力。但在很多时候，自信与自负只有一线之差，自信的人予人好感，自负的人令人厌烦。而同时，自负者在心理上也会有更多的压力，因为他们在内心会告诉自己，一定要兑

现自己许下的诺言，而结果常常也是事与愿违。

有一个年轻人在银行工作。他过去的老师想开一家公司，却缺少资金，便去问他能不能帮忙贷款。他想："这是老师第一次找自己帮忙，怎么能拒绝呢？"当即一口答应。可是，他毕竟刚参加工作不久，还没取得说话的资历，老师的贷款请求又不完全合乎规章，所以，当老师租好门面，请好员工，等着资金开业时，他这里却拿不出钱来，搞得很被动。老师大怒，责备他说："你这不是捉弄我吗？你即使不想帮我，也不该害我！"他能说什么呢？只好苦笑而已。

这就是自负给自己带来的苦果——自讨苦吃，对方不感激你，还会怨恨你。

古人云，轻诺必寡信。这不仅是一个主观上愿不愿意守信的问题，也是一个有无能力兑现的问题。自负者为了表明自己的能力超群，常常答应自己无力完成的事，当然会使别人一次又一次失望。

一家公司招聘业务经理，一位年轻人来应聘，他说："我干这一行已经有五年时间了，积累了大量的的工作经验，并且最擅长做终端业务，如果授予我相应的自主权，那么我敢保证，一年做成100万业务绝不成问题。"总经理庆幸喜得人才，任命他为地区经理。谁知他的业务开展得不够理想，一年仅完成50万业务。总经理大失所望，撤销了他的经理职务。

第二年，又有一位年轻人前来应聘，说："我有两年的工作经验，虽然不算很资深，但是如果给我一次机会的话，那么我愿意竭诚为公司服务。"经理见他踏踏实实也很喜欢，就先让他干了一年。这一年，他干得果然卖力，一年完成了50万业务。总经理对他大加赞赏，并提升他为地区经理。

同样是50万业务，却一个降职一个升职，受到的待遇如此不同。这是期望值不同造成的结果啊！拔高自己的时候要根据实际情况，如果一味地说自己多么能干而到头来没有实现自己曾经夸下的海口，那么结果只会让人把你看低。

年轻人信心十足，有意拔高自己以求得他人尊重，心情可以理解，结果

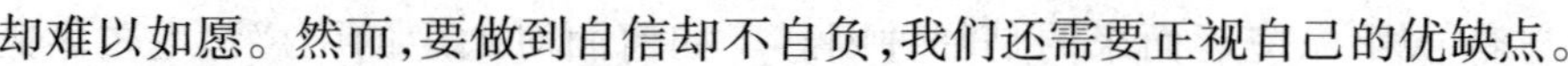

却难以如愿。然而，要做到自信却不自负，我们还需要正视自己的优缺点。

“我就是胖，可是我会减肥。我就是龅牙，可是我会戴牙套。喜欢他，那就追啊！”台湾综艺节目主持人小S的宣言，被很多女性奉为经典，“为了美丽和爱情，她屡败屡战，终于嫁给白马王子。”很多女人都羡慕小S的自信，她美丽，更可贵的是她特别有张力，有自己的想法，虽然已经在主持界享有声望，但并没有被禁锢在象牙塔之中，而是懂得发掘社会资源，坚持自己的主持风格，同时家庭关系也处理得很好。屏幕上的小S很激情，思路敏捷却不咄咄逼人，轻松自信却不张扬，那份含蓄的、东方的美在不经意间似珍珠般散发出柔和的光彩。

总之，自信固然可贵，但如果自信过了头，成为一种自负与狂妄，那就确实不讨喜。虽然，有时人跟人之间会因认知观点不同，你的自信到了别人眼里成了自负，这种事无可避免，因为你们对“自信”的定义可能有所不同。然而，如果要以中立的立场来谈，“自信”是一种内在的、关乎个人的态度；而“自负”是外放并会影响他人的，如果到了批判与伤害的程度，就称得上无礼的“狂妄”。

当然，你也不需要过度地谦虚，否则你也会有心理压力。当你能拿捏好你的自信尺度，就没有人能干涉你的生活态度；就算有，也许是对方嫉妒你，因为他本身缺乏自信，所以看不惯你的神采奕奕，对于这样的人，你应该多同情但不去计较，因为他的心态太贫穷，而且没有人能救得了他。你不需要因为比乞丐富有而感到抱歉，尤其这是你努力争取、应得的成果，过好你的人生才是最重要的。

远离悲观，不要压抑自己

红尘滚滚，荆棘丛生，人生的道路曲折而漫长。苦难是生命的常态，烦

恼与痛苦相伴，应运而来的是种种困惑。如何面对人生的困惑？毛主席赠柳亚子诗曰；“牢骚太盛防断肠，风物长宜放眼量。”意思是说对待困惑，眼睛要看得远，心要想得开，做到不疑不愁不怒，豁达乐观，这样才能烟消云散，天高地阔，去迎接生活的每一天。

生活的快乐与否，完全决定于个人对人、事、物的看法如何；因为，生活是由思想造成的。如果我们想的都是欢乐的念头，我们就能欢乐；如果我们想的都是悲伤的事情，我们就会悲伤。的确，人生在世，快乐的活着是一生，忧郁的过也是一生，是选择快乐还是忧郁？这完全取决于做人的心态，正确的做法就是不断地培养自己乐观的心态，远离悲观，它既是一种生活艺术，又是一种养生之道。

著名潜能开发大师迪翁常常用一句话来激励人们进行积极思考：“任何一个苦难与问题的背后，都有一个更大的幸福！”这是他的招牌话。他有个可爱的女儿，但一场意外让这个可爱的小女孩失去了小腿，当迪翁从韩国的演讲赛上赶到医院时候，他第一次发现自己的口才不见了。可是女儿却察觉父亲的痛苦，就笑着告诉他：“爸爸！你不是常说，任何一个苦难与问题的背后，都有一个更大的幸福吗？不要难过呀！这或许就是上帝给我的另一个幸福。”迪翁无奈又激动地说：“可是！你的脚……”

小女儿非常懂事地说：“爸爸放心，脚不行，我还有手可以用呀！”

听了这样的话，迪翁虽有几分心酸，可也欣慰不已。

两年后，小女孩升入中学了，她再度入选垒球队，成为该队有史以来最厉害的全垒打王！因为她的腿不能走路，就每天勤练打击，强化肌肉。她很清楚，如果不打全垒打，即使是深远的安打，都不见得可以安全上垒。所以唯一的把握，就是将球猛力击出底线之外！

这是一个乐观积极的小女孩，在最艰难的时刻，她留给人们的依然是微笑，因为她相信父亲的那句话“任何一个苦难与问题的背后，都有一个更大的幸福”，于是，灾难变得不再可怕，而她本人也更有能力面对那场艰难的挑战。

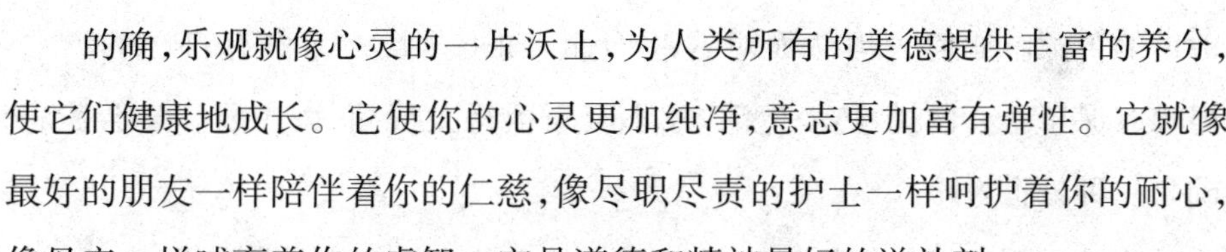

的确，乐观就像心灵的一片沃土，为人类所有的美德提供丰富的养分，使它们健康地成长。它使你的心灵更加纯净，意志更加富有弹性。它就像最好的朋友一样陪伴着你的仁慈，像尽职尽责的护士一样呵护着你的耐心，像母亲一样哺育着你的睿智。它是道德和精神最好的滋补剂。

一次，孔子带着学生去郊外散步，看见一位老者在田里捡麦穗，还哼着小曲，子贡问道；“老伯，你这么大年纪，还在田中捡麦穗，真可怜啊，怎么还唱歌呢?”老人笑着说；“我的快乐在你们心里是忧虑，我虽然贫穷，但我心安理得，所以我没有烦忧，心里有的只是欢乐的歌。”人遇困惑，如能想得开，拿得起，放得下，最为可取。北宋大文学家苏轼后来被贬到海南时，赋诗曰：“参横斗转欲三更，苦雨终风也解晴，云散月明谁点缀？天容海色本澄清。空余鲁叟乘桴意，粗识轩辕奏乐声。九死南荒吾不恨，兹游奇绝冠平生。”这是何等的洒脱大气，磊落胸怀，又是何等的豁达乐观！

的确，一个乐观开朗的人，无论面对什么样的生活，都有能力重新开始，即使在地狱中，也能重新走入天堂。对于任何一个人来说，这是比什么都重要的财富。

因此，生活中的人们，无论命运把你抛向任何险恶的境地，你都要毫无畏惧，用你的笑容去对付它！而如果你能选择不把挫折拿来当成放弃努力的借口，那么，或许你们可以用一个新的角度，来看待一些一直让你们裹足不前的经历。你可以退一步，想开一点，然后你就有机会说：“或许那也没什么大不了的！”

学会遗忘，获得重生的自己

有人说，生活犹如一枚绿橄榄，慢慢咀嚼，既有清泉般的甘醇，也有难以诉说的苦涩。如何去坦然面对这迎面而来的一切，人人都有自己的方法。但唯有保持身心愉悦，热爱生活，才不至于活得太沉闷，太矛盾。学会遗忘，确是一种处世方略。

生活需要记忆。记住经验，记住关怀，记住友谊，记住爱情，但生活也需要遗忘。不会遗忘，被名利缠身，为是非所累，被琐事所用，就人为地背上了思想包袱，关闭了心扉，就会活得很苦累。如果你想永远开心，那么，请你经常换一下心情，学会遗忘，以真实的快乐去对待每一天。

哈佛大学校长曾经来北京大学访问时，讲了一段自己的亲身经历：

有一年，这个校长心血来潮，准备过一段时间与众不同的生活，于是，他向学校请了假，然后告诉自己家人，不要问我去什么地方，我每个星期都会给家里打个电话，报个平安。

接下来，他一个人，带着简单的行李，去了美国南部的农村，开始了他所谓的与众不同的生活——农村生活。他到农场去打工，去饭店刷盘子。在田地做工时，背着老板吸支烟，或和自己的工友偷偷说几句话，都让他有一种前所未有的愉悦。最有趣的是最后他在一家餐厅找到一份刷盘子的工作，干了四个小时后，老板把他叫来，跟他结账。老板对他说："可怜的老头，你刷盘子太慢了，你被解雇了。"

三个月后，这个"可怜的老头"重新回到哈佛，回到自己熟悉的工作环境后却发现，一切原本熟悉的东西顿时变得新鲜起来了，工作成为一种全新的享受。

对于这个哈佛校长来讲，这三个月的经历，就是一次洗涤心灵的过程，自己原本洋洋自得，甚至呼风唤雨的哈佛大学校长职位，自己原本认为的博学与多才，在新的环境中一文不值。更重要的是，回到一种原始状态以后，就如同儿童眼中的世界，也不自觉地清理了原来心中积攒多年的"垃圾"。

从这个故事中我们发现，只有学会遗忘，定期给自己复位归零，清除心灵的污染，才能放下各种压力，更好地享受工作与生活。

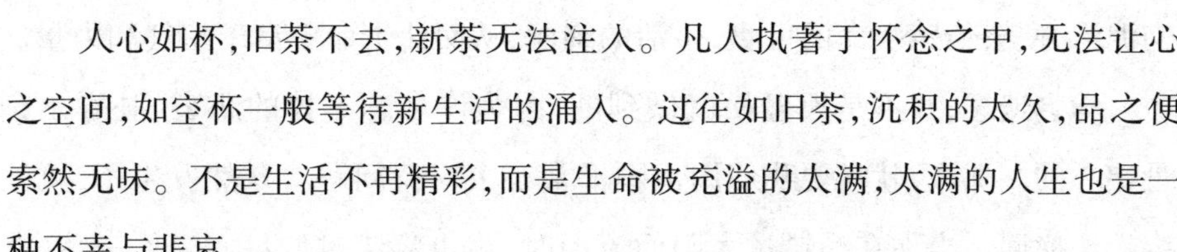

人心如杯，旧茶不去，新茶无法注入。凡人执著于怀念之中，无法让心之空间，如空杯一般等待新生活的涌入。过往如旧茶，沉积的太久，品之便索然无味。不是生活不再精彩，而是生命被充溢的太满，太满的人生也是一种不幸与悲哀。

空，是一种等待的状态，空杯可以装入更加绚烂的明天，正如白纸可以画出随意想象的任何一幅画卷。

学会遗忘，是让心开阔纯净的一个过程。饮尽一切不堪的过往，心灵才可以涤荡的没有尘埃，生命才可以轻装而行。

生活没有对错，生命没有起始。自信、洒脱、快乐、大度的人的每一天，都是新生活的开始。

学会遗忘，也就学会了原谅，学会了释然。没有不可谅解的恩仇，没有不可忘却的烦忧。当所有的怨恨在相逢一笑中泯然而去的时候，被怨气包裹的心便会在这一刻轻松与坦然许多。

很多时候，人们都是在为过去所累，过去的冤怨，过去的争吵，过去的误解，过去的情感，包括过去的辉煌与荣耀。其实那些，不过都只是飞过头顶的一片云彩，飘过眼前，便云消雾散。

可见，遗忘也是一种豁达，一种千帆过后的沧桑沉淀。世事无常，命运颠沛，生活还是继续着，去糟入鲜，除旧迎新，遗忘一些过往之后会使体内的血液更新鲜地涌动！

遗忘也是一种成熟，一种阅尽繁华之后的淡泊。在每一个无人的夜晚，梳理思绪，不要再有目光穿透伤悲，活在当下，更真实地拥抱自己！

遗忘也是一种美丽，一种禅意的空灵。刻意的遗忘相对来讲是困难而苦累的，但只要是你想抛弃那包袱，没有不可能的。而无意的遗忘，是一种不深刻的体现，但也体现了人生的练达旷意。

遗忘，并不是对过去的一概的背叛，而是把曾经的喜怒哀乐都沉淀于心底，从而以更纯净的心态去面对未来，把握自己的命运。学会遗忘，走出烦

恼泥潭，便会倍感生命的可贵，生活的绚丽，从而让生命更富于朝气和力量。

学会遗忘，并不是很轻松就做到的，因为许多忘不掉的悲哀、耻辱是刻骨铭心的。那么，就需要我们用一颗平常心去对待问题。既然发生了，就注定无法挽回。当你在为错过太阳而流泪时，你也将错过群星。当你失落、悲伤的时候，最好学会遗忘。不要在乎脚下的路，前面的风光更迷人！

借用音乐与书籍舒缓身心

现代社会中的人们，每天都必须面临繁重的工作压力和生活压力，难免会有情绪低落的时候，当人的心情处于低潮时，对任何事情都提不起兴趣。所以，要想摆脱这种心情，首先应该让本人不要总是去想这些问题，转移注意力。而音乐和书籍就是舒缓心情、调节身心的良好方法。

读书可以使人在潜移默化中逐渐变得心胸开阔，气量豁达，不惧压力。若用心来读一本好书，可以有更多的人生体会和感悟。总之，书籍不仅可以开阔我们的视野，更可以带给我们丰富的人生智慧。而音乐作为人类文化的一部分，对于人类文明进步以及人类的身心健康一直有着非常重要的影响。科学家认为，当人处在优美悦耳的音乐环境之中，可以改善神经系统、心血管系统、内分泌系统和消化系统的功能，促使人体分泌一种有利于身体健康的活性物质，该物质可以调节体内血管的流量和神经传导。

在古希腊，人们相信音乐是神赐予的。传说中，奥菲斯弹奏阿波罗送他的那把七弦琴，可使野兽平静、树木跳舞、河水停止流动。他的音乐深深地打动着人心，可谓余音绕梁、三日不绝。人们甚至相信，他曾用自己的音乐说服了阴间之神释放他心爱的尤莉狄斯。

可见，音乐是一种可以唤醒沉醉灵魂的力量。音乐作为一种艺术，它之所以能打动人，是因为它能以动感的声音方式表现出一种情感，它所蕴涵的宁静致远、清淡平和，可以使终日奔忙、身心俱疲的现代人得到彻底的放松。作为奔波于现代闹市中的人，一定要懂一点音乐。在音乐的圣殿中，我们能暂时忘记生活的繁琐，工作生活的不顺心，能获得音乐给予我们的心灵滋养。

音乐是一种可以抚慰心灵的媒介，它可以和心灵产生共鸣，并把心中的不良情绪释放出来，还可以让你浮躁的内心恢复平静。当我们为现代生活所累时，不妨尝试一些音乐疗法，那么，什么是音乐疗法呢？

音乐疗法是通过生理和心理两个方面的途径来治疗疾病：一方面，音乐声波的频率和声压会引起生理上的反应；另一方面，音乐声波的频率和声压会引起心理上的反应。听音乐时，音乐能够启动大脑的情感中枢，这一大脑区域与人体在受到食物、性以及麻药甚至毒品刺激下变得异常活跃的区域完全一致。这一发现具有非常重要的意义，因为音乐不会像药品那样直接对大脑产生作用，所以这种间接作用就显得更为神奇。

音乐疗法是一种自然疗法，它能使人感到愉快，提高大脑皮层的兴奋性，改善人们的情绪。同时，它还能消除人们因种种原因造成的紧张、焦躁、犹豫等不良心理状态。

音乐治疗在以下几个方面的疗效是显而易见的：有助于释放压力和情绪；减少不恰当行为及增强自制；改善学习兴趣，提高身体灵活性；改善人际关系的能力及处事技巧；增加专注力与定力；减压、排忧解困；改善身体和情绪功能，提高情商；强化个性气质；加快自我成长，提升自我价值，确定人生方向；缓解并医治身体的各种病症。

当然，除了音乐疗法以外，我们还可以通过书籍来缓解心灵压力。人的灵魂不能浅薄、庸俗、无聊，它永远在追求最高尚的东西。使之高尚的重要渠道就是读书。书是使人类进步的阶梯；书是智慧的殿堂，珍藏着人生思想的精英，是金玉良言的宝库。

书籍是我们人生阅历的第二获得者。读书，可以增长见识，陶冶性情，

使人的情感更细腻，举止更优雅，气质更深沉。淡泊以明志，宁静以致远，非读书是不能达到的。读书为人生带来了最美妙的时光。

纷纷扰扰的尘世中，每个人都应该给自己一个慢下来的理由，很多时候，我们焦头烂额，手足无措，此时，我们不妨用书籍去调节，在对文字的咀嚼过程中，我们的失落会逐渐消散。因为书籍是我们心灵的导师，它不仅能让我们从繁杂的工作与生活中解脱出来，还能让我们找到心灵的寄托。

的确，不良情绪影响人的身体健康。对于那些对人体伤害更大的情绪，如绝望、悲怆，我们都可以通过音乐或书籍来调节以使情绪能转变或移用到正常的激励机制上，因为它们能帮助我们洗涤心中的所有尘埃，给我们一个饱满的人生及永恒的幸福感受。

放开手，不要总想着掌控别人

我们生活的周围，有这样一类人，他们勤恳、努力、认真，给亲人无微不至地照顾，工作中事必躬亲，他们总是希望周围的一切都在他们的掌控之中，然而，正因为如此，他们比其他人活得更累。而如果他们能学着放手，自然会轻松很多。

有这样一个人，他叫蓝迪。他所在的管理咨询公司中，除了创立者以外，他是唯一不是工作狂的人。后来他来到一个遥远的国家，创办了一个自己的公司，这家公司成长很快。这家公司的员工也都来自家乡，他们工作起来很努力、认真。作为他的员工，他们都很羡慕蓝迪，因为蓝迪每天除了参加重要客户的会议外，其他事务则授权给年轻合伙人处理。

蓝迪虽是公司领导者，却不管任何行政事务。他把所有精力拿来思考如何在与重要客户的交易中增加获利上，然后再安排用最少人力达到此目

的。蓝迪的手上从不曾同时有3件以上的急事，通常一次只有一件，其他的则暂时摆在一旁。为蓝迪工作的人在时间效率上充满挫折感，因为同蓝迪比起来，他们的效率实在是太低。

可以说，蓝迪就是个工作效率高的领导者。他之所以能成功管理自己的团队，就是因为他懂得抓大放小，放下那些琐事，把主要精力放在更为重要的事情上。而和蓝迪不同的是，很多企业领导者每天不得不面对繁忙的工作，还有来自公司、同事及下属的压力。各方面的压力使他们穷于应付，却抽不出时间做真正该做的事：解决根源性问题、统筹布局、培养下属。压力还使他们心力交瘁，持续处在焦虑状态之中，在工作中难以发挥最大成效。诚如一位管理者所言，“做一个主管，要注意目标，就像游泳一样，要一边游，一边看前方，不要一头撞到池壁才知道到了。不要花太多时间在小问题上，要多花时间在目标上。”

的确，那些在工作中做到游刃有余的人，通常都是懂得放权的，他们相信下属能做好，于是，他们能为自己腾出更多的时间愉悦身心，放松自我。因此，如果你是个领导者，那么，你应当抛弃将员工当做工具、封建家长式的作风，取而代之的应是尊重员工的个人价值，合理地设计和实行新的员工管理体制，最重要的是要做到给予下属权利，把员工看成企业的重要资本、竞争优势的根本，并将这种观念落实在企业的制度、领导方式等具体管理工作中。

另外，给予下属权利也是为领导者自身分担工作的重要方法。在领导工作中，面对看似无法完成的工作任务，领导者最有效的办法就是要知人善任，这样领导可以腾出一些时间和精力抓大事，下属也可以小试牛刀。

同样，生活也是如此，我们不可能掌控生活中的方方面面，即使我们的亲人，他们也希望有自己的生活空间，放开手，你的身心也会得到放松。

老王是某单位的员工，他有一位品貌俱佳的妻子，她在单位里是中层干部和先进工作者，在家里她是贤妻良母。她把丈夫照顾得无微不至，她从不让丈夫洗衣做饭。丈夫加班，她去送饭。丈夫穿的用的，全是她买；丈夫的

皮鞋都是她擦，领带都是她系。丈夫“爬格子”，她总是左右侍候，端茶倒水。每每论起“内助”如何，老王的朋友总是羡慕他的“福分”，羡慕他们亲密无间，朝夕相伴。

但老王总觉得自己的妻子与人家相比有天壤之别。半年后，老王居然与他的贤妻离婚了，据说单位和亲朋好友调解多次，妻子也不解地问他：“哪点对不住你？”但他铁了心，坚持离她而去。很多同事曾直截了当地问他是否另有新欢，是不是喜新厌旧，他只是说：“过腻了，这样活着，吊不起胃口。”

生活中，可能很多妻子都和故事中老王的妻子一样勤勤恳恳地为家庭操劳，对丈夫无微不至地照顾，他们对老王夫妻俩的婚姻结局也会产生质疑：到底哪里出了问题？从老王的话中，我们大致能了解到男人们内心的想法，他们需要的是一位妻子，而不是一位母亲。朝夕相伴，无私奉献，爱情之火也不一定就能持久地燃烧。

总之，无论是生活还是工作中，懂得放手，不仅是对对方的一种尊重和信任，更是现代社会人们释放压力、调节身心的重要方法，否则，你抓得越紧，你就越累！

清除情绪垃圾，释放有害压力

我们都知道，快乐的心情可以成为事业和生活的动力，而恶劣的情绪则会影响身心的健康。然而，现代社会，人们为了生活四处奔波，工作和生活的压力常常使得我们喘不过气来。人们急切地希望寻找到一种能帮助自己清理情绪垃圾的方法。我们先来看下面的一个故事。

一位年轻人去看医生，抱怨生活无趣和永无休止的工作压力，心灵好像已经麻木了。诊断后，医生证明他身体毫无问题，却觉察到他内心深处有问

题。医生问年轻人："你最喜欢哪个地方？""不知道！""小时候你最喜欢做什么事？"医生接着问。"我最喜欢海边。"年轻人回答。医生于是说："拿这三个处方，到海边去，你必须在早上9点、中午12点和下午3点分别打开这三个处方。你必须同意遵照处方，除非时间到了，不得打开。"

这位年轻人身心俱疲地拿着处方来到了海边。

他抵达时刚好接近9点，独自一人，没有收音机、电话。他赶紧打开处方，上面写道："用心倾听。"他开始用耳朵去倾听，不久就听到以往从未听见的声音。他听到波浪声，听到不同的海鸟叫声，听到沙蟹的爬动，甚至听到海风低诉。一个崭新、令人迷恋的世界向他展开双手，让他整个安静下来，他开始沉思、放松。中午时分他已陶醉其中，他很不情愿地打开第二个处方，上面写道："回想。"于是他回想起儿时在海滨嬉戏，与家人一起拾贝壳的情景……近3点时，他正沉醉在尘封的往事中，温暖与喜悦的感受使他不愿去打开最后一张处方，但他还是拆开了。

"回顾你的动机。"这是最困难的部分，亦是整个"治疗"的重心。他开始反省，浏览生活工作中的每件事、每一状况、每一个人。他很痛苦地发现他很自私，他从未超越自我，从未认同更高尚的目标、更纯正的动机。他发现了造成疲倦、无聊、空虚、压力的原因。

在这个故事中，这位年轻人通过医生的建议来到海边，给了他一个自我反省的机会，才认识到自己的缺点——自私、从未超越自我、从未认同他人，这就是他感到空虚、压力大的原因。心理学家曾说过："人是最会制造垃圾污染自己的动物之一。"正如清洁工每天早上都要清理人们制造的成堆的有形的垃圾一样，我们要想彻底消除倦怠，也必须经常地反省自己，时刻清洗心灵和头脑中那些烦恼、忧愁、痛苦等无形的垃圾，真正让自己时刻心如明镜，洞若观火，以最好的状态去投入工作。

那么，在情绪激动时，要如何保持头脑清醒呢？下面几个方法能帮助我们学会理智驾驭自己的情绪，做情绪的主人。

第一，自我暗示。

采取这种方法，可以抑制不良情绪的产生。比如，你可以告诉自己，我是最棒的，沉住气，别紧张，胜利一定是属于自己的。这样就能增强自信心，情绪就会冷静，就能遏制冲动，避免不良情绪造成不良后果。

第二，自我激励。

这是用理智控制不良情绪的又一良好方法。恰当运用自我激励，可以给人精神动力。当一个人在困难面前或身处逆境时，自我激励能使你从困难和逆境造成的不良情绪中振作起来。

第三，心理换位。

这是消除不良情绪的有效方法。所谓心理换位，就是与他人互换位置角色，即俗话所说的将心比心，站在对方的角度思考、分析问题。通过心理换位，来体会别人的情绪和思想，这样就有利于消除和防止不良情绪。

除此之外，你还可以合理发泄这些情绪垃圾。所谓合理发泄情绪是指在适当的场合，采取适当的方法，排解心中的不良情绪。有以下两种发泄悲观情绪的方法。

第一，哭泣。

当你遭到突如其来的灾祸，精神受到打击而不能承受时，可以在适当的场合放声大哭。这是一种积极有效的排遣紧张、烦恼、郁闷、痛苦情绪的方法。

第二，倾诉。

当你心中积满苦闷、烦恼、抑郁等不良情绪无法疏散时，可以向父母、同事、知心朋友尽情倾诉，发发牢骚，吐吐委屈。这样使消极情绪发泄出来后，精神就会放松，心中的不平之事也会渐渐消除。

总之，人不仅要有感情，还要有理智。如果失去理智，感情也就成了脱缰的野马。在陷入消极情绪而难以自拔时，应为自己服下压力的解药，才能即时卸下包袱，继续上路！

第14章

不要在浮躁中忙碌，有条理才能顺心意

现代高速运转的社会让生活中的人们变得浮躁起来，在喧嚣的都市生活中，能做到静心的有几人，又有几人能在充斥着各种颜色的生活中偶尔放下浮躁的心，去静静地思索人生？也许在这个快节奏的时代，我们真的走得太快了，是该停下脚步的时候了，等一等被我们丢远的心灵。这样，才能让自己的心静下来在百忙中找到头绪，将事情做到有条有理，才能让一切顺心顺意！

浮躁的心态会屏蔽掉好运气

在我们的心灵深处,总有一种力量使我们茫然不安,让我们无法宁静,这种力量叫浮躁。浮躁就是心浮气躁,是成功、幸福和快乐最大的敌人。从某种意义上讲,浮躁不仅是人生最大的敌人,而且还是各种心理疾病的根源,它的表现形式呈现多样性,已渗透到我们的日常生活和工作中。

浮躁属于自制力差的一个重要表现,做事无恒心,见异思迁,不安分守己,总想投机取巧,成天无所事事,脾气大。浮躁是一种病态心理表现,其特点如下。

第一,焦躁不安。容易焦躁、急功近利,在与他人的攀比之中,更显出一种焦虑不安的心情。

第二,心神不宁。面对周围生活环境的变化,会出现恐慌的情绪,觉得前途无望。

第三,盲动冒险。做事冲动、不理智,行动具有盲目性。行动之前缺乏思考,甚至认为只要能赚到钱,违法的事情都能做。这种病态心理也是当前违纪犯罪事件增多的一个主观原因。

比如,有的女青年看到歌星挣大钱,就想当歌星;有些男青年看到企业家、经理神气,又想当企业家、经理,但又不愿为了实现自己的理想努力学习。还有的人兴趣爱好转换太快,干什么事都没有常性,今天学绘画,明天学电脑,三天打鱼两天晒网,忽冷忽热,最终一事无成。

浮躁是一种冲动性、情绪性、盲动性相交织的病态社会心理,它与艰苦创业、脚踏实地、励精图治、公平竞争是相对立的。浮躁使人失去对自我的准确定位,使人随波逐流、盲目行动,对组织、国家及整个社会的正常运作极

为有害，必须予以纠正。

德国著名哲学家叔本华在柏林大学任教期间，不甘无名，与其认为是“徒有虚名的诡辩家”的黑格尔同时授课。但黑格尔当时如日中天，叔本华挑战败北，最后课堂上空无一人，只得黯然离开，移居法兰克福，在那儿度过了寂寞的晚年。在孤独的日子里，只有一条名为“世界灵魂”的卷毛狗陪伴他，他享受不了寂寞，感到的只是悲凉，即使他那所谓的“全欧洲都知道这本书”再版，也改变不了他孤独的境况。

叔本华享受不了寂寞，可能也和内心浮躁的心理有关联吧！人们常说：“拥有天下非富有，心灵充实才可贵。”真正内心强大的人往往是那些宁静致远、淡泊明志的人。在喧哗的外在环境下，他们依然能享受那一份属于自己的宁静，不为世事纷扰而忧心。

时间是人生真正的资产，学问是人生真正的财富，健康是人生真正的幸福，智慧是人生真正的力量。那么怎样才能克服浮躁心理呢？

第一，在攀比时要知己知彼。

有比较才有差距，“比较是人获得自我认识的重要方式，然而比较要得法，我们选对比较的角度，要从能力、知识、技能等方面比较，而不是比物质、排场、钱财等。懂得比较，才知道自己的不足，也才能大大减低人的心理失衡现象，也就不会产生那些心神不宁、无所适从的感觉。

第二，要有务实精神。

务实就是“实事求是，不自以为是”的精神，是成功的基础。不脚踏实地地做事，一切都是花拳绣腿。

第三，遇事多思考。

考虑问题应从现实出发，不能跟着感觉走，看问题要站得高、看得远，切实做一个实在的人。

做事有条不紊，别被外界干扰

人们常说:“一心不能二用”。的确，一个人如果在他心烦气躁，或急于求成，或六神无主的时候，无论如何他也不能把事情做好。要想做好事情，就得专心，有条不紊。人做事应该尽求完美，做一件事就专心致志，那样才能享受到你做完事情的快乐和成就感，而你的心情也会愉快，能力也会相应的提高，心态也会相应的平和起来。如果每件事情都能这样做下去，形成了一个良好习惯，那么你以后做什么事情都可以有条不紊，思路清晰。

相反，如果你在做这一件事情的时候，心绪不宁，想把它快点做完，但欲速则不达，最后的结果是，两件事情没有做好，心情烦躁，不痛快。如果长期这样，你的做事效率就会越来越差，心态也会越来越浮躁。久而久之，会演变成你的能力很差的结果。

的确，现实世界中，在我们追求做事、追求梦想与目标的过程中，确实存在很多影响我们心绪的因素，做不到有条不紊地工作，就容易被干扰。

做事情，就应该要么不去做它，要么决心去做，静下心来，力求把它做好。切记敷衍了事，带着烦躁的心去做。

罗马纳·巴纽埃洛斯是美国第34任财政部长。但在当初，她只是一位贫穷的墨西哥姑娘，16岁就结婚，后来失去了丈夫的支持，独自抚养两个儿子。但是，她那时就决心谋求一种令她自己及两个儿子感到体面和自豪的生活。于是，在梦想的支撑下，她口袋里装着7美元，带着两个儿子乘公共汽车来到洛杉矶寻求更好的发展。

最初她做洗碗的工作，后来找到什么活就做什么，拼命攒钱直到存了400美元后，便和她的姨母共同经营玉米饼店，结果非常成功，并开了几家分

店。后来，她经营的小玉米饼店铺成为全国最大的墨西哥食品批发商，拥有员工300多人。

在经济上有了保障之后，巴纽埃洛斯便将精力转移到提高她美籍墨西哥同胞的地位上。她和许多朋友在东洛杉矶创建了“泛美国民银行”，这家银行主要是为美籍墨西哥人所居住的社区服务。如今，银行资产已增长到2200多万美元，但她的成功确实来之不易。当初，有人告诫她说：“美籍墨西哥人不能创办自己的银行，你们没有资格创办一家银行，同时永远不会成功。”就连墨西哥人也说：“我们已经努力了十几年，总是失败，你知道吗？墨西哥人不是银行家呀！”

但是，她始终不放弃自己的梦想，努力不懈。如今，这家银行取得伟大成功的故事在洛杉矶已经传为佳话，巴纽埃洛斯也成为美国第34任财政部长。

的确，人只有在内心坚定自己的目标，内心的力量和头脑的智慧才会找到方向，才能摒除外界的众多流言蜚语和诱惑因素。

在现实生活中，我们每个人都曾有过梦想，但真正实现的人却少之又少，为什么呢？因为随着时间的流逝，我们被周围的人和事影响了，我们不再专注于我们的梦想，更不再为之付出行动。

的确，眼光长远、深谋远虑的人，常被夸赞睿智，而很多人在憧憬未来之时，却增添了几分浮躁之气。具体表现在事情刚做到一半，就觉得要大功告成，开始飘飘然起来。急功近利，只讲速度，不讲质量，看不起眼前的小事，认为如此做不出什么名堂来，没有什么意义。他们的兴趣没有被提升起来，挑战自己和别人的欲望也被压抑着。

在生活中，真正的赢家并不是那些聪明的人，而是那些笨的人。因为他们认为自己不够聪明，勤能补拙，所以他们苦干，最终有了自己想要的生活。而相反，那些自以为聪明者，他们喜欢耍小聪明，看到周围的人有更巧妙的方法，他们就投机取巧，，似乎这样就显得比别人聪明一点，而最终他们往往输得很惨。所以智慧和实干比起来，实干更加不可或缺。

那么，我们怎样才能有条不紊地做事呢？

首先，要明确目标，选择最好的方法。

聪明的人，有理想、有追求、有上进心的人，一定都有一个明确的奋斗目标，他懂得自己活着是为了什么。因而他的所有的努力，从整体上来说都能围绕一个比较长远的目标进行，他知道自己怎样做是正确的、有用的，否则就是做了无用功，或者浪费了时间和生命。显然，成功者总是那些有目标的人，鲜花和荣誉从来不会降临到那些没有目标的人的头上。

其次，统筹规划，理出做事的提纲。

面对繁杂的事情，我们最好先理出思绪，先做什么，再做什么，分清轻重缓急，才不会乱了阵脚。

最后，要善于总结。

通过总结，我们吸取到经验教训，以后遇到类似事情，处理起来就容易多了。

总之，无论我们做什么，让自己沉下心来进入角色是非常重要的，越早进入就意味着越早地步入事业的轨道。每天都让自己成熟一些，浮躁之气自然会少下来。

抱怨只会让你在忙碌中兜圈子

我们常常听到身边有人抱怨道：

“哎！工作太累，天天都有做不完的活，连喘口气的机会都没有！”“我们那个老板一点人性都没有，这么晚了，还不让下班，到底要忙到什么时候啊。”“人要是倒霉，喝口凉水都塞牙！东西到底放到哪里了呢？”……抱怨就

像瘟疫一样在我们周围蔓延，愈演愈烈。他们好像从来就没有过顺心的事和时候，无论什么时候和他们在一起，你都会听到有人在抱怨。高兴的事情他抛在脑后，不顺心的事情总挂在嘴上。因为抱怨，他们不仅把自己搞得很烦躁，也把别人搞得很不安。而实际上，抱怨对于事情的解决毫无益处，它只会让我们在忙碌中兜圈子。相反，如果我们能心平气和地正视问题，理清自己的思绪，那么，找到解决问题的方法的概率便会大大提高。

有一段时间，驰名法国的瓦利也杰剧院由于剧目质量较差，上座率不断下降。剧院经理非常着急，他找到著名作家大仲马，请他迅速赶写一个新剧本，争取提高上座率。剧院经理信誓旦旦地说，只要新剧本前 26 场演出能够卖到 6 万法郎，剧院保证付给大仲马 1000 法郎的高额稿酬。

大仲马夜以继日地写好了新剧本，并且取得了预期的良好效果。剧院经理看着滚滚而来的钞票，不由得心花怒放。

剧本演出到第 26 场时，大仲马来到剧场经理办公室，准备领取 1000 法郎的稿酬。

“尊敬的大仲马先生，非常抱歉，我不能付给您报酬了，因为 26 场演出，我们只卖了 59999 法郎。要不，我给您 100 法郎吧！”经理毫无诚意地说。

“真的吗？”大仲马平静地问道。

“我以上帝的名义起誓！”经理故作庄重。

“好吧。”大仲马微笑着点点头，然后走出了办公室，身后传来经理的开怀大笑声。不过一会儿时间，大仲马再次走进了经理办公室。

“尊敬的大仲马先生，您是来拿 100 法郎的吧？”经理促狭地笑着，然后从抽屉里拿出一小叠钞票，递到大仲马面前。

“不！我是来拿 1000 法郎的！”大仲马扬了扬自己的右手——他的手中是一张 3 法郎的门票！原来，大仲马刚才直接找到售票处，买了一张戏票。

“无赖的经理先生，这张戏票 3 法郎，加上您刚才说的 59999 法郎，已经超过了 6 万法郎！”

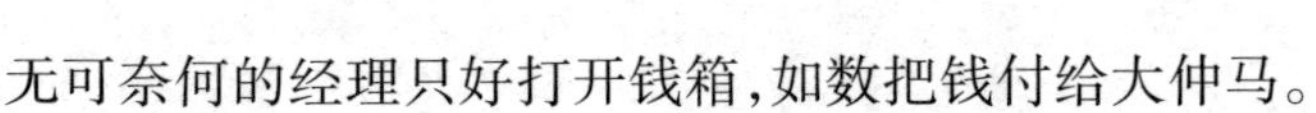

无可奈何的经理只好打开钱箱，如数把钱付给大仲马。

在这个故事中，大仲马是聪明的，面对剧院经理的无赖行径，他并没有抱怨，也没有执著于证明剧院经理在撒谎，更没有怒不可遏地教训对方一番，而是冷静地思索，找到了解决问题的方法——既然还差一法郎就到6万法郎，那么，我就主动买一张3法郎的门票以攻破他的谎言！他的方法是有效的，剧院经理不得不就范！所以，即使是对付那些言而无信、违背规则的人，我们也应该放下愤怒和冲动，冷静下来，然后运用自己的智慧，想办法让对方乖乖就范。

总之，无论是为了证明自己，还是为了解决问题，一味地抱怨只会让你失去正常的理智。如果不希望事情继续恶化，就必须放弃抱怨，用实力证明自己，用理智解决问题。要永远记住一点，我们的最终目标是解决问题，而不是发泄情绪。

那么，抱怨为什么会让我们在忙碌中兜圈子？因为抱怨会破坏我们原本积极的潜意识。我们可能都有过这样的体会，我们只要一抱怨，内心就会愤愤不平，而工作的劲头也就不知不觉消减了很多，工作进度也就慢下来了，甚至把精力花费在为自己讨公道上。久而久之，不仅直接影响工作和生活，还会影响心情和心态。而真正的勇者，他们从不抱怨，他们总是能冷静地看待世界，审视自己，最终成就自己。

事实上，没有一种生活是完美的，也没有一种生活会让一个人完全满意，生活中更是免不了有些小麻烦，如果我们动不动就抱怨，而不是以一种积极的心态去解决问题，那就像搬起石头砸自己的脚，与人无益，于己不利，于事无补，生活就成了牢笼一般，处处不顺，时时不满。所以，每个人都应该认识到：自由地生活着，其实本身就是最大的幸福，哪有那么多抱怨呢？

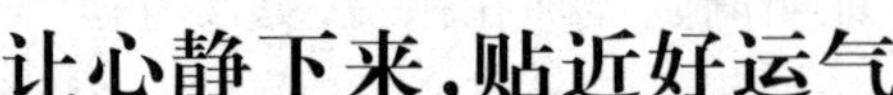

让心静下来，贴近好运气

南宋僧人曾做一偈："身是菩提树，心如明镜台。时时勤拂拭，勿使惹尘埃。"实际上，任何一个人，行走于世时间长了，心灵难免会沾染上尘埃，如果不能经常静下心来、很容易使原来洁净的心灵受到污染和蒙蔽。我们身边有很多每天都开心生活的人，他们的共同特质在于，无论外界多么嘈杂，他们始终为自己的心灵留一片净土，因而有能力为自己的所作所为找到价值。

富兰克林小的时候家境很穷，所以，他只在学校读了一年书就不得不出去工作。然而，童年时的贫寒并没有消磨他的意志，反倒让他更加上进，最终成了美国杰出的政治家、外交家，受人敬仰。

其实，富兰克林并不是天才。那么，除了刻苦勤奋外，他是不是还有什么成功的秘诀呢？事实上，在富兰克林的身上有一种非常重要的品质，那就是经常反省自己。正是这种品质，促使他不断地发现自己的缺点，不断改进，成为一个拥有很多美德的人，最终走向成功。

每天晚上，富兰克林都会问自己："我今天做了什么有意义的事情？"

他检讨自己的缺点，发现自己有13种严重的缺点，而其中为小事烦恼、喜欢和别人争论、浪费时间这3个最为突出。他通过深刻的自我检讨认识到：如果要成功，就一定要下决心改造自己。

于是，富兰克林设计了一个表格。在表格的一边写下自己所有的缺点，在另一边则写上那些美好的品质，比如俭朴、勤奋、清洁、谦虚等。他每天检查，反省自己的得与失，立志改掉缺点，养成那些美德。这样持续了几年，他终于成功了。

从这个故事中，我们可以看到，静心能帮助我们自我反省，找到错误所

在，并做到自我批评和自我改正，那么，便能做到自我提高，进而离自己预期的目标越来越近，好运气自然会降临。相反，面对激烈的竞争，面对瞬息万变的环境，那些不愿意反省自己或者不愿意及时改正错误的人，必将面临衰败的结局。同时，在快节奏的信息社会中，一个人如果不能及时察觉自身的缺点，不能用最快的速度修正自己的发展方向，也必然会在学业和事业中落伍，被无情的竞争所淘汰。

一次，一位下属因经验欠缺而使一笔贷款难以收回，松下幸之助勃然大怒，在大会上狠狠地批评了这位下属。事后，仔细一想，松下为自己的过激行为深感不安。因为那笔贷款发放单上自己也签了字，下属只是未摸准情况而已。既然自己也应负一定的责任，那么就不应该这么严厉地批评下属了。

想通之后，他马上打电话给那位下属，诚恳地道歉。恰巧那天下属乔迁新居，松下幸之助得知后便立即登门祝贺，还亲自为下属搬家具，忙得满头大汗。而且，事情并未就此结束。一年后的这一天，这位下属收到了松下的一张明信片，上面留下了一行亲笔字："让我们忘掉这可恶的一天吧，重新迎接新一天的到来！"看到松下的亲笔信，这位下属感动得热泪盈眶。

知耻者近乎勇。松下幸之助能自省并放下架子，我们何尝又不能呢？那我们怎样才能做到自省呢？

在现实生活中，一些人在人生发展的道路上，并不能静下心来，浮躁的他们却把命运交付在别人手上，或者人云亦云，盲目跟风，他们忽视了自己的内在潜力，看不到自身的强大力量，甚至不知道自己到底需要什么，不知道未来的路在哪里。于是，他们浑浑噩噩地度过每一天，一直在从事自己不擅长的工作和事业，以至于一直无所成就。

我们也可以这样问自己，今天我们有花时间独立思考过吗？我今天的收获是什么？有哪些地方做得不好？别忘了，在闹市中，要想做到不断进步，你就要能做到静下心来，只有这样，才能够发现自己的缺点或者做得不

够好的地方，然后加以改正，使自己不断进步，并能够扬长避短，发挥自己的最大潜能，从而不断获得成功。

学会感恩才能感受到自己的幸福

有人说，人生是一次长途跋涉，旅途中常常有曲折和险阻，甚至陷入人生的低谷。于是，对于世界，人们产生了两种极为不同的态度：感恩与抱怨。抱怨的人把精力全集中在对生活的不满之处，而懂得感恩的人把注意力集中在能令他们开心的事情上，所以，他们更多地感受到生命中美好的一面，因为对生活的这份感激，所以他们才感到幸福。

有人说过这样的话，人生的冷暖取决于心灵的温度。可如今这社会就像一个大熔炉，把我们的心也烧得沸腾、喧嚣起来。如若摆脱浮躁的心，我们最需要超越的就是自己心灵的局限。如果能以感恩的心态面对，就能突破心灵的桎梏，所有的痛苦都可以超越，也都可以排解！

日本著名的丰田汽车公司的缔造者石田退三，幼年时家境贫穷，没钱上学，他只能到京都的一家洋家具店当店员。在家具店工作了8年后，由朋友的母亲介绍，到彦根做了赘婿。入赘后，他才知道太太家没有一点财产，这让他感到有些失望。

贫困的生活是很无奈的，他只能将新婚太太留在彦根，一个人到东京一家店里当推销员。所谓的推销员，其实就是推着车子去推销货品的小贩。这样咬紧牙关干了一年多，他的身体终于支持不住了，无奈之下离开这家店回到妻子家。

然而，在这里等着他的并不是温暖和安慰，而是鄙视的目光和令人难堪的日子，是更加沉重的压力攻击。“你真是个没有用的家伙！”周围看他的目

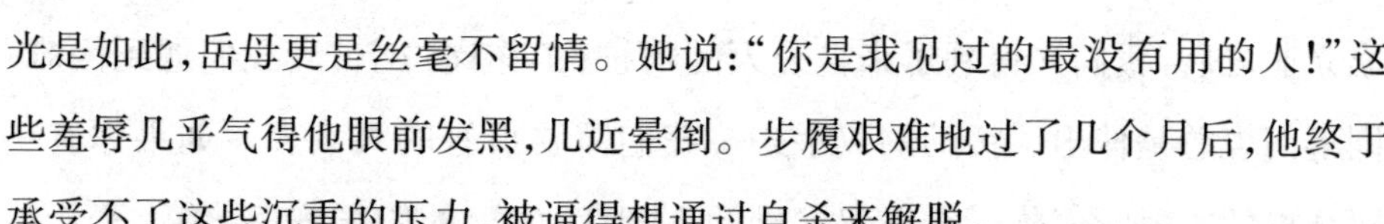

光是如此，岳母更是丝毫不留情。她说：“你是我见过的最没有用的人！”这些羞辱几乎气得他眼前发黑，几近晕倒。步履艰难地过了几个月后，他终于承受不了这些沉重的压力，被逼得想通过自杀来解脱。

他抱着黯淡的心情，前去“琵琶湖”自杀时，却忽然间恍然大悟。他猛然地抬起头来，想到：“像我如此没有用的人应该非死不可。但如果我真有跳进琵琶湖的勇气，为什么不拿这勇气来面对现实，奋力拼搏，打开一条出路呢？我应该尽自己最大的努力，奋发图强，克服重重困难，用坚定的毅力做出一番轰轰烈烈的事业来！”

这个想法让石田勇敢地站了起来，一股强大的力量仿佛在他体内激荡着。他不再满脸愁容，不再想着用自杀来逃避现实了，而是搭上了回家的火车。从此，他不再自怜自叹，他托朋友介绍自己到一家服装商店当店员。在这儿，他重新鼓起奋斗的勇气，将忧愁化为力量，用坚定的毅力承受来自各个方面的压力和挫折。

在他40岁那年，他到丰田纺织公司服务。他不怕艰难，刻苦奋斗，全力以赴地投入工作。对他处事得当的能力、一丝不苟的精神，丰田公司的创业者丰田佐大为赏识。在石田50岁那年，丰田就派他担任汽车工厂的经理。53岁时，公司将经营的大权交给了他。

正和石田后来回忆的一样，人生就是战场，你要在这战场上打胜仗的唯一法宝便是斗志和毅力。“我要感谢那些曾经给我压力的人和曾经光顾我的困难，如果没有它们，我不会有今天。”的确，对于石田来说，他人生的转机就来自于他对周围那些目光的反省，如果没有那场自杀，让他清醒地认识到了毅力的重要性……石田退三恐怕早就命沉“琵琶湖”了，哪还会有今天在丰田取得的卓越成就呢？

在我们的人生路上，我们无时无刻不再接受他人的帮助，接受他人的恩惠。自打我们出生，父母就在孜孜不倦地哺育我们，教我们做人做事的道理；跨入校门，我们的老师就无怨无悔地把毕生所学传授给我们；当我们成

家立业之后，我们又得到了来自爱人的呵护；工作岗位上，当我们遇到困难，同事们也总是伸出了援助的双手……我们需要报答的人太多。如果你有一颗感恩的心，那么，你还会抱怨父母的不理解、激烈的职场竞争、爱人不能给你充裕的物质生活吗？那么，我们该如何做到感恩于世呢？

首先，不要忘记经常对身边的人说“谢谢”。

有时候，你可能认为，周围人对你举手之劳的帮助是理所当然，比如，同事帮你做的一个报表，周末丈夫为你做了温馨的早餐，但请记住，没有人应该对你好，所以，你应该对他们说谢谢。有时候，即使这么简单的一句道谢，也是一种幸福的回馈。

其次，为社会尽一份微薄的力量。

大部分人可能认为，我只不过是个普通人，哪里能为社会做多大贡献？但社会就是由千千万万这样的普通人组成的。只要我们从身边做起，多关心国家大事、社会新闻，多关心慈善事业，那么，哪怕你只捐出一块钱，哪怕你只是简单地拾起了马路上的一片废纸，你也是为社会的发展尽了一份力量。

别忙乱，让生活有适宜的节律

我们都知道，在现代社会中时间已成为一种有限的资源，时间就是金钱，时间就是生命。于是，忙碌的人们总是不断地与时间赛跑，高度紧张的神经让人们开始疲乏，甚至身心俱疲，而我们不妨反问一下自己，难道真的做不到让脚步放慢一点吗？事实上，人们之所以忙乱，是因为他们不懂得合理安排时间，做事效率低下的缘故。如果我们在做事之前先静下心来，理清思绪，合理安排，那么，事情往往会达到事半功倍的效果。

丽萨是某公司的人力资源部的经理，长时间以来，她都将人力资源部管理得井井有条。无论是刚进公司的新人，还是老员工，他们似乎都充满干劲。这些员工每天都要与各式各样的人打交道，也都需要处理很多杂务，但他们毫无怨言。

很多高层管理者向丽萨取经，想知道她是如何管理的。丽萨的回答是："其实，任何一个人，每天面对同样一件工作都会枯燥的。所以，我经常在给大家分配任务的时候，我并不会规定死时间，也不会每天把大家每天都关在办公室内，所以，您也发现了我的工作区域内经常看到的只是一部分员工。另外，我还鼓励大家交换工作，这样也有利于大家互相勉励。"

从丽萨的管理经验中我们可以发现，她是个很善于安排工作的上司，为了舒缓员工的工作压力，她并没有硬性规定员工必须时时待在工作区域内，也不会规定死时间。带着轻松、愉快的心情工作，工作效率自然就会提高。

这里，我们也应当吸取经验，合理安排工作、生活的时间，保持身心的愉悦，我们的生活才有节律。

那么，具体来说，我们该如何合理安排工作、生活呢？

第一，统筹兼顾、合理安排。

你应该合理分配工作、学习、休息的时间，做到劳逸结合，把握好工作节奏。

第二，善于使用零星的时间。

你应该学会通过安排工作时间来充分收集一些零碎时间。事实上，很多人认为自己的工作时间不够用，主要是因为他们缺少集中的时间完成一件事。其实，如果你学会把零碎的时间集中起来，如一个下午可以先后安排开两个会，这样就可能节约出另外半天的时间。人们在工作中最容易浪费的就是零星时间，而做好时间规划，把零星时间凑整使用或做好工作安排，你会发现，这中间有很多可挖掘的宝贵的时间资源。

第三，每天留些“机动时间”。

很多人认为，忙碌的一天才是充实的一天，以至于他们经常把一天的日程安排的满满的，但一遇到突发事件，就手忙脚乱了，其实，你应该每天腾出一点“机动时间”来。如果出现意外情况，你就能做到不打乱计划中的工作而坦然地处理它；而即使没有出现这些突发事件，你也能给自己一个放松和休息的机会，或与员工联络一下感情，考虑一天工作中的得失等。这样，管理者就可紧张而又不失轻松地完成一天的工作，从容地面对明天。当然，要留出机动事件的前提依然是领导者缩短做事时间，提高做事效率。

第四，分清事情的轻重缓急。

按照事务的类型来安排时间。大致来说，事务可以分为四种类型，管理者应该根据每种事物类型来安排工作的先后顺序。

第一类，紧急且重要：这类事指的是火烧眉毛之事，比如，事关企业效益的事、重要会议、亲人生病需送医院等。对于这类事，一般都不可马虎，在众多事中应首先处理。

第二类，紧急但不重要：对于接打电话、批阅文件、日常会议等事务，也需要管理者赶快处理，但不宜花过多的时间。

第三类，重要但不紧急：有些事务，诸如人才培养、远景规划等，看起来并不紧急，可以从容地去做，但却是管理者要下苦工夫、花大精力去做的事，是管理者的第一要务。

第四类，不紧急也不重要：包括无意义的会议、可不去的应酬等。对于这类事务，管理者可先想一想：“这件事如果根本不去理会它，会出现什么情况呢?”如果答案是“什么事都没发生。”那你就应该放慢脚步甚至是停止了。

总之，在日常工作和生活中，我们只要合理安排时间，大可以不慌不乱，甚至有一些充裕的时间享受生活。

享受生活需要一份恬淡的心境

人活在这个世界上，无非是为了使自己更加快乐幸福而已。而要学会快乐的生活，最重要的是要摆正自己的心态，拥有一份恬淡的心境，对于万事万物，不骄不躁，那么，你就懂得了幸福的真谛。然而，现代社会中的人们，就如忙碌的蚂蚁一般，他们总是脚步匆匆，心事重重，他们为家庭和工作，年复一年，日复一日，像牛一样辛勤耕作，到头来面色欠佳，疲惫不堪，成了“亚健康”患者。《红楼梦》中说得好：“说什么脂正浓，粉正香，如何两鬓又成霜？昨日黄土垄头送白骨，今宵红绡帐底卧鸳鸯。”世事无常，人生匆匆，唯有一颗单纯的心才会让人幸福快乐。

有时候我们苦苦追求的所谓的幸福与快乐，其实就在眼前，那又为什么不知足呢？我们中的很多人，也许经过多年的打拼和艰苦的奋斗，也会有所成就，难道一生就如此忙碌地拼搏到死吗？其实，享受真正的人生之旅比直到那旅程结束时还没有感受到快乐重要得多。

幸福是一种心境，淡泊宁静，不计较得失，不在乎成败。这是一种睿智的生活态度和生活方式，是对现代文明压抑的一种反抗。

有个人特别羡慕别人骑马，非常渴望有匹自己的马。在他看来，骑马是那么潇洒，那么威风，而用脚走路真是太麻烦，太没有意思了。

有人告诉他，如果想得到马，必须用双腿来换。那人听了之后，立刻毫不犹豫地献出了自己的双腿。于是他得到了一匹马。

骑上马真是太令人兴奋了。正如所想象的那样，马在草原奔驰，仿佛在天空中飞翔。这种感觉让他沉醉，他庆幸自己的选择。

但是，人总不可能生活在马上，骑了一阵子后，他开始有些疲倦，渐渐变

得兴趣索然了。于是，他想下马，可是没有了脚，他站都站不稳，一切都需要人帮助，到这个时候，他才发现自己所面临的是一种什么样的困境。

这种交易很明显是愚蠢的。但我们生活的周围却不乏这样的人，他们为了追求所谓的幸福，牺牲了更为有价值的东西，比如健康、亲情等。

人是一种有着美好憧憬的动物，年轻时，我们总是想着等到老了以后，得到了许多物质的满足，再去好好享受，去环球旅行；当我们有了孩子的时候，总是惦记着让子女好好享受。至于自己到底需不需要享受，自己什么时候享受，却从不去认真考虑。所以，事实上，很多人不会享受。

享受生活归根结底是一种心境。享受的关键在于寻找快乐的人生，而快乐并不在于其拥有多少、获得多少，生活质量如何，而是在于其怎样看待周围的人和事情，怎样让自己有一颗接纳一切快乐事物的心。

生活的意义在于感受幸福，在于享受此刻的生活。幸福和爱向来都是孪生兄弟，哪里有爱，哪里就会有幸福的花朵盛开。

爱是甘泉，滋养生命，浇灌幸福。一个人要想真正享受幸福，就必须懂得付出，懂得播种爱的芬芳，当别人从你的付出中获得幸福时，你也就享受到了幸福。幸福在给予中获得，也在给予中升华。爱人者被爱，这是千古不变的真理。只有爱，能够使我们领略到幸福的真谛；只有爱，才能让我们的灵魂充满幸福的香味；也只有爱，才能真正让我们享受到幸福。幸福就是种平淡的味道，就像农夫山泉，最原始，最淳朴，有点甜。

总之，普通人没有什么超然的人生境界，不必刻意地去追求什么人生的成功与荣誉，也不必去探讨什么是人生的真正意义，只要我们学会用一颗纯洁的心灵、乐观的心情和善良的心肠真实地去对待，用心去感受生活的可贵，领悟生活的真谛，保持一种恬淡的心情，轻松地去享受人生的一些小乐趣就足够了。

参考文献

[1] 高英.脾气没了福气来了[M].北京:中国长安出版社,2012.
[2] 重茂达.工作好运术[M].北京:译林出版社,2008.